知识服务走进公益 No.1
中国十大社会公益领域发展报告

LETTING KNOWLEDGE SERVICE
INTO PUBLIC WELFARE
THE DEVELOPMENT REPORT ON
TEN CHARITY FIELDS IN CHINA

张 立 康 洁 编著

社会科学文献出版社
SOCIAL SCIENCES ACADEMIC PRESS (CHINA)

主要参与人员

总体设计： 张　立

撰稿人员： 张　立　康　洁

组织协调： 刘颖丽　栾京晶

英文翻译： 周　丹

审核建议： 李晓晔

寄语　知识服务与科技向善

当张立副院长将书稿放在我面前，并希望我撰写寄语的时候，我回忆起许多往事。在任国家新闻出版总署和国家版权局领导期间，我曾参与组织起草、制定了新闻出版业发展规划和文化发展规划纲要。早在 2004 年制定《国家"十一五"时期文化发展规划纲要》（以下简称《纲要》）时，我就鼓励关注数字出版等科技出版基础项目。《纲要》中明确提出要加快发展以数字化内容、数字化生产和网络传播为主要特征的新型文化产业，并把国家知识资源数据库工程、国家数字复合出版系统工程、中华字库工程和数字版权保护技术研发工程列为"十一五"时期国家重大文化产业推进项目。2006 年 9 月，《纲要》正式发布。从 2007 年开始，我陆续部署并亲自主持了这些工程的立项论证和开工建设。一晃十几年过去了，在总署提出的"项目带动战略"推动下，出版业的数字化转型取得了丰硕成果，其中由中国新闻出版研究院牵头实施的数字版权保护技术研发工程已竣工应用，该工程获授权专利 22 项。而国家知识资源数据库工程虽未整体立项，但自 2015 年起，以国家知识资源服务模式试点工作的方式由国家新闻出版总署和合并后的国家新闻出版广电总局推动实施。记得 2007 年论证时，很多人对知识库的概念并不了解。如今，知识库、知识付费已成行业热点，知识服务更成了行业转型的重要方向，但它的起点却是十几年前的国家知识资源数据库工程。没有这些基础工程支持，我国数字出版、知识服务的新业态就不会走在世界前列。

张立向我介绍了国家知识资源服务模式试点工作的情况，我很欣慰。2015年以来，在上级主管机关指导下，他们共组织了三批专业知识服务单位和一批专业技术支持单位的遴选，先后有来自出版单位、高校、科研院所及技术企业等128家单位参与了试点工作。经中宣部批准，2019年8月23日召开了首届中国出版业知识服务大会。他们开发的国家知识资源服务中心门户网站已成功上线。张立带领的研发团队正一步一步实现当初"国家知识资源数据库工程"的总体构想，他们高效的执行能力和严谨的工作态度让我由衷钦佩。在互联网上各种各样未经审核的内容铺天盖地发布时，特别是自媒体内容充斥网络空间时，他们探索出一条分布式、经出版机构严格审核的专业知识内容传播渠道，这非常难得。

更为可贵的是，张立本人在忙于推动行业数字化转型和组织技术开发、技术攻关的同时，一直坚持研究，埋头撰述，著作颇丰。其扎实的研究功底和独到的见解常被业界称道。此次在推动出版业知识服务应用时他们首选公益领域，让我非常高兴。而且，为了实现知识服务走向公益的目标，他们认真梳理和总结了我国公益事业的现状，分析了当前公益工作中的问题。这些分析和总结，本身就是对公益事业的研究成果，也是为知识服务走向公益做的前期准备。多年的商业化发展，推动了我国经济崛起、人民富裕，但同时社会上也存在着重利益轻公益，重现实轻理想的情况。能在浮躁的风气中保持一颗公益心，我为其点赞。

2017年10月18日，习近平总书记在十九大报告中指出，在全党开展"不忘初心、牢记使命"主题教育，用党的创新理论武装头脑，推动全党更加自觉地为实现新时代党的历史使命不懈奋斗。为贯彻落实十九大精神，2019年5月13日，中共中央政治局召开会议，决定从2019年6月开始，在全党自上而下分两批开展"不忘初心、牢记使命"主题教育，凝心聚力，共同奋斗。新时代，为了全面建成小康社会，国家打响了扶贫攻坚战、蓝天保卫战、净土保卫战，实施了大健康战略，出台了老有所养、医养结合等保障人民权益的政策。在2019年10月召开的十九届四中全会上，社会公益事业被纳入国家的基本经济制度，这是党中央对公益事业的新定位。心中装着百姓，这是我们党的根本宗旨使然。让知识服务走向公益，为人民利益服务，也是"不忘初心、牢记使命"的具体落实。

最后，我要强调的是，知识服务中的知识不单纯是知识内容，还包括知识处理技术。随着大数据、人工智能在出版业的应用，科技对出版的影响更加深远。因此，知识服务走向公益，实际上是科技走向公益。科技已成为知识服务的基础要素。科技向善不只是对科技企业的要求，也是出版业知识服务转型中的主要议题，是出版业的责任与义务。我期待出版业的知识服务在公益领域开花结果，让知识服务引领出版业走出一条面向公益的融合发展之路。

第十二届全国人大教科文卫委员会主任委员

原国家新闻出版总署署长、国家版权局局长

中国出版工作者协会理事长

清华大学新闻与传播学院院长

序一　知识服务走进公益是融合发展应有之义

2019年10月28日至31日，中国共产党第十九届中央委员会第四次全体会议在北京举行，习近平总书记作重要讲话，提出"建立以内容建设为根本、先进技术为支撑、创新管理为保障的全媒体传播体系"。这是我们党适应信息化社会和全媒体时代发展大势提出的一项重要任务，它指明了传统媒体和新兴媒体深度融合的目标要求，体现了对现代传播规律和特点的深刻把握，对于推动传播手段创新，做大做强主流舆论，更好凝聚思想共识，具有重要意义。

2014年8月18日，习近平总书记主持召开中央全面深化改革领导小组第四次会议，会议审议通过了《关于推动传统媒体和新兴媒体融合发展的指导意见》。习近平强调，推动传统媒体和新兴媒体融合发展，要遵循新闻传播规律和新兴媒体发展规律，强化互联网思维，坚持传统媒体和新兴媒体优势互补、一体发展，坚持先进技术为支撑、内容建设为根本，推动传统媒体和新兴媒体在内容、渠道、平台、经营、管理等方面的深度融合，着力打造一批形态多样、手段先进、具有竞争力的新型主流媒体，建成几家拥有强大实力和传播力、公信力、影响力的新型媒体集团，形成立体多样、融合发展的现代传播体系。要一手抓融合，一手抓管理，确保融合发展沿着正确方向推进。

2018年4月10日，习近平在博鳌亚洲论坛年会开幕式讲话中再次明确提出要"加快融合发展"。融合发展是社会发展重要规律之一。党的十九大宣布，中国特色社主义进入新时代。完成新时代使命，融合发展具有更加重要的作用和意义。

2020年是我国"十三五"规划的最后一年，同时也是我国从新闻出版大国向新闻出版强国迈进的关键一年。2015年，原国家新闻出版广电总局和财政部联合下发了《关于推动传统出版和新兴出版融合发展的指导意见》，将出版融合发展纳入新闻出版业发展规划。自那时起，众多出版单位开始走上融合发展之路，新业态、新模式不断涌现，新闻出版业在转型升级中焕发出新的活力。

出版业的融合发展离不开科技创新和知识服务。党的十八大提出"科技创新是提高社会生产力和综合国力的战略支撑"。出版业的科技创新缘于以互联网为代表的新兴技术快速发展。新兴技术以数字化为基础，以智能化为特征，通过大数据、网络化的方式，重新定义了人们获取信息、知识、能力的方式。这对传统出版业的冲击是全方位、深层次的，同时也带来了巨大的机遇。

出版业是知识加工、知识整理和知识传播的行业，而融合发展使出版业在这些传统功能上，又增加了知识服务的新功能。这是由于技术的发展，特别是人工智能技术的发展，拓宽了传统出版业的边界，使出版业固有的知识内容可以融合于其他垂直行业，知识内容在提供阅读的同时，还可以提供切实的服务。同时，出版业所具有的社会责任，使其天然具备公益属性。出版在向知识服务转型过程中，既体现了融合发展的趋势，又体现了公益属性。公共文化服务是公益领域的重要组成部分。党的十八大以来，以习近平同志为核心的党中央将加快构建现代公共文化服务体系纳入"四个全面"战略布局，进一步明确了在全面建成小康社会决胜阶段公共文化服务体系建设的主要目标、任务和途径。现代公共文化服务体系建设步入发展快车道。近年来，相关部门先后出台了《关于加快构建现代公共文化服务体系的意见》《中华人民共和国公共文化服务保障法》等一系列重要法律政策文件，初步形成了构建现代公共文化服务体系的制度框架。在顶层设计的指引下，公共文化资源配置进一步向基层倾斜，基本公共文化服务标准化、均等化建设得到加强。如今，全社会越来越重视公益领域，各行各业都以己之所长参与或推动公益事业的发展，公益领域大有可为。出版业也应以提供知识服务为己任参与其中，进一步壮大自身发展，提升行业影响力。

中国新闻出版研究院张立副院长及其团队在承担国家知识资源服务平台建设任务的同时，提出知识服务走进公益的想法，我非常支持，也愿意为他们这本书作序。

我注意到在这次新冠疫情防控期间，他们推出了"知识抗疫、百舰出航"的公益活动，赢得了业界的认可，我为其点赞。衷心希望国家知识资源服务中心及各出版单位的知识服务平台，能不忘初心，牢记使命，怀揣公益心，传播正能量，在新时代做出新贡献！

中共中央宣传部文改办副主任

一级巡视员

序二 积极推动社会公益事业发展，
　　　　全面决战小康社会

2019 年 10 月 31 日，中国共产党第十九届中央委员会第四次全体会议通过了《中共中央关于坚持和完善中国特色社会主义制度 推进国家治理体系和治理能力现代化若干重大问题的决定》（以下简称《决定》）。《决定》提到我国基本经济制度包括以公有制为主体、多种所有制共同发展，按劳分配为主体、多种分配方式并存，以及社会主义市场经济体制三项制度。而社会公益事业作为第三次分配的主要方式，也被纳入国家基本经济制度中，成为助力推进国家治理体系和治理能力现代化的重要制度安排。《决定》明确要求"重视发挥第三次分配作用，发展慈善等社会公益事业"。如何推进中国特色社会主义的社会公益事业发展应成为全社会共同面对的课题。

自 1949 年以来，中国的社会公益事业经历了曲折的发展过程。20 世纪 80 年代以后，国家对社会公益事业逐步认同，并制定了一系列的法律法规来规范和支持社会公益事业的发展。尤其是 2016 年，《中华人民共和国慈善法》的出台标志着我国慈善事业迈入法治化轨道。自此之后，中央和地方都在积极探索和推进慈善法律配套政策建设，新修订和出台《志愿服务条例》《慈善组织信息公开办法》《慈善组织保值增值投资活动管理暂行办法》《慈善信托管理办法》等多部与之配套的法规。社会公益事业的法律法规体系已经初步搭建完毕，为规范社会公益事业有序运行、促进其健康发展提供了根本的法治保障。在这样的宏观背景下，社会公众参与社会公益事业的热情高涨，社会力量大规模激活并几乎出现在公益事业的方方面面，尤其是因互联网而诞生的运动公益、消费公益等多种多样的参与方式，使社会公益事业获得了更加广泛的群众基础。社会公益事业已经在我国国民经济和社会发展中占据了不可忽视的地位，引导全社会形成一股向上向善的精神风貌。

十九大之后，中国特色社会主义进入新时代。到2020年，我国要全面建成小康社会；到2035年，我国要基本实现现代化；到21世纪中叶，我国要建成富强、民主、文明、和谐、美丽的社会主义现代化强国。为了实现新的奋斗目标，社会公益事业成为解决贫困问题、缩小收入差距、实现共同富裕的重要助力手段。社会公益事业将大有可为。然而，居安思危。虽然我国社会公益事业有了长足发展，但是总体上处于发展的初级阶段，仍然存在治理失范、公信力低下、行政职能边界不清、缺乏行业自律等问题和短板。因此，所有参与社会公益事业的社会力量应着眼于国家大局，以强烈的使命感和责任感在新时代贡献新力量、新作为。基于此，我对于社会公益事业的发展有如下五个期待。

其一，社会力量要在参与脱贫攻坚上做出新贡献。习近平总书记反复强调要"调动各方力量，加快形成全社会参与的大扶贫格局"，"要研究借鉴其他国家成功做法，创新我国慈善事业制度，动员全社会力量广泛参与扶贫事业，鼓励支持各类企业、社会组织、个人参与脱贫攻坚"。脱贫攻坚是党和国家的重大部署，各类社会力量应在脱贫攻坚中主动担当。

其二，社会力量要提升社会服务的专业度。习近平总书记在十九大报告中强调，中国特色社会主义进入新时代，我国社会主要矛盾已经转化为人民日益增长的美好生活需要和不平衡不充分的发展之间的矛盾。各类社会力量应该在满足人民美好生活需要中不断践行使命。目前，中国在济困、扶老、教育、助残等方面任务仍然十分艰巨，社会力量应聚焦各类群体的困难，提供符合需求的专业化社会服务。

其三，社会要积极弘扬慈善文化。习近平总书记提到过"树立慈善意识、参与慈善活动、发展慈善事业，是一种具有广泛群众性的道德实践"，"各类组织和各界人士积极加入到这一爱心事业中来，人人心怀慈善，人人参与慈善，我们的社会一定会更加文明、更加和谐"。

其四，社会力量要健全自律机制，加强行业建设。各类社会力量应该依照《中华人民共和国慈善法》和相关法规政策，健全自身治理结构，保证机构高效、高质量运行。另外，国家也鼓励社会公益事业建立行业标准或行为准则，提高行业透明度及公信力。

其五，行业要加强创新。以互联网技术为代表的新技术已经展现出对社会公益事业的巨大影响。各类社会力量应该充分利用新技术，突破现有的服务模式，尤其是在行业流动如此频繁和迅速的当下，只有不断创新，行业才能适应新的发展趋势，并永葆活力。

我非常高兴地看到这些观点在这本书中得到了体现。我认为这本书至少有如下几个亮点。其一，这本书较为全面地梳理了国内外关于公益相关概念的内涵界定。从国内外对相关概念界定的对比中，探讨了"公益""慈善""社会公益"的内涵，这让我们可以去除"文字"的外衣，看到它们背后真实的意思，对指导未来的实践和理论研究都格外重要。其二，这本书是对社会公益领域的全景介绍，对于想要参与或已经参与社会公益事业的政府、企业和社会力量来说都有借鉴意义。通过这些介绍，大家或许可以找到新的工作切入点或合作契机。其三，这本书用40个国内外案例生动形象地描绘出科技在公益事业中，尤其是在社会公益领域中的价值。在这些案例中，我们不仅能看到耳熟能详的信息技术所带来的变革，而且能发现科技尚有大量待挖掘的空间。此外，这本书的附录也有极大价值。附录中整理了社会公益事业中的发展大事记、重要法律法规和有影响力的社会公益组织。这些都有助于我们更加深入地了解社会公益事业的发展背景，值得认真读一读。

如果让我给这本书的属性下一个定义，我认为这本书是社会公益领域的一本工具书。如果认真阅读，那么你将对社会公益事业有一个更清楚的认识。这些认识在宏观层面，涉及社会公益事业在国家发展战略中角色的演变；在中观视角上，涉及社会公益事业在每个社会领域中的价值；在微观层面上，涉及社会公益事业发展中的利与弊。相信这些内容会让业内外的读者受益匪浅。

中华慈善总会副会长兼秘书长

边志伟

目 录

CONTENTS

第一章
社会公益事业概述

本章主要梳理和辨析中外"公益"概念的起源、演变及界定。

据已考证资料，在中国，"公益"一词频繁出现于 19 世纪中后期，且词义发生诸多演变。直至今日，学术领域对公益的理解仍然有所不同。通过梳理和对比公益在英文中的常用词，并结合中国权威法律文件中对公益的表述，本书认为，在中国，公益事业（Public Welfare）是国家或社会力量为了追求社会公共事业和社会福利，所从事的具有一定目标、规模和系统的非营利活动。

与公益事业有所不同，慈善事业（Charity）是以社会力量为主导的公益事业，包含完全由社会力量以自愿形式开展的公益事业，以及公私合作的公益事业。慈善事业是公益事业的一种特殊类型。为了凸显两者的区别与联系，本书将慈善事业称为社会公益事业。

从 1978 年开始，中国社会公益事业的发展走过了异常波折的道路。自 2008 年起，社会公益事业才真正进入发展的快车道。

在本章内容中，你将得到以下问题的答案：

▲ 在中英文语境中，公益的内涵有何不同？

▲ 中国的公益事业如何界定？

▲ 在中国，如何理解公益事业、社会公益事业及慈善事业的关系？

▲ 中国社会公益事业发展的历史轨迹如何？

▲ 中国与英美等国社会公益事业的显著区别在哪里？

第一节 社会公益事业的内涵

一 "公益"的概念辨析

(一)"公益"在近现代汉语中的常见表达

"公益事业"由"公益"和"事业"两个词组成。《现代汉语词典》中的"事业"有两层含义。一是指人所从事的,具有一定目标、规模和系统且对社会发展有影响的经常活动。词义没有固定指向,词组有革命事业或事业心等。二是特指没有生产收入,由国家开支经费,不进行经济核算的事业(区别于企业),词义在中国具有特定内涵,固定搭配为事业单位或事业费等。本书所述公益事业中的事业一般指第一种含义,仅在搭配事业单位时适用第二种内涵。基于此,公益事业是指人们为了追求公益,所从事的具有一定目标、规模和系统,对社会发展有影响的经常活动。公益是其核心要素,要弄清楚公益事业的内涵就要界定公益的概念。

近十年来,公益已经成为中国社会中的一股热潮。无论是在法律文件、学术文章中,还是在实践者的口语表达中,公益已经成为常用术语。例如,《中华人民共和国公益事业捐赠法》(以下简称《公益事业捐赠法》)提到"公益事业";《中华人民共和国企业所得税法》提及"公益性捐赠支出";《中华人民共和国慈善法》(以下简称《慈善法》)中的"公益活动";《慈善信托管理办法》中的"公益信托";我国民法中的"公益目的"及"公益服务"等。公益作为术语广泛出现在法律文件中,但公益的概念未被明确界定。

对于汉语中"公益"的使用时间,学术界的观点不一。台湾学者陈弱水在《公共意识与中国文化》一文中提及"'公德'之外,清末还流行一个相关的新观念,就是'公益'。在中国,'公益'一词使用得似乎非常晚,几乎不见于20世纪以前的文献"。[①] 秦晖在《政府与企业以外的现代化:中西公益事业史比较研究》一书中提到,公益一词在19世纪末首先是日本人留冈幸助在《慈善问题》一书中用来译西语中的 Public Welfare,后来被汉语所沿用。[②] 武洹宇在《中国近代"公益"的观念生成:概

---

① 陈弱水:《公共意识与中国文化》,新星出版社,2006,第110~111页。
② 秦晖:《政府与企业以外的现代化:中西公益事业史比较研究》,浙江人民出版社,1999,第27页。

念谱系与结构过程》一文中对清末之前的文献做了考察，发现公益一词在清代中期已有本土渊源。[①]

根据已有的研究文献，1859年公益一词作为合成词已出现在汉语表达中，[②] 并在19世纪中后期频繁出现。彼时，公益主要用于表达"使特定群体中（特定共同体）的全体成员受益的事务"。特定群体的范围包括国家、"一乡一县"，涵盖宗族、同乡等各类团体；受益的事务包括政治、经济和社会事务。在表达"国家事务"时，1864年《万国公法》提到"盖各国本操专权，随己之意见，为己之公益，以辖疆内之人物焉"；又如1895年《日本国志》提到"设元老院，以定立法之源；置大审院，以巩司法之权；又召集地方官，以通民情，图公益，渐次建立立宪政体"……"汽车、铁路、治河、垦田、经始大利，比集巨款，为全国人民公益之所关"。在表达"一乡一县"事务时，1908年《时事画报》登载了一篇名为《有此劣绅》的文章，文中提到："绅士为一乡之表率，对于一乡之公益事，不为之提倡扶植，又从中破坏，谓之曰劣，谁曰不宜。"除此之外，一些小团体也用公益表达共同受益之事。1903年的《大公报》刊发了一篇《公益天足社改详细章程》的文章，写到"本社以劝诫妇女缠足为义务，此外一切地方公事概不干涉。原名独立社，改名公益，取决于公众有益之义"。1898年，载于《申报》的《公益汇利公司简略章程》提到"可以保本利而或花红，诚公益也"。这里的公益是指投资人共同获得的经济利益。

然而，现代汉语中公益的内涵有所不同。目前学术界主要有两种代表性观点。其一，政府和民间部门皆可开展公益事业。如秦晖所言，公益事业源于英文中的Public Welfare，与"私益"相对应。现代社会已经形成了以志愿求私益的市场部门，以强制求公益的政府部门，以志愿求公益的民间部门这三大分支。[③] 这与《现代汉语词典》对公益的解释基本一致，"公共的利益，多指卫生、救济等群众福利事业"。其二，公益事业仅由民间力量提供，如资中筠在《财富的责任与资本主义演变：美国百年公益发展的启示》一书中提到"从根本上说，公益和慈善天然是民间的事情，应该由私人或民间组织来做。政府并不适合做慈善，因为政府做事是用纳税人的钱，作为财政预

①　武洹宇：《中国近代"公益"的观念生成：概念谱系与结构过程》，《社会科学文摘》2018年第12期。
②　1859年，《广州各商行团体联名向英国领事投递的禀帖》提到，与茶叶有关的商行共5家，分别为红茶帮、绿茶帮、清远茶行、公益茶行和锡金茶行。
③　秦晖：《政府与企业以外的现代化：中西公益事业史比较研究》，浙江人民出版社，1999，第17~21页。

算的一部分，无论用于教育、扶贫、医保，应属于福利开支，是政府的职责所在，而非慈善"。[①] 此书将公益事业等同于慈善，并翻译为 Philanthropy[②]。

综上所述，在近代汉语中，公益的内涵十分广泛，强调特定群体的共同利益，并不必然包含对弱势群体的救济或福利之意。而现代汉语中公益的表达更偏向后者。由此可见，在历史发展过程中，公益一词的内涵发生了演变，本书对此演变过程暂且不表。但是，如果要理解现代汉语中上述两种关于公益的代表性观点，我们需要回到相关英文词语中寻找答案。

（二）与公益对应的两组英文词语考察

现代汉语中与公益密切相关的英文词语有两组，分别为 Charity/Philanthropy、Public Welfare/Social Welfare。本部分通过这两组英文词语的对比，揭开前述两种代表性观点的差别。

1. Charity / Philanthropy

Charity 源于拉丁词根 caritat–，词根意思为 Christian love，即基督之爱，显示出 Charity 与基督教关系密切。Charity 一词首先在《圣经》中出现，强调宗教之爱，是每个基督徒的责任和义务。此后，Charity 衍生了更多词义，并且开始脱离宗教的内涵，表示一切对他人的一般意义的情感或友善行动，也包括从事某种活动的机构。[③]

17 世纪，Philanthropy 首次出现在英文中，源于拉丁语 Philanthropia，意思为 Love of mankind，用以表达人类普遍的善意，具有"博爱"的内涵，不具有宗教含义。受众不仅包括人类，也包括其他物种。与 Charity 类似，Philanthropy 也可以表示从事某行为的特定类型机构。

图 1-1 展示了《韦氏词典》中这组词及与这组词相关的所有同义词的词义考察。从这些词的内涵来看，Charity 和 Philanthropy 的意思最贴近，都包括具有特定目的的组织或机构（The institution/organization），善意（Goodwill）的情感，以及友善的行动（An act）三层意思。在实际使用中，这两个词在一定条件下也经常互换使用。

---

① 资中筠：《财富的责任与资本主义演变：美国百年公益发展的启示》，上海三联书店，2015，第 525 页。书中作者将"慈善"与"公益"互换使用。

② 这两个词在英文语境中没有太大的差别，charity 相对正式一些，强调组织行为和分享，而 Philanthropy 则强调一切基于爱心之上的给予和帮助。

③ 周真真：《Charity 概念在英国的历史流变及其社会意蕴》，《世界历史》2018 年第 1 期，第 37~38 页。

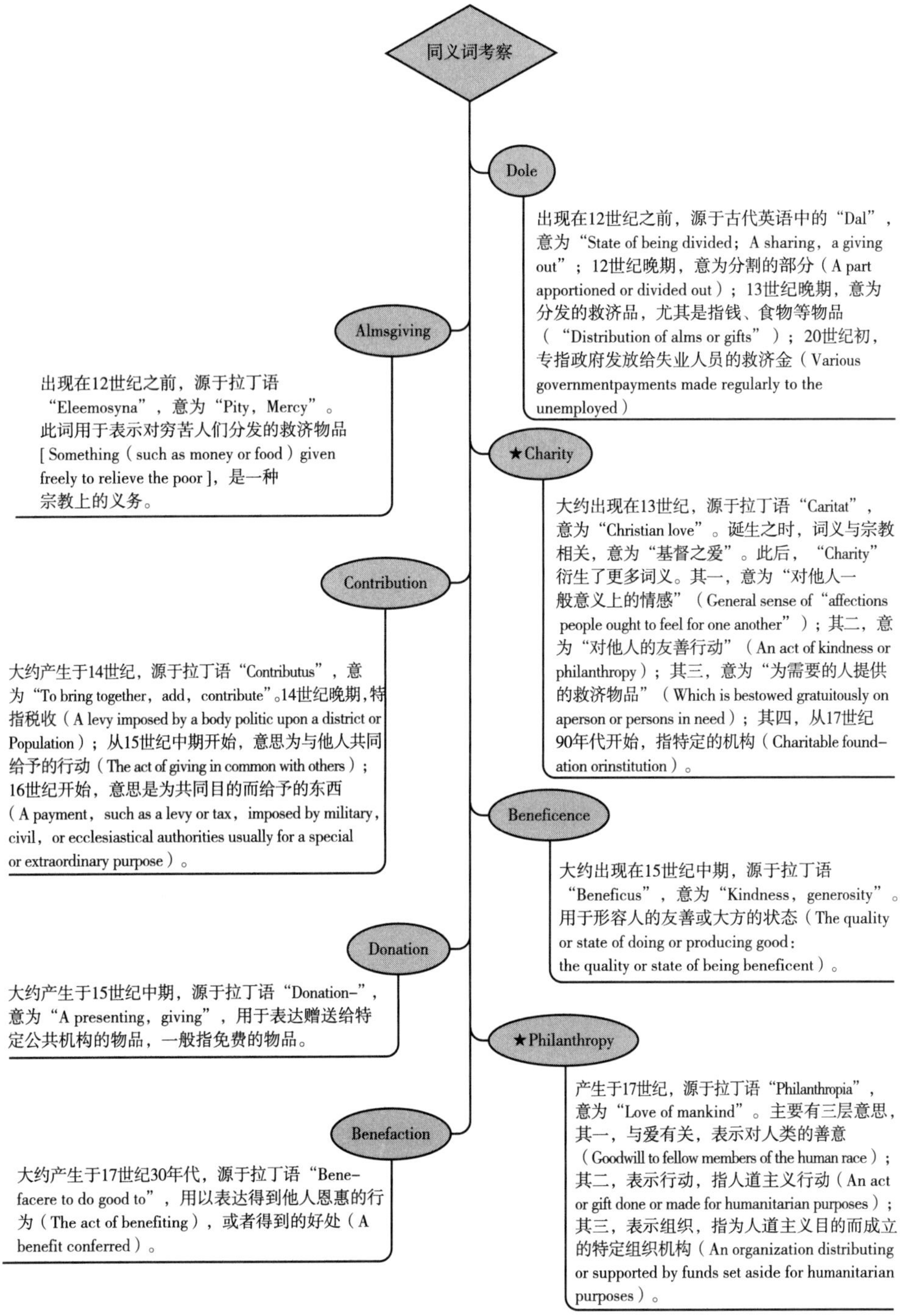

```
                          ◇ 同义词考察

                                    ⬭ Dole
                                         出现在12世纪之前，源于古代英语中的"Dal"，
                                         意为"State of being divided；A sharing, a giving
                                         out"；12世纪晚期，意为分割的部分（A part
                                         apportioned or divided out）；13世纪晚期，意为
                                         分发的救济品，尤其是指钱、食物等物品
                        ⬭ Almsgiving    （"Distribution of alms or gifts"）；20世纪初，
                                         专指政府发放给失业人员的救济金（Various
                                         governmentpayments made regularly to the
                                         unemployed）
```

出现在12世纪之前，源于拉丁语
"Eleemosyna"，意为"Pity，Mercy"。
此词用于表示对穷苦人们分发的救济物品
[Something（such as money or food）given
freely to relieve the poor]，是一种
宗教上的义务。

```
                                    ⬭ ★ Charity
                                         大约出现在13世纪，源于拉丁语"Caritat"，
                                         意为"Christian love"。诞生之时，词义与宗教
                                         相关，意为"基督之爱"。此后，"Charity"
                                         衍生了更多词义。其一，意为"对他人一
                        ⬭ Contribution   般意义上的情感"（General sense of "affections
                                         people ought to feel for one another"）；其二，意
                                         为"对他人的友善行动"（An act of kindness or
                                         philanthropy）；其三，意为"为需要的人提供
                                         的救济物品"（Which is bestowed gratuitously on
```

大约产生于14世纪，源于拉丁语"Contributus"，意
为"To bring together, add, contribute"。14世纪晚期，特
指税收（A levy imposed by a body politic upon a district or
Population）；从15世纪中期开始，意思是与他人共同
给予的行动（The act of giving in common with others）；
16世纪开始，意思是为共同目的而给予的东西
（A payment，such as a levy or tax，imposed by military，
civil，or ecclesiastical authorities usually for a special
or extraordinary purpose）。

aperson or persons in need）；其四，从17世纪
90年代开始，指特定的机构（Charitable found-
ation orinstitution）。

```
                                    ⬭ Beneficence
                                         大约出现在15世纪中期，源于拉丁语
                                         "Beneficus"，意为"Kindness，generosity"。
                                         用于形容人的友善或大方的状态（The quality
                                         or state of doing or producing good：
                        ⬭ Donation       the quality or state of being beneficent）。
```

大约产生于15世纪中期，源于拉丁语"Donation-"，
意为"A presenting，giving"，用于表达赠送给特
定公共机构的物品，一般指免费的物品。

```
                                    ⬭ ★ Philanthropy
                                         产生于17世纪，源于拉丁语"Philanthropia"，
                                         意为"Love of mankind"。主要有三层意思，
                                         其一，与爱有关，表示对人类的善意
                                         （Goodwill to fellow members of the human race）；
                        ⬭ Benefaction    其二，表示行动，指人道主义行动（An act
                                         or gift done or made for humanitarian purposes）；
                                         其三，表示组织，指为人道主义目的而成立
```

大约产生于17世纪30年代，源于拉丁语"Bene-
facere to do good to"，用以表达得到他人恩惠的行
为（The act of benefiting），或者得到的好处（A
benefit conferred）。

的特定组织机构（An organization distributing
or supported by funds set aside for humanitarian
purposes）。

图 1-1 同义词考察

Charity 和 Philanthropy 在表达上述三层内涵时，又有着细微的差别。与 Charity 比起来，Philanthropy 是更加宏观的表达。Philanthropy 通常不用于指代某项具体的扶贫济困行动，而是指某个主体为了实现特定目的而开展的所有类似行动的统称。在《美国历史上的慈善组织、公益事业和公民性》一书中，作者也认为 Charity 是由个人善意驱动的，可以减轻痛苦和折磨，但 Philanthropy 是抽象和制度化的，可以系统地解决深层次社会问题。[1] 简单来说，Charity 是一个机构或个人所开展的具体行动，而 Philanthropy 是基于共同追求，由具有相同目标的个人或机构所开展的系统和规模化的若干行动合集，更加贴近事业的含义。由于以上区别，英国《2006 年慈善法》、美国《国内税收法》等法律文件均使用更为具象化的 Charity 或其衍生词，内容以规制特定组织的具体行为为主。Philanthropy 在正式法律文件中则较少出现。

除了 Charity 和 Philanthropy 之外，其他词虽然在表达语义上有共通之处，但是使用语境有明显差别，极易区分。如 Dole 和 Almsgiving 产生年代比较久远，在现代英语中，前者专指失业救济金，后者至今仍然具有宗教内涵，表示源于宗教义务而分发的救济物品；又如 Contribution 与 Donation 均指给予的物品，前者是建立在人们共同义务基础上强制缴纳的物品，如税收，后者则多指基于自愿而捐赠的物品；再如 Beneficence 与 Benefaction 的词源均与 Bene 有关，表示"好的"（Well），前者用来形容人的友善，后者用以表达得到他人的恩惠或好处。

2. Public Welfare / Social Welfare

14 世纪，Welfare 是"The state of doing well especially in respect to good fortune, happiness, well-being, or prosperity"，即社会成员幸福、繁荣、满足的生活状态。[2]20 世纪，Welfare 开始具有为社会成员提供必需品的福利之意。图 1-2 梳理了与 Welfare 同义的词语。Welfare 和 Well-being 均指一种良好的生活状态，包括物质、经济及文化等各个方面。而 Interest 强调与己相关的利益，通常是经济方面的利益。Welfare 和 Well-being 在表达良好的生活状态时可以互换使用，但是 Well-being 不具有福利之意，仅表达一种状态。

---

[1] 劳伦斯·J. 弗里德曼、马克·D. 麦加维编，徐家良、卢永彬等译《美国历史上的慈善组织、公益事业和公民性》，上海财经大学出版社，2016，第1~2页。

[2] 参见在线词源字典的 Welfare 词条，https://www.etymonline.com/search?q=welfare。

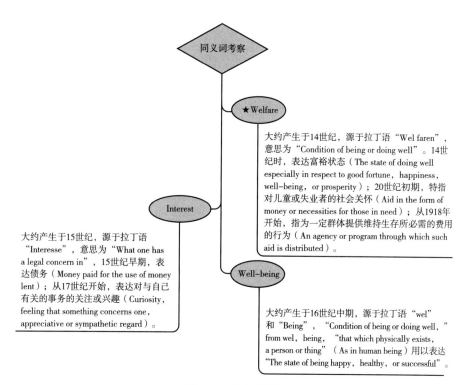

图 1-2 同义词考察

从两个形容词 Social 和 Public 来看，Social Welfare 和 Public Welfare 的不同在于受众。Social Welfare 是针对特定弱势群体的福利，即 "Organized public or private social services for the assistance of disadvantaged groups"①。Public Welfare 应是针对全体社会成员的福利，即 "Public is affecting all the people or the whole area of a nation or state"②。Social Welfare 和 Public Welfare 两词均产生在第二次世界大战后，伴随福利国家③理论逐渐在英美等国流行。

然而，与福利国家的发展模式密切相关，Social Welfare 和 Public Welfare 的关系远没有其形容词显示的那么泾渭分明，两者具有历史承袭关系。福利国家的发展模式主要有三种。④ 第一种是剩余模式。此术语出自威伦斯基和莱博的《工业社会和社会

---

① Merriam-Webster. https://www.merriam-webster.com/dictionary/social%20welfare.

② Merriam-Webster. https://www.merriam-webster.com/dictionary/public.

③ 此书不赘述福利国家产生的原因。

④ 田凯：《关于社会福利的定义及其与社会保障关系的再探讨》，《上海社会科学院学术季刊》2001 年第 1 期，第 157~159 页。

福利》一书。此书认为，家庭和市场是满足个人需求的渠道，当发生重大危机、经济萧条或疾病等而无法满足个人需求时，福利才发生作用。从这个解释来看，福利等同于扶贫济困，仅提供最低水平的生活需求。在这种模式里，福利是非组织化和非制度化的行为，具有极强的随意性。第二种是制度性再分配模式。此术语由英国的社会政策学创始人蒂特姆斯提出。他将福利的对象从特殊的弱势群体扩展至社会所有成员，并且提出福利是一种常规性的再分配或补贴制度，以矫正社会中的不公平。福利通过一系列制度安排来防止或解决社会问题，但仍限于最低水平的生活需求。第三种是发展性模式。此术语出自卡恩和罗马尼斯克因，他们认为福利不应是消极弥补和矫正社会问题的制度，而应该是积极主动地促进所有社会成员发展的制度。实际上，福利已经直接与公民的社会权利挂钩，不仅实现最低限度的福利供给，而且必须满足社会成员发展所需的福利供给。在前两种模式中，Social Welfare 占主导地位；在第三种模式中，Public Welfare 的内涵已经涵盖了 Social Welfare 的内容，成为福利国家的职责之一。

从上述若干英文词语的内涵来看，与不同英文词语对应而产生的对公益的理解是截然不同的。如果公益被理解为 Charity 或 Philanthropy，公益应该带有主体属性，指某种特定的主体为了特定目的所开展的行动。如英国《2006 年慈善法》开篇为 Charity 所下的定义，"Charity means an institution which is established for charitable purposes only"。[①] 又如美国《国内税收法》501（c）（3）提到 "Charitable Organizations are organized and operated for purposes that are beneficial to the public interest"[②]，后又规定了 Charitable Organizations 的特征。而如果公益被翻译成 Social Welfare 或 Public Welfare，那么公益并不专属于某类主体，而是强调"事"的属性，指为了实现社会成员良好的生活状态所开展的福利事业。

二 公益事业的主要特征

由于人们对公益的常见表达有所不同，公益事业的内涵也会有差异。权威文件虽然对公益并未有明文规定，但是通过列举和兜底条款的方式，在法律条款上对公益事

---

① 英国《2016 年慈善法》，http://www.legislation.gov.uk/ukpga/2011/25/section/1/enacted。
② 美国《国内税收法》，https://www.irs.gov/pub/irs-pdf/p557.pdf。

业做出界定。《公益事业捐赠法》第三条所称公益事业是指非营利的下列事项：救助灾害、救济扶贫、辅助残疾人等困难的社会群体和个人的活动，教育、科学、文化、卫生、体育事业，环境保护、社会公共设施建设，促进社会发展和进步的其他社会公共和福利事业。此后至 2016 年《慈善法》颁布之前，相关法律法规直接使用公益两字，并未多做列举式解释。基于《公益事业捐赠法》上位法及特殊法的性质，其对公益的界定可以直接适用于其他法律文件。从其对公益事业的界定中，我们可以合理推出公益应为社会公共事业和社会福利，而公益事业并不具有明确的主体属性。

因此，我国理解的公益事业应更加倾向于"事"的属性，更贴近 Social Welfare 或 Public Welfare 这组词，既包括面向特殊弱势群体的福利，也包括面向公众且与社会发展密切相关的公共事业及福利事业。在汉语中，公益事业可以被理解为：政府或社会力量为了追求社会公共事业和社会福利，所从事的具有一定目标、规模和系统的非营利活动。其中，社会力量在本书中指党政机关之外的社会群体，包括社会组织、企业和自然人等。

（一）非营利性

在《新华字典》中，"营利"被定义为"谋求私利、谋求利润"，"非营利"则是指"不谋求利润"。在我国公益事业发展的早期，很多人错误地将"非营利"理解为"不获取利润"。而实际上，"获得利润"在汉语中有专门的指代词语，即"赢利"（同盈利）。《新华字典》解释赢利（盈利）是指获得利润或企业单位的利润。从词语本身的意思来看，我国法律对公益事业的非营利的限制应该仅在于目的层面。这种解释在英语中也同样适用。非营利性在英语中表述为 Nonprofit，在《韦氏字典》中的意思为 "Not conducted or maintained for the purpose of making a profit"。从这个定义可看出，非营利在英语中也是目的层面的修饰词，而非行为层面上的限制。

非营利性的要求包括两个层面：一是公益事业的宗旨不能以营利为目的，即任何公益事业都需以谋求社会效益最大化为首要目标；二是公益事业不能进行利润分配。某一主体从事公益事业可以开展营利性活动并产生赢利（盈利），但是不能在成员之间进行分红，只能再投资于公益事业，以此避免公益事业偏移社会使命。

某一主体从事公益事业可以开展营利性活动这一点已经在众多法律文件中获得认可。1999年,《公益事业捐赠法》第十七条提到,公益性社会团体应当严格遵守国家的有关规定,按照合法、安全、有效的原则,积极实现捐赠财产的保值增值;公益性非营利的事业单位应当将受赠财产用于发展本单位的公益事业,不得挪作他用;对于不易储存、运输和超过实际需要的受赠财产,受赠人可以变卖,所取得的全部收入,应当用于捐赠目的。2004年,《基金会管理条例》提到"基金会应当按照合法、安全、有效的原则实现基金的保值、增值"。2018年,《慈善组织保值增值投资活动管理暂行办法》第三条提到,"慈善组织应当以面向社会开展慈善活动为宗旨,充分、高效运用慈善财产,在确保年度慈善活动支出符合法定要求和捐赠财产及时足额拨付的前提下,可以开展投资活动"。投资活动包括购买银行、信托等金融机构发行的资产管理产品、股权投资或将财产委托投资等。但该办法同时规定,慈善组织投资取得的收益应当全部用于慈善目的。非营利性是衡量某一活动是否属于公益事业的基本标准。

(二)供给内容为社会公共事业或社会福利

公共事业是一个具有中国特色的词语,在目前的法律文件中没有明确界定。从学科角度来看,公共事业是"公共事业管理"的研究对象,源于西方的公共管理学。1996年公共事业管理专业被引入中国并成为公共管理一级学科下的二级学科。由于此渊源,公共事业和公共管理有着密切关系。两者的诞生均与对传统行政管理的反思有关,秉承政府的"掌舵"和"划桨"职能相分离的理念,通过改变政府直接提供或直接管理的方式,提高各项服务的质量和效率。不同的是,公共管理所研究的对象是公共事务。公共事务的内涵更加广泛,包括政治事务(政策及法律制定、民族团结工作、司法工作等)、经济事务(宏观调控、经济管理等)以及社会事务(民政工作、科教文卫等)三个部分。公共事业涉及政府的社会管理职能,仅包括社会事务部分。

关于公共事业的定义,我国学术界有三种代表性的观点。其一,公共事业是面向社会,以满足社会公共需要为基础目标,直接或间接为国民经济提供服务或创造条件,关系到社会全体公众基本生活质量和共同利益,并且不以营利为主要目的的活动。^①其二，公共事业是关系到社会全体公众整体生活质量和共同利益的，以狭义的社会公共事务为基本内容并包含必需的具有社会公共性的经济事务的活动及其结果。^②其三，公共事业是社会的一些组织和部门为满足社会群体需要，为经济发展、社会管理和公众生活创造有利条件而从事准公共事务、提供准公共产品的活动。^③

结合公共事业的学科理解和学术观点，我们认为，第一种观点和第二种观点比较接近公共事业的内涵。公共事业应具有四个特点：第一个特点是开展与社会事务相关的公共服务和为公共服务创造条件的两种活动。一般来说，公共事业只提供服务型的无形产品。产品生产和消费处于同一过程，如义务教育。但同时，为了保障公共服务的供给，公共事业也提供包括各类社会性基础设施在内的有形产品，如学校、医院等。第二个特点是不以营利为主要目的。公共事业中的公共服务或社会性基础设施是非营利性的，比如义务教育、基本医疗服务等，这些服务的赢利将再投资于公共事业本身。第三个特点是受益对象为全体社会成员。第四个特点是参与主体广泛，包括政府、社会力量等多元主体。^④

基于以上四点，公共事业所涉及的内容正是《公益事业捐赠法》第三条中罗列的第二点和第三点，而公益事业除了面向全体社会成员之外，还包括面向部分社会成员的社会福利，后者强调政府或社会为鳏寡孤独、盲聋哑残等特殊社会生活困难者提供各种物质帮助和特殊服务，特指《公益事业捐赠法》第三条中的第一点。

（三）参与主体的广泛性

我国的公益事业并不是特定主体的特定行为，这意味着无论是政府还是社会力量皆可参与公益事业，只是主体不同，参与方式有所不同。

公益事业主要有三类参与主体：其一是政府，以财政保障实施；其二是社会组织、企业及自然人等社会力量，以服务收入或捐赠实施；其三是政府及社会力量，二者共同实施公益事业。图1-3展现了公益事业的参与主体。

---

① 崔运武：《公共事业管理概论（第三版）》，高等教育出版社，2015，第15页。
② 王德清、张振改：《公共事业管理》，重庆大学出版社，2005，第1~3页。
③ 娄成武、司晓悦、郑文范主编《公共事业管理学》，高等教育出版社，2015，第7页。
④ 此部分将作为公益事业的第三个特征来专门论述。

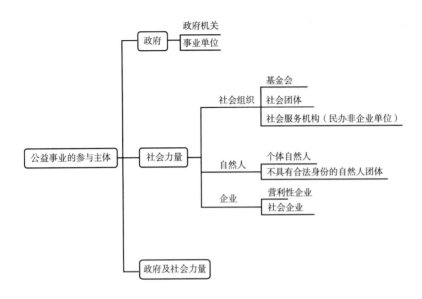

图1-3 公益事业的参与主体

1. 政府开展的公益事业

政府作为供给主体既包括政府机关，也包括政府机关设立或其他组织利用国有资产设立的事业单位，如中国残疾人联合会、中华全国妇女联合会、中国共产主义青年团等。《事业单位登记管理暂行条例》提到，事业单位是"国家为了社会公益目的，由国家机关举办或者其他组织利用国有资产举办的，从事教育、科技、文化、卫生等活动的社会服务组织"。政府机关或事业单位以国家财政保障实施公益事业，这类公益事业被明文规定于国家政策中，以国家制度强制保障实施。

政府机关或事业单位提供基本公共服务。2017年，《"十三五"推进基本公共服务均等化规划》提到，基本公共服务是由政府主导、保障全体公民生存和发展基本需要、与经济社会发展水平相适应的公共服务。享有基本公共服务是公民的基本权利，保障人人享有基本公共服务是政府的重要职责。该文件的附件罗列了包括基本公共教育、基本劳动就业创业、基本社会保险、基本医疗卫生、基本社会服务、基本住房保障、基本公共文化体育、残疾人基本公共服务八大类别81项基本公共服务内容。[①]这81项内容由政府机关或事业单位主责并由财政强制保障。

---

① 《"十三五"推进基本公共服务均等化规划》，http://www.gov.cn/zhengce/content/2017-03/01/content_5172013.htm。

2. 社会力量开展的公益事业

社会力量开展的公益事业是政府开展的公益事业的重要补充。与政府开展的公益事业相比，社会力量具有以下优势。其一，社会力量满足多样化需求。政府开展的公益事业只提供基本水平的公共服务。公众需求日趋多样化，基本水平的公共服务已经难以满足社会需求，而社会力量可以关注到多样化的需求。其二，社会力量具有灵活性。政府从事的公益事业往往因为复杂的手续及流程而具有一定的滞后性，而社会力量相对灵活，可以及时发现和满足需求。在实践中，社会力量经常可以补充国家职责范围内的基本公共服务，同时还可以在基本公共服务之外开拓新的公益领域。2014年，瓷娃娃罕见病关爱中心发起"冰桶挑战"，极大地推动了政府对罕见病相关药物和治疗设备的研发、引进及生产，并用社会募捐的方式支持了罕见病群体。2017年，自然之友和中国生物多样性保护与绿色发展基金会共同提起的"常州毒地"公益诉讼案，引起政府对土地污染防治的高度关注，从而加速了土壤污染防治法出台。这些例子举不胜举。

（1）社会组织

社会组织是我国的一个专有词，来自民间组织登记管理部门——中国社会组织管理局。中国社会组织管理局主要负责基金会、社会团体、社会服务机构（民办非企业单位）的登记及管理工作，因此社会组织主要指代这三种组织形式（见表1-1）。

《慈善法》提到，慈善组织是指依法成立、符合本法规定，以面向社会开展慈善活动为宗旨的非营利性组织。慈善组织可以采取基金会、社会团体、社会服务机构（民办非企业单位）等组织形式，主要通过捐赠财产或提供服务等方式，自愿开展公益活动。从该规定可以看出，我国的慈善组织还作为专门的法律词语使用，慈善组织与社会组织的内涵基本一致。《慈善法》第十条提到，三类组织须向其登记的民政部门申请认定才可获得慈善组织身份。获得慈善组织身份是获得公募权、享有税收优惠、承接政府购买服务的前提条件。慈善组织需要特殊的认定手续，而社会组织的外延更大。因此，把从事公益活动的组织形式称为社会组织更为准确。

表1-1 社会组织类型

类型	定义
基金会	利用自然人、法人或者其他组织捐赠的财产,以从事公益事业为目的,按照本条例的规定成立的非营利性法人
社会团体	中国公民自愿组成,为实现会员共同意愿,按照其章程开展活动的非营利性社会组织
社会服务机构(民办非企业单位)	企业事业单位、社会团体和其他社会力量以及公民个人利用非国有资产举办的,从事非营利性社会服务活动的社会组织

基金会是以财产为基础成立的社会组织,获捐的财产有固定使用方向且遵从捐献者的意志,并以此建立团队。社会团体通常是以人为基础成立的会员制组织。社会团体通常以互益性为主要特征,围绕会员的共同兴趣及意志提供各种服务,如中国慈善联合会。社会服务机构(民办非企业单位)以一定的社会使命为基础,面向不特定的公众提供社会服务。在实践中,社会组织从事公益事业主要有三种途径:提供社会服务①、公益创投、社会影响力投资。

公益创投并没有法律上的定义,国际上通用的概念来源于欧洲公益创投协会。该协会认为"公益创投是将风险投资的工具用于公益慈善事业,为社会目的组织提供资金和非资金支持,以提高其社会效应的方法"。②与单纯的资金捐赠或志愿服务不同,公益创投结合这两个方面来培育社会组织,是一种创新的投资方式。公益创投不要求有经济回报率,无论是政府还是社会力量都可以从事公益创投。目前,社会组织中有很多专门从事公益创投的机构。上海恩派公益事业发展中心以"助力社会创新,培育公益人才"为使命,全面支持社会公益组织的发展,提供资金、能力建设、空间运营等。③2009年,爱德基金会成立爱德社会组织培育中心,以培育社会组织及公益人才为目标,开展社会组织培育与能力建设、社会组织评估与督导、社会资源筹集与整合等业务。④爱佑慈善基金会的"爱佑益+"项目,为入选机构提供资金、战略辅导、

---

① 提供社会服务是社会组织最常开展的活动,根据社会组织的社会使命不同,社会服务有所不同,涉及范围非常广泛,在本章中暂且不表。后文将以公益服务的终极目标为标准,将以社会力量为主导的公益事业划分为教育发展、环境保护、助残、养老、安全救灾、公共卫生、性别平等、文化保护与发展、"三农"服务、社区建设十大领域,并详细介绍十大细分领域中社会力量主要采取的工作方法并配之以案例说明。

② 刘维:《何谓公益创投》,《中国社会工作》2017年第7期,第18页。

③ 上海恩派公益事业发展中心官方网站,https://www.npi.org.cn/。

④ 《爱德社会组织培育中心招募令》,http://www.amity.org.cn/index.php?m=Home&c=News&a=view&id=238。

管理咨询、品牌宣传、资源嫁接等多方面支持。

除了社会服务和公益创投之外，社会影响力投资也是社会组织从事公益事业的方式之一。2013 年，世界经济论坛在对社会影响力投资的定义中提到，这种投资在实现财务回报的同时，又能对社会和环境产生正面且可以评估的影响。与传统投资不同，影响力投资在选择之初就认为经济回报和社会效益并重，不能在牺牲社会效益的前提下获取经济回报。例如某家药企推出了新的药品，虽然侧面上会产生有利于健康的社会效果，但是如果是以赢利来作为投资考量，则不属于社会影响力投资。社会影响力的投资主体同样适用于政府或社会力量，投资对象一般是从事公益事业的主体，比较多的是社会组织及社会企业。社会影响力投资的概念于 2015 年左右进入中国，虽然目前实践不多，但已得到关注。南都公益基金会推动成立的中国社会企业与影响力投资论坛，是我国目前最大的社会企业与影响力投资交流平台之一。

（2）自然人

自然人既包括个体自然人也包括尚未具有合法身份的自然人团体，如企业中的志愿者协会或自然人组成的临时志愿者小组。自然人从事公益事业的合法性主要来源于《慈善法》。该法提到，自然人同样可以通过捐赠财产或提供服务的方式，自愿开展公益活动。这里的自然人纯粹按照个人意志从事公益事业，不受任何干扰，具有一定随意性。这类人往往被称为"志愿者"或"慈善家"。

捐赠财产是自然人参与公益事业的主要方式之一。捐赠财产的方式有慈善捐赠、公益创投及社会影响力投资。资中筠在《财富的责任与资本主义演变：美国百年公益发展的启示》一书中提到，在清末和民国时期，我国出现了以张謇、经元善、宋裳卿等为代表的企业慈善家。[①] 而在当代，一批企业慈善家也正在崛起。如在 2011 年捐出35 亿元股权的曹德旺，在 2017 年宣布 60 亿元捐赠计划的美的集团创始人何享健等。北京师范大学中国公益研究院、国际公益学院每年发布《中国捐赠百杰榜》。2018 年发布的榜单显示，中国企业家的大额捐赠已经成为一大趋势。[②] 同时，随着互联网等

---

① 资中筠：《财富的责任与资本主义演变：美国百年公益发展的启示》，上海三联书店，2015，第 479~483 页。
② 王冬雪：《〈中国捐赠百杰榜（2018）〉在京发布》，http://sdcsgy.qianlong.com/2019/0118/3069548.shtml，2019 年 1 月18 日。

技术的发展,普通个人的小额捐赠也逐渐成为常态,人们在日常生活中就能通过消费和运动等方式完成捐赠。《中国慈善发展报告(2018)》中的数据显示,2011~2017年,个人捐赠额占社会总捐赠数额的两成左右。[①] 目前,单纯捐赠是自然人捐赠财产的主要方式。[②]

2017年公布的《志愿服务条例》提到,志愿者是指以自己的时间、知识、技能、体力等从事志愿服务的自然人。志愿服务一直是自然人参与公益活动的主要方式之一。自然人可以参与社会组织开展的公益活动,同时也可以自行组织开展志愿服务。《中国慈善发展报告(2019)》提到,2018年度的中国志愿者总量(包括在官方和志愿服务组织登记的注册志愿者与非注册志愿者)约为1.98亿人,其中全国活跃志愿者6230.02万人,2018年度贡献志愿服务时间总计为21.97亿小时。[③]

(3)企业

A. 营利性企业

营利性企业以追求利润为第一宗旨。这类企业参与公益事业的动力源于企业社会责任的理念。企业社会责任(Corporate social responsibility,简称CSR)要求企业在创造利润、对股东和员工承担底线法律责任的同时,也要承担对消费者、社区及环境的责任。CSR要求企业改变营利至上的观念,关注生产经营活动产生的社会效益。学术界通常认为,CSR包含四个部分(见图1-4)。第一,企业应该承担经济责任,生产优质的产品并取得经济效益。第二,企业应承担法律责任,应遵纪守法,合法经营。第三,企业应承担伦理责任,应该公平运营,不应损害利益相关方的权利,如对供应商和销售商诚实守信等。第四是对社会的回馈,企业应为社会进步作出贡献,做良好的企业公民,为社会捐献所需资源。公益事业是企业CSR中的一部分,是企业对社会的回馈。

---

① 宋宗合:《2016~2017年度中国慈善捐赠报告》,载杨团主编《中国慈善发展报告(2018)》,社会科学文献出版社,2018,第30页。

② 自然人公益创投及社会影响力投资的方式与社会组织的相同,在此不赘述。

③ 翟雁、辛华、张杨:《2018年中国志愿服务发展指数报告》,载杨团主编《中国慈善发展报告(2019)》,社会科学文献出版社,2019,第49~87页。

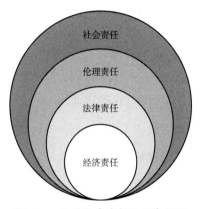

图1-4 企业社会责任的四个层级

国际上众多衡量企业 CSR 的标准文件对公益事业提出了要求，如 BSCI 标准认证（Business Social Compliance Initiative），SEDEX 认证（Supplier Ethical Data Exchange），SA8000 标准认证（Social Accountability 8000 International standard）等。2015 年，联合国可持续发展目标又为企业从事公益事业提供了国际上通用的参考标准，涉及贫困、妇女平等、公众健康等领域。国内的 CSR 起步较晚，从 2006 年起国内企业才逐渐关注该领域。目前，企业从事公益事业已经成为 CSR 领域中发展最快的一部分，很多知名的营利性企业长期开展公益活动，如汇丰银行、雀巢、宝洁、阿里巴巴、腾讯等。

营利性企业从事公益事业主要通过 7 种方式，包括公益主题活动、公益慈善捐赠、社区志愿者活动、企业价值链社会责任活动、创建基金会、企业公益创投和影响力投资。[①]

B. 社会企业

无论是在学界还是在实践中，社会企业尚没有统一的术语和定义，各国的做法也五花八门。1999 年，欧洲经济与合作发展组织最早提出了社会企业的概念，认为社会企业（Social Enterprises）是指任何可以产生公共利益，具有企业精神策略，以达成特定经济或社会目标、不以利润最大化为主要追求，且有助于解决社会排斥及失业问题的组织。在英国，社会企业在法律上表述为社区利益企业（The Community Interest Company），这类企业需以服务社会为目的，并且不得向其成员分配利润及

---

① 张虎：《企业公益战略》，中国经济出版社，2010，第 95~129 页。

资产。在美国，各州政府对社会企业的命名和定义不一，如低利润有限公司（Low-profitlimited Liability Company）、共益企业（Benefit Corporation）、灵活目的公司（Flexible Purpose Corporations）、社会目的公司（Social Purpose Corporation）等。目前，全球已有22个国家发展了社会企业的认证体系，如英国社会企业联盟认证体系和美国B-Corp认证体系等。截至2015年，英国社会企业达到7万家，美国社会企业数量超过2000家。在中国，香港地区的已认证社会企业超过570家，台湾地区登陆社会企业平台的组织超过120家。[①]

中国尚未形成关于社会企业的统一概念，并且有众多认证体系。2015年，顺德社会创新中心发布了《顺德区社会企业培育孵化支援计划》；2018年，中国公益研究院、南都公益基金会等六家机构联合发布了《中国慈展会社会企业认证办法（2018）》；2018年，北京社会企业发展促进会发布了《北京市社会企业认证办法（试行）》，等等。由于认证体系不一，统计口径不一致，社会企业的数量很难估算。2019年，全国首次发布的《中国社会企业与社会投资行业扫描调研报告2019（简版）》显示，截至2018年，经过中国慈展会认证的社会企业共有234家，而实际估算的社会企业有可能达到上千家。[②]

基于各国实践，社会企业"利用商业手段来实现社会目标"这一界定已经得到广泛认可及采纳。社会企业至少要具备三个要素。第一个要素是以社会目标为导向。社会企业必须有明确的社会使命，而不是以经济效益最大化为目标。第二个要素是从事经营性活动。社会企业通过向社会提供高质量的服务而盈利，具有自我造血的功能。第三个要素是有限的利润分配。社会企业需将其利润再投入社会事业当中，不得全部用于股东分红，而不同文件对具体分配比例的要求不一。《顺德区社会企业培育孵化支援计划》要求50%以上的利润需要继续支持公益事业。《北京市社会企业认证办法（试行）》则未对利润分配做出规定[③]，根据"法无禁止即可为"的原则，社会企业可以进行不同比例的利润分配。

① 《中国社会企业三大概览：数量、多样性、活跃领域》，http://www.sohu.com/a/296105771_818314，2019年2月20日。
② 中国社会企业与影响力投资论坛、南都公益基金会：《中国社会企业与社会投资行业扫描调研报告2019（简版）》，http://www.cseiif.cn/Uploads/file/20190415//5cb42a12becf4.pdf。
③ 《社会企业有了认证标准——北京市社会企业认证办法（试行）》，http://www.chinadevelopmentbrief.org.cn/news-21769.html，2018年8月14日。

《中国社会企业与社会投资行业扫描调研报告2019（简版）》中的数据显示，91.6%的社会企业从事市场经营活动，58.4%的社会企业占比最大的收入来源为市场运营。84.5%的社会企业2017年度利润用于再投资，61%的社会企业规定禁止或限制利润分配。本书认为，如果一个社会企业未将100%的利润再投资于公益事业，它从事公益活动的行为属于营利性企业的企业社会责任行为。另外，由于社会企业注册形式不限，报告显示有32.4%的社会企业采取了社会组织的注册形式，与社会组织有所重合。

3. 政府及社会力量共同推动的公益事业

《"十三五"推进基本公共服务均等化规划》提到，要充分发挥市场机制作用，支持各类主体平等参与并提供服务，形成扩大供给合力。

政府与社会力量的合作方式主要有两种。第一种是PPP（Public-Private-Partnership）。PPP是指政府与私营部门为共同提供公共服务而建立的合作关系，包括BOT（Building-Operate-Transfer）[1]及TOT（Transfer-Operate-Transfer）[2]。在我国，PPP常被使用在基础设施建设的经营性项目中。自2015年起，国家相关部门相继发布《关于在公共服务领域推广政府和社会资本合作模式的指导意见》《关于进一步共同做好政府和社会资本合作（PPP）有关工作的通知》以鼓励公益事业的公私合作。目前，养老、社区建设等领域已经出现了公建民营模式的探索。[3]第二种是公益创投。PPP是用社会力量来支持政府从事的公益事业，而公益创投是政府购买社会服务的一种重要方式，侧重于政府用财政资金培育其他主体来从事公益事业。2012年以来，国家相继出台《中央财政支持社会组织参与社会服务项目实施细则》《关于政府向社会力量购买服务的指导意见》等公益创投相关政策。在公益领域，政府公益创投已经成为其他公益事业从事主体必不可少的资金来源。在实践中，政府的公益创投有三种运作方式。第一种是委托模式。政府将公益创投直接委托给社会力量运作。如2009年，上海市民政局委托社会组织举办上海市社区公益创投大赛，获胜者将得到政府的资金

---

[1]　BOT：政府同投资方签订合作协议，由投资方负责公共事业项目的投资建设，并在项目建成后享受该项目的经营权并获得合法收益。协议期满，项目全部移交政府。

[2]　TOT：政府部门根据与投资方签署的协议，把现存的某些公共事业设施移交投资方进行经营管理，投资方享有项目运营产生的收益。在合同期限内，政府获得项目租金，协议期满，项目全部移交政府。

[3]　PPP模式的部分案例可以参见第二章的相关内容。

支持。第二种是协作模式。政府与其他公益事业的主体共同协作，政府提供创投资金，合作伙伴提供资金或非财务的支持，如能力建设、机构规划等。第三种是合资模式。政府与其他主体合资成立专项基金或设立创投机构。如2012年，南京市创投协会成立，由政府财政资金、福利彩票公益金、社会捐赠资金三部分组成，对公益项目进行支持。公益创投一般需要经过项目征集、初审、终审、签订协议、发放资金、项目评估等流程。

三　公益事业与慈善事业的区别与联系

在中国，公益与慈善常被混用。一来，人们将公益与慈善等同，认为公益和慈善可以互换使用；二来，公益与慈善被认为是完全不同的两个概念，可以出现在不同语境中，也可以连用，如中国公益慈善事业。在理清公益事业内涵的基础上，我们来看两者的关系。

与公益不同，慈善在中国早有本土渊源。学术界认为，慈善作为合成词最早出现在魏晋南北朝时期，众多汉译佛经已经出现了慈善用例，如《大方便佛报恩经》《菩萨本愿经》《长阿含经》等多部经典提及了"慈善根力""佛以慈善，教化一切""怀怖畏心，发慈善言"等。在6世纪之后，慈善逐渐应用于世俗文章当中。[①]《魏书·崔光传》提到了"光宽和慈善，不忤于物，进退沈浮，自得而已"。[②]余日昌所编的《中华传统美德丛书·慈善卷》提到，慈善用于表达"仁慈""善良""富于同情心"。[③]《辞源》界定的慈善也有仁慈善良之意。[④]《中华慈善事业：思想、实践与演进》一书提到"博爱为慈，乐举为善"。[⑤]除了词语使用，早在先秦时期，与慈善相关的思想也已存在，包括仁、仁义、仁爱、善事、义举等与慈善同义的表达。从古代的汉语表达来看，慈善意在表达一种个人的救济心态，形容人所具有的乐善好施的性格。

学术界普遍认为在中国近代的文献中曾经出现过有关公益与慈善区别的讨论。

---

① 曾桂林：《从"慈善"到"公益"：近代中国公益观念的变迁》，《文化纵横》2018年第1期，第44~45页。
② 王文涛：《"慈善"语源考》，《中国人民大学学报》2014年第01期，第28~29页。
③ 余日昌：《中华传统美德丛书·慈善卷》，南京大学出版社，2013，第4页。
④ 《辞源》，商务印书馆，1983，第1148页。
⑤ 莫文秀、邹平、宋立英等：《中华慈善事业：思想、实践与演进》，人民出版社，2010，第2~3页。

1906 年,《敝帚千金》杂志刊登了两篇文章,其中一篇认为烧香拜佛、布施和尚、寺庙放生等是"没益的善事",只有发自"爱国爱群"之心所行之事才算是公益。另一篇提及一个故事,一名财主在收成好的时候大肆囤粮,在灾荒之时,不开仓济贫,而是筑路修堤,帮助恢复收成。评论说:"像这样有钱的办法,不独算是行善,还是为大家的公益呢。"① 由此可以判断,在近代,慈善通常用来表达针对特定弱势群体的行动,如布施和尚和回应乞讨等,而不是全体成员均可受益的行动。慈善是个人实施的临时性救济行为,如开仓救济,而不是可持续地解决问题的措施,如筑路修堤。此后,慈善一词一直在民间非正式语境中使用,而学界关于慈善与公益的讨论,也大多限于近现代词源考察。如有代表性的观点认为慈善是个人基于悲悯之心所做的好人好事,强调给予,具有很强的随意性,而公益是基于公共利益而开展的系统化和制度化的行动,强调合作,具有一定持续性。②

然而,《慈善法》使慈善一词正式成为法律术语,并且在现代汉语中有了权威解释。《慈善法》第三条提及,本法所称慈善活动,是指自然人、法人和其他组织以捐赠财产或者提供服务等方式,自愿开展的下列公益活动:(1)扶贫、济困;(2)扶老、救孤、恤病、助残、优抚;(3)救助自然灾害、事故灾难和公共卫生事件等突发事件造成的损害;(4)促进教育、科学、文化、卫生、体育等事业的发展;(5)防治污染和其他公害,保护和改善生态环境;(6)符合本法规定的其他公益活动。

基于《慈善法》的描述,以往关于公益与慈善的区别已经不再适用,慈善不再限于个人的救济行动,而具有两个显著特征。第一个特征是主体的自愿性。不同于国家通过强制税收集中社会资源,慈善事业所提供的社会服务及捐赠都基于主体自愿和志愿者精神。任何强迫或变相强迫的社会服务或财产捐赠都不属于慈善。第二个特征是主体属性。慈善是特定主体所开展的公益活动,包括自然人、法人和其他组织,有非常明确的主体属性。回溯本节最开始提到的有关公益的常见表达,慈善更接近资中筠书中所提的概念,词意更贴近 Charity 和 Philanthropy 这组词。

---

① 武洹宇:《中国近代"公益"的观念生成:概念谱系与结构过程》,《社会科学文摘》2018 年第 12 期,第 201 页。

② 郭虹:《我国很多基金会做的是慈善而不是公益!》,http://www.chinadevelopmentbrief.org.cn/news-21957.html,2018 年 9 月 19 日。

因此，慈善是公益活动的一种，公益事业与慈善事业两者应是包含关系。从参与主体的属性来区分，公益事业可以分为慈善事业和制度性公益事业，前者指社会力量以自愿形式独立开展的公益事业，以及社会力量与政府合作开展的公益事业。后者指以国家强制力量实施且有制度保障，政府独立开展的公益事业。除主体有所不同之外，从《公益事业捐赠法》和《慈善法》的规定中可以看出，公益事业和慈善事业的内容是相同的，都以社会公共事业和社会福利为主要内容。

基于以上论述，图1-5展示了公益事业与慈善事业之间的关系。为了凸显两者关系，在本书中，"慈善事业"又被称为"社会公益事业"，表示慈善事业仅由社会力量主导，同时又属于公益事业。①

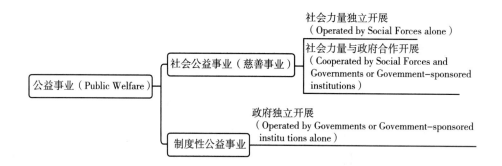

图1-5　公益事业与社会公益事业（慈善事业）的关系

四　社会公益事业在中国的发展历程

这里从"慈善"寻找中国社会公益事业的发展轨迹。1949年之前，慈善行为零散见于一些清末慈善家和民国实干家出于救国或社会改良的目的而进行的个人行为之中。②从1949年开始，中国社会公益事业的发展历程十分曲折，经历全面接管和改造期、真空期、恢复期、过渡期及空前发展期五个阶段，自1978年以后，中国社会公益事业才真正获得一定程度的发展空间。

第一阶段为1949~1956年的全面接管和改造期。这个时期处在两个政权的过渡阶

---

① "社会公益事业"是本书自创术语，用于强调公益与慈善的区别，仅限于学术讨论。在法律或国外语境中，仍然使用慈善一词。本书中慈善与社会公益事业可以互换使用。

② 资中筠：《财富的责任与资本主义演变：美国百年公益发展的启示》，上海三联书店，2015，第479~483页。

段，新政权接管和清理在旧政权时期产生的社会组织，并确定新的社会公益事业发展方向。1950 年，董必武在中国人民救济代表会议上提到，社会救济事业应是在政府统一领导下开展的国家事务。[①] 从这个界定中可以看到，这时期的社会公益事业势必具有很强的行政或官办色彩。

第二阶段为 1957~1977 年的真空期。在政权过渡完成之后，这个时期的阶级斗争影响了社会公益事业的发展。慈善被认为只应该存在于资本主义世界里，而社会主义社会里人人平等，没有人需要救济。郑功成在其书《当代中国慈善事业》中提到，在此期间，《人民日报》共刊登过 4 篇以"慈善"为题的文章，皆是批判美国慈善对人民的毒害及其虚伪性。[②]

第三阶段为 1978~1993 年的恢复期。在改革开放之后，政府放宽了对社会公益事业发展的控制，颁布了《基金会管理办法》《公益事业捐赠法》《社会团体登记管理条例》等相关法律法规，为社会公益事业的发展提供了良好环境。

第四阶段为 1994~2007 年的过渡期。这个时期的社会公益事业仍然具有浓厚的官办色彩，行政干预比较严重。如社会力量成立的社会组织需有双层管理单位，又如只有官方指定的社会组织才具有接受社会捐赠的资格，诸如此类的限制很多。即使如此，仍有大量的社会组织诞生。并且，国家一改之前对慈善的否定态度，通过政策或法律鼓励社会公益事业的发展。如 2005 年的政府工作报告指出政府要支持慈善事业的发展，提到"做好优待抚恤工作，支持慈善事业发展"。这是"慈善事业"首次出现在政府工作报告中。

第五阶段为 2008 年至今的空前发展期。2008 年，中国重大自然灾害频发，激发了中国社会各界空前的慈善捐助热潮，被称为"中国民间公益元年"。之后伴随着郭美美事件、陈光标诈捐、腾讯"99 公益日"诞生等带来或负面或正面影响的重大事件，中国社会公益事业逐渐走上专业化道路。与此同时，国家通过一系列政策、法律及机构改革等措施鼓励社会组织参与社会治理。社会公益事业进入发展快车道。

---

① 董必武：《新中国的救济福利事业——1950 年 4 月 26 日在中国人民救济代表会议上的报告》，《江西政报》1950 年第 5 期，第 67~68 页。
② 郑功成：《当代中国慈善事业》，人民出版社，2010，第 136 页。

第二节　中外社会公益事业比较

一　政府在社会公益事业中的作用

由于历史原因，中国的社会公益事业发展一直离不开政府扶持。政府不仅参与宏观的监督和管控，而且直接参与部分社会公益事业的实际运作。然而，英美等国的政府在社会公益事业中的作用有所不同。

英国是慈善事业发展最早的国家之一，英国政府发挥作用的方式主要有三种。第一种是通过制定政策法律进行宏观干预。14世纪，英国政府就开始陆续制定和颁布慈善相关的法律，如1601年《慈善用途法》《2006年慈善法》等。第二种是设立慈善相关的政府部门，即慈善委员会。慈善委员会与从事慈善事业的主体既是监管者与被监管者的关系，又是友好的合作伙伴关系。第三种是为慈善事业的发展提供财政支持。1998年，政府与民间公益组织签署了《政府与志愿及社区组织合作框架协议》，为从事慈善事业的主体提供多元的财政援助，包括提供赠款、贷款和担保等。

相较于英国来说，美国政府在慈善事业中的作用更加弱化。第一种方式是政府通过法律政策来调控慈善事业的发展。在联邦层面，政府主要通过《国内税收法》明确界定了慈善组织，并限定了慈善组织获得免税资格的条件及额度等；在州层面，各州依据实际情况制定登记和备案的法律，达到激励与监督慈善事业发展的目的。第二种方式是公私合作。《财富的责任与资本主义演变：美国百年公益发展的启示》一书将公私合作视为美国20世纪慈善事业的特点之一。此书提到，"政府的力量和权力对大规模开展公益事业必不可少……在不少新兴公益事业中，政府不仅是外围的法律调控者，也是内在参与者"。[1] 但是这种公私合作还仅限于政府的公益创投，正如2009年"社会创新与公民参与协作基金"成立时奥巴马所言，"政府可以出资建立学校，但是对教学方法的创新，对家长和教师的培训就需要群策群力；政府可以投资清洁能源，但是为绿色职业培训工作人员、推广节能家庭和办公室，都无法单靠政府完成"。[2]

政府在英美慈善事业中发挥作用的方式均以宏观管控为主，角色主要是监督者和

---

[1] 资中筠：《财富的责任与资本主义演变：美国百年公益发展的启示》，上海三联书店，2015，第401页。

[2] 资中筠：《财富的责任与资本主义演变：美国百年公益发展的启示》，上海三联书店，2015，第460页。

激励者。政府的直接参与也仅以财政支持为主，并以此撬动更多社会资源，而不会直接参与实际运作。从另外一个角度可以看出，政府在慈善事业发展中的角色越来越重要，公私合作已成为发展趋势之一。

二　社会公益事业的监督体系

我国社会公益事业的监督主体主要是政府部门，监督方法主要包括登记管理和年审制度，而对日常活动的监督非常薄弱。在《慈善法》颁布之后，国家加强了对社会组织的监管，如上线中国社会组织公共服务平台和全国慈善信息公开平台，实现社会组织信息可视化，在行政监督之外，为公众监督创造条件。但是总体来说，我国的监督体系还相当单薄。另外，我国政府直接参与了一些慈善组织的实际运作，造成了"裁判"和"运动员"集于一身的现状。这些是导致社会公益事业频频出现负面新闻的部分原因。

英美两国慈善事业的监督主体比较多元，包括政府、第三方机构和社会公众。在政府监督方面，两国都具有宽进严管的特点，在慈善事业主体准入的管制上比较宽松。英国政府按照抓大放小的原则，以年收入超过 5000 英镑为分界线，规定小型慈善主体免于登记。美国联邦仅于《国内税收法》中明确了慈善组织的定义，没有任何登记管理制度，有些州虽然有登记和备案的法律规定，但只是为了确认免税资格。与此相对，两国在慈善事业从事主体的管理上较为严格。《国内税收法》要求免税机构必须填写联邦政府的年度申报表，汇报经费来源和支出情况等内容，其中甚至包括基金会最高席位 5 名领导的全年收入，以此来审核机构是否再具有免税资格。美国联邦政府要求从事慈善事业的主体必须向社会公开其财务情况和活动情况，以此为社会公众的查阅和监督创造条件。英国政府也规定了严格的审计制度，慈善主体需要制作和公开会计账目和年度报告，慈善委员会将其公布在网站上供公众查阅。

除了政府和社会公众之外，英美两国均有强大的第三方监督机构，这些监督机构包括媒体及学术研究机构，如美国的全国慈善事业信息局。研究机构的主要职责是向社会公众公开慈善事业从事主体的评估报告。媒体方面，2013 年，美国 CNN 联合《坦帕湾时报》（*Tampa Bay Times*）和调查性报道中心（the Center for Investigative Reporting）对美国慈善机构的腐败现象进行了长达一年的调查。调查显示，全美最差的50家慈善机构于过去十年筹款13亿美元，其中只有4%的钱最终给了需要帮助的人，而有10亿美元流向营利性企业。[①] 这份报道直接导致美国公众对基金会产生怀疑，社会捐赠数额减少。

另外，由于英美两国皆是采取判例法，司法部门具有解释法律的权力，因此司法部门在监督体系中占有重要地位。尤其是对从事慈善事业的主体来说，其权益受到侵犯时，可以向法院提请申诉。如英国有慈善申诉法庭制度，该项制度规定慈善委员会在做出错误决定时，慈善组织可以向慈善申诉法庭提出申诉。

两国的慈善事业都有系统和多样化的监督体系，主体不仅是政府及公众，还包括第三方机构以及司法部门，甚至慈善主体本身。这种监督体系是双向的，慈善主体既是被监督者，同时也是监督者。我国的监督体系从主体到监督内容都不够完善。

三 社会公益事业行业生态链的发展程度

社会公益事业的行业生态链涉及社会公益事业中各类相关方。这些相关方包括捐赠人、投资方（个人或公司）、受益方、专家、研究单位、社区、媒体以及政府等，每个相关方都影响着社会公益事业的整体发展。一条完整且运行良好的行业生态链应该是可以自循环的。研究机构、社会服务机构、监督机构、评估机构、智库等各方都应在这个生态链条上各尽其职，互相支撑，形成闭环。

我国社会公益领域的行业生态链在曾经只有捐赠方、受益方、服务方三方的简单关系基础上，增加了众多不直接提供社会公益服务，而是为社会公益组织提供服务的第三方机构，如为社会组织提供筹款咨询的公益筹款人联盟、基金会救援联盟、基金会救灾协调会、中国慈善联合会救灾委员会、中国扶贫基金会人道救援网络等一批社会组织的服务联盟，以及灵析系统、恩友财务、CM公益传播等从事专项服务的平台。但是从整体上看，我国行业生态链的发展尚属起步阶段，各角色所发挥的作用有限。

英美两国在行业发展上的举措有诸多值得借鉴之处。首先，上下游组织、服务型及资源型组织各安其职。在美国，慈善组织主要分为公共慈善和私人基金会。绝大多数公共慈善机构不从事资助活动，而以开展直接服务社会的慈善活动为主，接受来自

---

① 菅宇正、王会贤：《英美日三国慈善立法观察》，《公益时报》2016年第2月23日，第8版，第3页。

个人、政府和私人基金会的资助，从而避免了资源导向的恶性竞争。其次，两国均存在大量支持慈善行业发展的组织。第一类是为慈善组织提供服务的中介机构，如英国有拥有职业募捐人的商业机构，美国有筹款人联盟，代替慈善组织开展募捐活动。第二类是为慈善行业制定行业标准的组织，如英国募捐协会等非政府组织，主要职责是编写并出版募捐行为准则。第三类是慈善组织的监督或评估机构，如已经提及的美国慈善信息局以及基金会中心，目的是公开慈善组织信息，有利于公众监督及行业自律。英国的公开募捐监管协会主要职责是对公共场所募捐及上门募捐进行监管。这些行业支持性组织促使慈善组织不断优化自身内部治理机构，促进行业发展。第四类是慈善组织之间的服务联盟，如美国救灾联盟、美国反家庭暴力联盟等。这些服务联盟互通有无，实现资源互补，避免服务同质化，满足更多元化的需求。

第二章
中国社会公益事业的十大细分领域观察

本章具体划分并全景观察我国社会公益事业的十大细分领域。

目前，国内有多种划分"社会公益事业"的标准，常见标准是按照儿童、青少年、老年人等服务对象进行划分。本书以公益服务的终极目标为标准，并将当前政府和社会力量都广为关注的若干社会问题作为划分的主要依据，将社会公益事业划分为教育发展、环境保护、助残、养老、安全救灾、公共卫生、性别平等、文化保护与发展、"三农"服务、社区建设十大领域。随着公益服务手段的多样化及服务领域的扩展，十大领域之间相互渗透和交叉，此类情况在本章中多处可见。

本章以国家政策和社会公益发展情况为背景，详细介绍了十大细分领域中社会力量主要采取的工作方法，并配之以案例说明。

在本章内容中，你将得到以下问题的答案：

▲ 社会公益事业有哪些细分领域？

▲ 每个细分领域发展的宏观背景如何？

▲ 每个细分领域中存在的主要问题有哪些？

▲ 社会力量在每个细分领域中的角色及价值是什么？

▲ 社会力量在十大社会公益领域中的主要工作方法有哪些？

第一节　教育发展

一　问题和背景

学界普遍认为教育起源于动物界中各类动物的生存本能活动，教育具有服务社会及人类个体发展的功能，使人类具备参与社会生活和生产的基本素质。社会功能是指每个人成长的不同阶段都需要匹配其社会生活及生产所需的知识和技能。个体发展功能是指教育是人的基本权利，应使人人有权利获得基础教育，以实现有教无类的理想。

从理论回到现实，反观现代中国教育的发展，不难发现，中国的教育发展之路是一条矫枉过正之路。中国教育的发展可分为以下几个阶段（见图2-1）。[①]在1977年之前，教育为政治服务，被视为无产阶级专政的工具。从1977~1984年，我国恢复全国高等院校招生考试，确定了教育现代化的任务。从1985~1989年，教育的社会功能得以确立。1985年中共中央颁布的《关于教育体制改革的决定》明确提出"教育必须为社会主义建设服务，社会主义建设必须依靠教育"。从1990~2003年，中国走上教育产业化道路。由于经费不足，政府鼓励利用市场机制扩大资源。学校通过教育活动营利创收，导致出现教育费用畸高等混乱现象。从2004~2009年，党的十六大提出

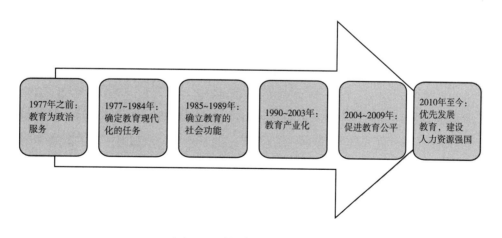

图2-1　中国教育的发展阶段

[①]　杨东平：《我国教育改革与发展30年》，载邹东涛主编《中国经济发展和体制改革报告：中国改革开放30年（1978~2008）》，社会科学文献出版社，2008，第698~704页。

"坚持教育优先发展，促进教育公平"。教育公平逐渐取代对数量、规模及速度为主的追求。教育作为一项基本权利得到重视。2010年，国家颁布《国家中长期教育改革和发展规划纲要（2010~2020年）》，再次强调"优先发展教育，建设人力资源强国"的战略部署。党的十八大以后，我国的教育从"有学上"向"上好学"转变，教育发展进入"以提高质量和效益为中心"的发展新阶段。

自1977年恢复高考后，从"没学上"到九年义务教育，到免费读，从挤独木桥到大众化教育，中国在各类教育中已经取得巨大进步。[①] 然而，漫长的纠偏过程还是积累下众多历史沉疴。中国教育仍面临以下诸多挑战。教育公平问题突出，基础教育仍然面临城乡和区域教育发展不平衡，以及资源分配不均的问题。严重的应试教育影响教育质量。学校长期以升学率及考试成绩为本，而学生长期处于被动接受地位，创新能力及适应力不足。教育资源垄断，开放度不够。教育领域长期以政府包揽过多、权力过于集中的教育管理体制为主，致使社会优质的教育资源难以进入，职业教育等非学历教育所获支持的力度不够。此外还有教育创新体制存在缺陷等问题。[②]

二 社会公益领域的发展概况

面对挑战，仅依靠教育部门推动是不够的，教育发展亟待社会力量的参与。《国家教育事业发展"十三五"规划》提到"促进和规范民办教育发展""鼓励社会力量进入教育领域"。《国家中长期教育改革和发展规划纲要（2010~2020年）》也提到，"健全政府主导、社会参与、办学主体多元化、办学形式多样、充满生机活力的办学体制，形成以政府办学为主体、全社会积极参与、公办教育和民办教育共同发展的格局"。社会投入已经是教育投入的重要组成部分，国家充分调动全社会办教育的积极性，扩大社会资源进入教育的途径。近几年，随着社会公众教育需求的扩大和国家相关政策的明朗，社会力量已经成为改善教育公平、提升教育质量的重要力量。

---

① 赵婀娜：《努力让十三亿人民享有更好更公平的教育——党的十八大以来中国教育改革发展取得显著成就》，http://www.cssn.cn/bk/bkpd_qklm/bkpd_bkwz/201710/t20171017_3669933.shtml，2017年10月17日。文中提到，2016年，我国有51.2万所学校，1578万名教师，2.65亿名在校学生，各级各类教育规模居世界首位；学前三年毛入园率达到77.4%，超过中高收入国家平均水平5个百分点；九年义务教育巩固率93.4%，超过高收入国家平均水平；高中阶段教育毛入学率87.5%，高于中高收入国家平均水平5个百分点；高等教育毛入学率达到42.7%，超过中高收入国家平均水平6个百分点。

② 杨东平：《我国教育改革与发展30年》，载邹东涛主编《中国经济发展和体制改革报告：中国改革开放30年（1978~2008）》，社会科学文献出版社，2008，第709~716页。

教育发展一直是社会公益领域中的热门议题之一，其覆盖受众非常广泛，既包括农村贫困地区的留守儿童和城市流动人口随迁子女，也包括城镇家庭子女。2018年《福布斯》发布的"中国慈善榜"显示，教育捐赠占慈善捐赠的比例超过50%。2018年，在我国6604家基金会当中，超过42%的基金会关注教育领域，达2788家。[①]

社会公益在教育发展领域的角色与国家政策发展密切相关。20世纪90年代，教育发展领域内的社会力量逐渐发展起来。早期在该领域内的社会力量都是从对贫困儿童的资助、支教及一些简单工作开始的。[②] 他们主要关注"上得起学"，以支教、助学为主，目的是弥补当时的教育不公平，普及义务教育。随着国家税费改革以及"两免一补""校安工程"等政策出台，教育普及已成为国家责任，社会力量开始关注"上得好学"。他们的关注点转移至提供教师培训与专业发展规划等服务，帮助孩子在现有教育体系中得到更好的教育。一些社会组织已经突破现有的教育体系，在传统教育之外开拓新型教育模式。此时，社会力量已经不再局限于提供基础教育资源，其"扶贫济困"功能有所减弱，而是着眼于教育品质提升的需求，开始开发和提供多元教育资源，如尚未纳入现有教育体系的自然教育课程。

三　社会公益领域的工作方法及典型案例[③]

（一）捐钱或捐物

社会力量在学校教学活动之外，以捐钱、捐物的方式，帮助改善就学条件，这类行为或活动通常包括求学费用支持、就学生活条件和学习条件的改善。此类社会组织公益服务包括中国扶贫基金会的爱心包裹、麦田教育基金会的麦田计划、安利基金会的春苗营养厨房等，它们的覆盖对象包括贫困农村的儿童及城市打工子弟。捐钱或捐物是一种常见的工作方法。

[①] 洪峰:《中国基金会发展的历史、现状与未来》，http://www.chinadevelopmentbrief.org.cn/news-21510. html?from=timeline，2018年6月28日。

[②] 梁晓燕:《教育公益组织的发展和成长》，载杨东平主编《中国教育发展报告（2010）》，社会科学文献出版社，2010，第132~141页。

[③] 以下所列的7种工作方法并不是完全独立的，多数社会组织会综合运用多种工作方法，比如广东省麦田教育基金会既捐钱和捐物，同时也进行教师培训；上海真爱梦想公益基金会既做课程开发，也做教师培训。

中国扶贫基金会："爱心包裹"

机构简介：中国扶贫基金会成立于1989年，是在民政部注册、由国务院扶贫办主管的全国性扶贫社会组织，是中国扶贫公益领域规模最大、最具影响力的社会组织之一。基金会以播善减贫、成就他人、让善更有力量为使命，开展健康扶贫、教育扶贫、产业扶贫、救灾扶贫、公益伙伴支持、国际扶贫和扶贫倡导等领域的工作，并开展了新长城助学、爱心包裹、爱加餐、灾害救援等扶贫项目。

项目介绍："爱心包裹"项目主要通过捐购爱心包裹（分别有100或200元的捐购标准）的形式，改善农村小学教学现状和生活条件。捐赠人可以在全国3.6万个邮政网点办理捐购，也可以通过网上捐购之类便捷渠道参与。捐赠人在捐款后获得受益人名单，也可获得中国扶贫基金会的感谢信、捐赠票据，收到受益人填写的回音卡。[1]

（二）整合教师资源

针对贫困地区或城市流动人口聚集区所面临的师资缺乏或不稳定问题，社会力量以建立资源平台的方式为这些地区的学校提供志愿者或教师资源。如广州市灯塔计划青少年发展促进会、北京市西部阳光农村发展基金会、北京为华而教公益发展中心、北京立德未来助学公益基金会等机构，都是希望通过高校大学生志愿者或社会在职人员以一定时间的支教来改变教育发展滞后的问题。

北京为华而教公益发展中心："志愿者教师"

机构简介：2014年5月，联合国教科文组织国际农村教育研究与培训中心成立的"为中国而教"，在北京注册成为民办非企业单位北京为华而教公益发展中心。该机构旨在集结和支持优秀青年到乡村任教，培养促进教育公平的领导者，推动中国教育健康发展。

项目介绍："志愿者教师"项目旨在提升农村学校教育质量，促进农村儿童及青少年提升自身行动力与综合素质。项目招募并甄选应届或毕业两年以内的大学毕业生前往教育资源相对薄弱的乡村学校全职任教两年。在此期间，项目为志愿者教师提供持续而系统的培训和支持，包括岗前培训、在岗培训及校

---

[1]　中国扶贫基金会官方网站，http://www.cfpa.org.cn。

友会支持。①

（三）提供教师能力建设

针对中小学教师特别是农村地区中小学教师整体素质有待提高的问题，教育类社会力量以其特殊的资源优势和非体制化特征，弥补国家培训的不足，积极探索因地制宜和个性化的教师培训实践，如北京市泓德中育社会发展中心、上海百特教育咨询中心、中国滋根乡村教育与发展促进会、光华科技基金会等机构在各自擅长的领域开展农村地区的教师培训项目。

中国滋根乡村教育与发展促进会：
"共创可持续发展的乡村：教师培训"

机构简介：中国滋根乡村教育与发展促进会成立于1995年，是在中国民政部正式登记注册的全国性非营利组织。机构旨在通过发动各界人士参与中国贫困地区以人为中心的可持续发展活动，支持贫困乡村的基本教育、基本医疗卫生发展，推广技术以及经济项目，并开展与此有关的调查研究活动。

项目介绍："共创可持续发展的乡村：教师培训"项目针对农村九年义务教育阶段的教师及从事农村教育工作的人士，在可持续发展的框架下开发与当地乡村或社区紧密结合的培训课程。培训设置了以学生为中心的教学理念与实践，学校、家庭与村庄的合作，乡土文化与教育，环境教育与教学实践，性别教育，以及项目实践行动这六门课程。②

（四）课程研发

中国的学校及幼儿园往往缺乏不同种类及层次的多元教育项目。这些项目能够激发儿童的学习热情、提高其不同方面的学习能力，对儿童未来的成长与就业都有很大帮助。多元教育项目的开发对老师素质、教学资源和成本的要求都很高，教育类社会力量正好可以弥补学校教育在这方面的不足。这些项目的受众不仅包括贫困地区的学生，也包括城镇学生。这类教育项目包括自然教育、文化传承教育、科学教育、艺术

---

① 北京为华而教公益发展中心官方网站，http://www.21tfc.org。
② 中国滋根乡村教育与发展促进会官方网站，http://www.zigen.org.cn/。

教育、财商教育、哲学教育、阅读课程等种类，如上海真爱梦想公益基金会的梦想课程、珍古道尔（北京）环境文化交流中心的根与芽环境系列游戏课程、北京天下溪教育咨询中心的乡土教材、桂馨基金会的桂馨科学课、歌路营慈善基金会的校园综合干预计划、上海百特教育咨询中心的财商课程等。

上海真爱梦想公益基金会："梦想课程"

机构简介：上海真爱梦想公益基金会成立于2008年。机构致力于改善中国教育资源的不均衡状况，通过系统化地提供公益产品和服务，帮助偏远乡村的孩子或城市农民工的子女，使他们能够基于自我意识的觉醒，探索更广阔的世界和更多的人生可能性。

项目介绍："梦想课程"项目面向义务教育阶段的儿童，是一系列融合了问题探究、团队合作、创新创造、环境保护和情绪智能等的跨学科综合素质课程。课程的核心价值观为创新、多元、宽容；核心理念包括问题比答案更重要、方法比知识更重要、信任比帮助更重要；课程设置在纵向上分3个年龄段，在横向上分为"我是谁""我要去哪里""我要如何去"3个内容模块。梦想课程以学生适应社会所必需的健全品格和关键能力为课程建构的主要方向，以合作、体验、探究为基本的学习方式，形成与国家的基础教育课程互补的结构化课程体系。[①]

（五）公益办学

教育类社会力量的公益办学主要集中在两个领域。第一个是学前教育领域。大部分农村幼儿园和城镇基层幼儿园师资差、教学资源少、教学水平低，幼儿园"小学化"倾向严重。面对这些问题，社会力量积极探索中国农村儿童和流动儿童学前教育之路，如北京市西部阳光农村发展基金的阳光童趣园。第二个是职业教育领域。随着我国城镇化进程加快，农村人口大规模流动，职业教育在提高农村劳动力职业技能和素质的同时，为工业化和城镇化发展提供源源不断的人力资源。然而，费用的负担和教育资源的缺乏使一些弱势群体接受职业教育受到限制。因此，不断有社会力量加入职业教育的实践中，如北京百年农工子弟职业学校、吉美坚赞民族职业学校等。

[①]　上海真爱梦想公益基金会官方网站，http://www.adream.org/。

北京市西部阳光农村发展基金会："阳光童趣园"

机构简介：北京市西部阳光农村发展基金会成立于2006年5月，通过带动具有多元背景的志愿者参与公益活动，促进西部农村教育及社区发展。机构主要开展西部农村教育论坛、农村学校教育质量综合提升、大学生志愿者假期支教、长期志愿者支教、农村幼儿教育探索等项目。

项目介绍："阳光童趣园"旨在让农村幼儿从"有园可上"到"上好园"。项目内容包括硬件配置、活动方案配套、教师培养及家园互动四个方面。在硬件配置上，项目为农村地区幼儿园提供或改良硬件设施，为幼儿创造良好的学习和生活氛围；在活动方案配套上，为幼儿园配套幼儿用书、教师用书、幼儿活动材料；在教师培养上，开展教师培训、幼儿园入园教研、外出访问等形式多样的活动，以提高教师专业技能，为当地幼儿教育培养自己的幼教队伍；在家园互动上，开展家长会、家长讲座、亲子运动会等活动，增进幼儿园与家庭教育目标一致，为幼儿创造良好的教育和生活环境。[1]

（六）政策倡导

政策倡导是指在政治、经济和社会系统内，影响公共政策和有关公共资源配置决定的一系列努力。这类社会力量的专业度高，且不占多数，包括专门从事教育政策研究与倡导的组织，如21世纪教育研究院，还包括以实践为主，兼具研究与倡导功能的组织，如贵州人公益行动网络。通过对贵州剑河县28所中小学的调查研究，贵州人公益行动网络形成了《贵州省剑河县农村中小学撤点并校实施进展及其对当地义务教育影响调查报告》。

21世纪教育研究院："政策研究与倡导"

机构简介：21世纪教育研究院成立于2002年，是一家以教育公共政策和教育创新研究为主的民办非营利性组织，致力于以独立的立场开展教育研究与政策倡导，聚集教育界内外的智慧，推动中国教育改革与发展，追求好的教育、理想的教育。

项目介绍：21世纪教育研究院开展了多项政策研究和项目活动倡导：

---

[1]　北京市西部阳光农村发展基金会官方网站，http://www.westsa.org/。

深度参与《国家中长期教育改革和发展规划纲要》的制定，其中一些重要理念被采用，如培养合格公民的教育目标、推进"中央向地方放权、政府向学校放权"、改革高考制度等；参与了上海浦东区、天津滨海新区、成都武侯区等的教育规划工作，推行新的教育治理观念；"引爆"若干议题，例如奥数教育、大班额、北京小升初、在家上学、农村撤点并校等。[①]通过这些项目和活动影响国家教育政策法规的制定，推动地方政府的教育制度创新实践。[②]

（七）情感关爱

针对农村留守儿童亲情缺失的问题，教育类社会力量通过成长培训、心理指导及书信交流等方式进行帮扶，并缓解留守儿童边缘化的困境。美新路公益基金会的大朋友项目陪伴和关爱农村青少年。北京市西部阳光农村发展基金会的"陪伴成长·驻校社工"项目，帮助解决学生的心理困惑。广州市海珠区蓝信封留守儿童关爱中心的留守儿童书信陪伴项目，为留守儿童提供与大学生进行书信交流的机会。

美新路公益基金会："大朋友"

机构简介：美新路公益基金会注册于2012年，是一家致力于实践、倡导并推广长期志愿服务的非资助型的NGO组织。基金会开展敬老和青少年成长陪伴项目，培训和支持志愿者和志愿组织，倡导并推广长期志愿服务。

项目介绍："大朋友"项目在不改变基本生活条件的情况下，通过长期陪伴，满足农村青少年渴望获得社会支持的需求，促使其成为能够欣赏自己和他人的人。项目与学校合作搭建青少年成长平台，动员、培训、支持志愿者为偏远地区中学生提供一对一的陪伴服务。"大朋友"项目通过志愿者（大朋友）与初中学生（小朋友）一对一结成对子，以书信和见面相结合的方式进行交流，传递关爱、建立友谊，为小朋友的未来打开一扇充满爱的

---

① "中国教育公益组织发展现状与趋势"课题组，2013，《中国教育公益组织工作领域分析报告》，中国教育公益组织年会，西安，第86页。

② 21世纪教育研究院官方网站，http://www.21cedu.org/。

窗。志愿者也会从中收获感动和喜悦，体验志愿服务的美好，并能更好地陪伴身边的人。[①]

第二节　环境保护

一　问题和背景

自 2000 年以来，中国环境问题日益凸显，影响重大的环境公共事件陆续爆发，如 2005 年松花江重大水污染事件、2006 年河北白洋淀死鱼事件、2007 年天湖水污染事件、2009 年湖南浏阳镉污染事件、2013 年雾霾事件、2017 年河北渗坑污染事件、2018 年常州毒地案等。这些事件不断牵动人心，环境问题已经成为大众最关注的问题之一。

我国早在 1983 年就将环境保护作为一项基本国策确立下来，建立起基本政策与管理制度。然而，由于缺乏相配套的执行措施，30 多年的环境治理赶不上污染和破坏的速度，面临的形势十分严峻。2013 年，十八大报告将生态文明建设纳入中国特色社会主义事业"五位一体"的总布局当中，生态文明制度体系建设加快推进，治理能力明显提升。近几年，国家逐步完善制度设计，中央出台了"水十条""大气十条""土壤十条"等环境治理政策，修订《中华人民共和国环境保护法》《中华人民共和国大气污染防治法》《中华人民共和国水污染防治法》《中华人民共和国固体废物污染环境防治法》等基本法律，并颁布《中华人民共和国核安全法》《中华人民共和国土壤污染防治法》《放射性废物安全管理条例》等法律法规。政府逐步完善环境法律法规，让环境保护有法可依。另外，在执行层面，2018 年国务院组建生态环境部，理清政府内部不同部门之间的环境治理权责，加大环境执法力度。此外，中央生态环境保护督察工作推动地方政府解决生态环境问题，增强责任意识，引导各级政府制定并实施环境友好措施。

我国的环境质量正在持续改善，在水、大气、土壤环境状况方面都有所好转[②]，但

---

① 美新路公益基金会官方网站，www.newpathfound.org/。
② 李干杰：《关于 2018 年度环境状况和环境保护目标完成情况的报告》，http://huanbao.bjx.com.cn/news/20190422/976134.shtml，2019 年 4 月 22 日。

仍面临诸多挑战。2016 年，《全国生态保护"十三五"规划纲要》提到，现阶段我国主要面临三方面挑战。其一，生态空间遭受持续威胁。各种开发建设活动占用生态空间，侵犯生物生境。2016 年，国家林业和草原局与中国科学院等机构发布的一份监测报告显示，在过去的半个世纪里，中国已经损失了 53% 的温带滨海湿地、73% 的红树林和 80% 的珊瑚礁，数以万计的物种失去了珍贵的栖息地。[①] 其二，生态系统质量低，服务功能弱。低质量生态系统分布广，森林、灌丛、草地生态系统质量为低差等级的面积比例分别高达 43.7%、60.3%、68.2%。以草地生态系统为例，我国 90% 左右的天然草原出现不同程度退化，中度和重度退化达到 30%，可利用天然草原每年以 200 万公顷的速度退化，荒漠化面积不断增加。[②] 其三，生物多样性加速下降的总体趋势尚未得到有效遏制。我国高等植物的受威胁比例达 11%，特有高等植物受威胁比例高达 65.4%，脊椎动物受威胁比例达 21.4%；遗传资源丧失和流失严重，60%~70% 的野生稻分布点已经消失；外来入侵物种危害严重，常年大面积发生危害的超过 100 种。[③] 除了这些重要问题之外，仍有很多值得关注的问题。在气候变化方面，2018 年中国气象局发布的《气候变化蓝皮书：应对气候变化报告（2008）》显示，1951~2017 年，中国地表年平均气温平均每 10 年升高 0.24℃，升温率高于同期全球平均水平，中国已是全球气候变化的敏感区。[④] 另外，全国土壤环境状况总体上不容乐观，部分地区土壤污染十分严重。全国土壤总的超标率为 16.1%，其中轻度、中度和重度污染点位比例分别为 2.3%、1.5% 和 1.1%。[⑤] 这些数据表明我国环境保护之路仍然任重而道远。

二 社会公益领域的发展概况

2013 年之前，我国的环境治理一直采用政府包揽的方式，从宏观政策到环境监督，主要以行政手段为主。2013 年之后，我国先后出台了一系列相关制度和政策文件，

---

① 郭婧：《八亿亩湿地红线能否守住？》，http://www.igsnrr.cas.cn/xwzx/kydt/201511/t20151103_4453189.html，2015 年 11 月 3 日。

② 刘泽英：《新时代，中国草原保护踏上新征程》，http://www.forestry.gov.cn/Zhuanti/content_slgxaq/1093908.html，2018 年 4 月 20 日。

③ 环境保护部：《全国生态保护"十三五"规划纲要》，http://www.mee.gov.cn/gkml/hbb/bwj/201611/W020161102409694045765.pdf，2016 年 10 月 27 日。

④ 郭静原：《2018〈中国气候变化蓝皮书〉发布气候变暖为何越来越"极端"》，http://m.ce.cn/bwzg/201804/18/t20180418_28858245.shtml，2018 年 4 月 18 日。

⑤ 环境保护部、国土资源部：《全国土壤污染状况调查公报》，http://www.gov.cn/foot/site1/20140417/782bcb88840814ba158d01.pdf，2014 年 4 月 17 日。

为社会力量参与环境保护提供了良好的政策氛围。在《中华人民共和国环境保护法》中设置专章"信息公开和公众参与"，明确规定包括环保社会组织在内的公民、法人和其他组织依法享有获取环境信息以及参与和监督环境保护的权利，并赋予符合条件的环保社会组织提起环境公益诉讼的权利。国务院印发的《大气污染防治行动计划》《水污染防治行动计划》《土壤污染防治行动计划》有专门的篇幅强调信息公开、公众参与和社会监督，构建全民行动格局。原环境保护部发布的《关于推进环境保护公众参与的指导意见》《环境保护公众参与办法》及与民政部联合印发的《关于加强对环保社会组织引导发展和规范管理的指导意见》，进一步细化了公众参与环境保护的原则、内容、渠道等具体内容。2017 年，党的十九大报告正式提出构建以政府为主导，以企业为主体，社会组织和公众共同参与的环境治理体系。在建设社会主义法治国家的框架中，构建中国特色的环境治理体系，成为推动生态文明领域国家治理现代化的重要任务。这些法律政策意味着以政府为主导的环境监管模式正在改变，社会力量在环境治理中有了更多的参与空间。

中国面临诸多的环境问题，在几乎每个环境领域中都可以看到社会力量的参与。从实践角度来看，社会力量主要关注以下三个环境保护领域。第一个是生态保护领域。生态保护主要是通过各种手段，实现自然生态系统的修复及保护，包括物种保护、森林生态系统保护、草原生态系统保护、湿地生态系统保护、海洋生态系统保护、荒漠化防治。第二个是污染防治领域。污染防治主要指从污染问题出发，采取措施控制和改善环境质量，包括水污染防治、大气污染防治、土壤污染防治、固体废弃物污染防治、物理性污染防治（放射性、噪声、光、热污染等）。第三个是气候变化的领域。应对及减缓气候变化主要指采取措施，预防或改善气候变化带来的海平面上升、风暴潮增加、河流径流量减少、农作物产量下降、自然生态退化、极端天气气候事件增多等不良环境状况，措施包括清洁能源、低碳经济、碳交易等。

三　社会公益领域的工作方法及典型案例

（一）开展环境宣传与教育

此类社会力量主要通过在高校和居民区等普通公众社区举办各种贴近生活的项目

（如摄影展、沙龙讲座、嘉年华、电影节等），广泛传播环境知识，提高公众的环境意识，促进全民行动。一般而言，所有社会力量在开展环境治理活动的同时，都会在各自保护领域的工作中开展相应的环境宣传与教育活动，以提升环境治理活动的效果。如猫盟CFCA在山西针对沿边村民开展华北豹保护的宣传教育活动，同时尝试开展人兽冲突的补偿及华北豹监测工作。四川省绿色江河环境保护促进会在有效减少垃圾污染的同时，开展环保宣传工作。

近几年，部分社会力量主要面向学龄前或小学生开展付费的环境宣传与教育活动。这些社会力量开设成体系的环境教育课程，更加注重参与者与自然的互动体验及行为，并以环境教育为核心业务。如自然之友的盖娅自然教育学校系列课程已经针对不同年龄段儿童、不同主题开发出包括森林幼儿园、教你认识北京的植物、认识身边的鸟朋友等17门课程。《2018自然教育行业调查报告》显示，自2010年起，此类机构成立数量逐年上升，在2015年更是实现跨越式发展，增幅达106%，2018年仍然保持较高的注册数量。①

另外，出版单位也出版以生态文明知识科普、环境科技研究等为主要内容的书籍，进行环境教育与宣传。如长江出版社获得国家出版基金的支持，相继出版"三峡工程运用后泥沙与防洪关键技术研究丛书""水生态文明丛书"以及《长江葛洲坝水利枢纽工程关键技术研究与实践》《国运民天——新中国水利65年建设丰碑》等与环境相关的书籍。

四川省绿色江河环境保护促进会："带走一袋垃圾"

机构简介：四川省绿色江河环境保护促进会成立于1995年，是经四川省环保厅批准，在四川省民政厅正式注册的民间环保社团。机构的宗旨为组织江河上游地区自然生态环境保护活动，促进中国民间开展自然生态环境保护工作，提高全社会的环保意识与环境道德要求，争取实现江河流域社会经济的可持续发展。

项目介绍："带走一袋垃圾"项目旨在保护长江源地区生态环境。项目依托青藏公路的交通优势，动员过路车辆将分类打包好的可回收垃圾带至格尔木进行后续处理。志愿者还对当地社区和途经游客开展环保宣传工作。项目在有

---

① 封积文、肖湘、周瑾：《2018自然教育行业调查报告》，https://wenku.baidu.com/view/43d855167d1cfad6195f312b3169a4517623e540.html#。

效减少水源地垃圾污染的同时，最大化回收利用资源。此外，对于带走垃圾的自驾车，志愿者在其车身上张贴"带走一袋垃圾，呵护长江水源"的车贴，以进行项目宣传，鼓励更多车辆加入清洁长江源的行动中。[1]

（二）环境政策倡导

社会力量可以利用自身在资源和专业等方面的特长，以专家身份参与决策过程，从而为政府的科学环境决策服务。参与政府环境决策的方式主要包括参加座谈会、论证会和听证会等，以及对政府公布的法律法规征求意见稿提出意见和建议。

磐之石环境与能源研究中心：

"中国生活垃圾焚烧发电与可再生能源电力补贴研究"

机构简介：磐之石环境与能源研究中心成立于2012年7月，是一家研究环境和能源政策的独立智库。机构致力于推动以程序正义和理性批判为基石的环境政策决策机制的建立，使社会向更加包容、公正和可持续的方向发展。机构业务以能源转型政策分析为主线，讨论如何在兼顾社会公平、气候变化、环境质量和公众健康的基础上，实现中国能源系统的低碳转型。

项目介绍：在国家政策中，垃圾焚烧发电作为生物质能源发电中的一类被纳入可再生电力补贴的范围。"中国生活垃圾焚烧发电与可再生能源电力补贴研究"项目倡导政府关注此补贴是否合理及高效。项目研究中国可再生能源政策与生活垃圾焚烧发电的关系，可再生能源的概念，垃圾焚烧发电技术在碳排放、清洁性和可持续性方面的表现，以及列举分析垃圾焚烧发电可再生能源补贴的负面影响。[2]

（三）开展环境公益诉讼工作

新修改的环境保护法实施后，符合提起环境公益诉讼条件的社会组织扩大到300家左右，民间环保组织能够为污染受害者提供法律援助，或依法代表公众以本组织的名义提起公益诉讼，从而达到保护公共环境权益的目标。

---

[1]　四川省绿色江河环境保护促进会官方网站，http://www.green-river.org/。

[2]　磐之石环境与能源研究中心官方网站，http://www.reei.org.cn/。

自然之友："绿孔雀栖息地保护案"

机构简介：自然之友成立于1994年，是中国成立最早的民间环保组织。机构旨在建设公众参与环境保护的平台，让环境保护的意识深入人心并转化成自觉行动。自然之友通过环境教育、家庭节能、生态社区、法律维权以及政策倡导等方式，重建人与自然的连接纽带，守护珍贵的生态环境。

项目介绍："绿孔雀栖息地保护案"旨在避免中国最后一片完整、连续的绿孔雀栖息地遭受戛洒江一级水电站建设带来的毁灭性破坏。自2017年起，自然之友向云南省楚雄彝族自治州中级人民法院提起全国首例野生动物保护预防性环境民事公益诉讼。请求判令"被告一中国水电顾问集团新平开发有限公司和被告二中国电建集团昆明勘测设计研究院有限公司共同消除云南省红河（元江）干流戛洒江水电站建设对绿孔雀、苏铁等珍稀濒危野生动植物以及热带季雨林和热带雨林侵害的危险，立即停止该水电站建设，不得截流蓄水，不得对该水电站淹没区域植被进行砍伐等"。2017年8月14日，该案获楚雄彝族自治州中级人民法院立案受理。①

（四）监督政府及企业的环境行为

社会力量以中立的态度，通过举报和上访、申请信息公开、媒体曝光等途径，监督环保部门及相关行政机构是否存在环保不作为、违法违规等行为，以及企业是否存在超标排放之类污染环境的行为。除此之外，环保社会力量也通过与政府定期开展圆桌对话、与企业发起行业联盟等积极方式开展合作。

公众环境研究中心："绿色供应链"

机构简介：公众环境研究中心成立于2006年，是一家在北京注册的公益环境研究机构。机构致力于推动信息公开，服务绿色发展，保卫碧水蓝天。机构收集、整理和分析政府和企业公开的环境信息，搭建环境信息数据库和蔚蓝地图网站、蔚蓝地图App；整合环境数据以服务绿色采购、绿色金融和政府环境决策；通过企业、政府、社会组织、研究机构等多方主体形成合

---

① 自然之友官方网站，http://www.fon.org.cn/。

力，撬动大批企业实现环保转型；促进环境信息公开制度和环境治理机制的完善。

项目介绍："绿色供应链"项目旨在通过绿色经济手段，促进国内外大型品牌关注供应链的环境表现，用绿色采购带动绿色生产，将环境信息更有效地转化为大规模的污染减排。项目每年发布的CITI指数，是全球首个基于品牌在华供应链环境管理表现而形成的量化评价体系。该指数采用政府监督、在线监测、经确认的公众举报、企业披露、第三方环境审核等公开数据，对品牌在华供应链的环境管理表现进行动态评价。截至2019年底，项目已发布6期品牌在华供应链环境管理表现报告，并结合年度环境事件及社会热点，开展特殊行业供应链环境污染调研，如日化行业供应链污染调研、乳制品行业供应链污染调研等。①

（五）环境治理

在每个环境保护领域，社会力量都可以直接针对环境问题的解决开展行动。在生态保护方面，社会力量开展巡护、监测、社区替代生计、物种救助及各类生态系统修复等；在污染防治方面，开展污染科学检测、水污染治理、垃圾回收和减量等；在缓解及应对气候变化方面，通过增加碳汇、自然传统农业改造、水资源管理、草原治理、滨海湿地修复等方法，减缓气候变化，或提高当地适应气候变化的能力。通常，这类社会力量的从业人员专业水平较高，需要具备相关环境科学领域的知识。

北京市海淀区山水自然保护中心："雪豹与雪原保护"

机构简介：北京市海淀区山水自然保护中心成立于2007年，是民间的自然保护专业组织。此中心与各方合作伙伴一起，在西部开展实地工作，通过保护自然来创造价值，为当地乡村社区带来福祉，示范生态、经济、社区平衡发展的新模式；通过来自实地的宣传活动、产品和人员参与，将自然保护与中国主流社会连接，并以有效的保护行动，吸引社会及公众对自然保护更大力度的投

---

① 公众环境研究中心官方网站，http://www.ipe.org.cn/。

入与长期的支持。

项目介绍："雪豹与雪原保护"的开展地主要是三江源地区。机构与当地社区合作，建立红外线相机监测网络，开展野生动物研究和保护工作；针对人兽冲突、草场退化、栖息地破碎化等问题，开展保护实践活动，总结保护案例经验。机构以当地传统文化生态为土壤，运用科学方法，推进以社区为主体的物种和栖息地保护工作。[1]

（六）能力建设

环境保护领域内的社会力量的能力建设通常分为两种。第一种是动员社区居民参与环保行动。社会力量针对当地居民开展项目所需的技能培训，如巡护及监测技术等。第二种是为不同的环保领域输送人才。此类能力建设起到了促进行业发展的作用。

桃花源生态保护基金会："蓝色先锋"

机构简介：桃花源生态保护基金会是一家关注自然保护地的非营利环境保护机构，致力于用公益的心态、科学的手段、商业的方法来保护环境。基金会注重培育和扶持当地保护机构，探索可持续的资金模式，推广环境友好的生态产品，组织公众尤其是青年的野外体验活动，提供志愿者机会，向更多人倡导"来自自然，回到自然"的健康生活方式，实现"为子孙后代留下更多青山绿水"的愿景。

项目介绍："蓝色先锋"项目是针对海洋人才培养的公益项目，旨在未来10年，培养100名海洋公益人才，孵化20个海洋社会组织。"蓝色先锋"的能力建设包括影响力投资课程、海洋实践课程、美国游学等部分，为学员提供从理论教学、水下实践到商业管理培训的全方位指导。[2]

---

[1]　北京山水自然保护中心官方网站，http://www.shanshui.org/。
[2]　桃花源生态保护基金会官方网站，http://www.pfi.org.cn/。

第三节　助残

一　问题和背景

据中国残疾人联合会统计，中国残疾人总数已达 8500 万，约占中国总人口的 6.21%。[①] 平均 15 个人中就有 1 个残疾人，残疾人事业的发展已经成为关乎国家经济社会发展的重要因素。

根据《中华人民共和国残疾人保障法》第二条所规定的残疾标准，残疾人是指在心理、生理、人体结构上，某种组织、功能丧失或者不正常，全部或者部分丧失以正常方式从事某种活动能力的人，包括视力残疾、听力残疾、言语残疾、肢体残疾、智力残疾、精神残疾、多重残疾和其他残疾的人。从官方文件对残疾人的定义中可以看出，残疾人被视为需要治疗和救济的群体。这种定义与联合国《残疾人权利公约》中的有所不同。公约提及，"残疾人包括肢体、精神、智力或感官有长期损伤的人，这些损伤与各种障碍相互作用，可能阻碍残疾人在与他人平等的基础上充分和切实地参与社会"。这个定义将残疾视为一种状态，是由畸形的"残疾"观念与社会融合政策缺失共同造成的，而非残疾人个体。这种观点不再强调残疾人的医学特点，而是强调每个人都可能处于残疾状态，享有在此状态下的基本权利。两种定义对应的是国家法律和政策的根本不同。参照《中华人民共和国残疾人保障法》，政府和社会主要通过医疗卫生服务、社会福利和慈善救助等方式关心和帮助残疾人。而根据《残疾人权利公约》，政府应在法律中明文规定残疾人在教育、就业等方面的基本权利及被侵犯后的救济途径和措施。2008 年，中国在无任何保留条款的情况下批准了《残疾人权利公约》，成为其履约国之一。但是频繁出现的歧视案例显示出中国在残疾人事业发展上的乏力。

2016 年 1 月 1 日正式启动的联合国《2030 年可持续发展议程》涵盖了残疾人生存权和发展权、促进残疾人平等参与的内容。在实现全面建设小康社会目标的过程中，我国残疾人事业出现转机。国家相继公布《"十三五"加快残疾人小康进程纲要规划》《"十三五"推进基本公共服务均等化规划》《"十三五"卫生与健康规划》《贫

---

① 中国残疾人联合会：《关于使用 2010 年末全国残疾人总数及各类、不同残疾等级人数的通知》（残联〔2012〕25 号），http://www.fsou.com/html/text/chl/1706/170640.html，2012 年。

困残疾人脱贫攻坚行动计划（2016~2020年）》《残疾人预防和残疾人康复条例》《残疾人保障法》《残疾人教育条例》等规划和法律法规，要求落实残疾人教育、就业、无障碍环境等方面的指标。2017年，残疾人事业发展成效明显。[①]

由于起步较晚，中国残疾人事业发展面临诸多问题。《中国残疾人事业发展报告（2018）》提到，残疾人参与社会生活的障碍极多，包括无障碍设施的缺乏，社会交往中的无形歧视等；政府在残疾人管理体制上存在条块分割、互相推诿、效率低下的情况；政府虽然完善了法律法规，但是缺少执行细则，导致有法难依的问题。总体上看，残疾人事业普惠程度低、区域发展不平衡。[②] 此外，虽然在各种规划和条例上，"残疾"的内涵正在趋向《残疾人权利公约》中的定义，但是在我国官方文件中其定义始终未做修改，影响政府及社会对残疾群体的态度。

二 社会公益领域的发展概况

2014年，中国残疾人联合会、民政部联合出台的《关于促进助残社会组织发展的指导意见》规定，助残社会组织可以直接向民政部门依法申请登记。而在此之前成立的助残类社会组织多采用工商登记的方式，因此无法顺畅接受社会捐赠资金。助残类社会组织发展并不顺利。

一直以来，中国的助残体系仍然是以政府为主体、由中国残疾人联合会直接领导各种残疾人专门协会[③]构成。这种政府主导的助残体系无法满足残疾群体的多样化需求。早期成立的助残类社会组织是由病友或其亲属成立，以信息分享与交流为主。此外，很多孤独症、自闭症等先天残疾类群体需要专门的服务，而这些是官方助残体系无法覆盖的。因此，20世纪90年代，助残类社会力量开始大量产生，如广州市肢残人士联谊会、北京星星雨教育研究所、北京慧灵志愿者机构、北京丰台区利智康复中心等。目前，社会力量的服务对象已覆盖视力、听力、智力、肢

---

① 中国残疾人联合会：《2017年中国残疾人事业发展统计公报》，http://www.gov.cn/shuju/2018-04/26/content_5286047. htm，2018年4月26日。公报从康复、教育、就业、社会保障、扶贫开发、宣传文化、体育、维权、组织建设、服务设施、信息化建设等方面说明了残疾人事业的进步情况。

② 杨立雄：《2017年残疾人事业：新进展与新挑战》，载郑功成主编《中国残疾人事业研究发展报告（2018）》，社会科学文献出版社，2018，第7~10页。

③ 专门协会包括中国盲人协会、中国聋人协会、中国肢残人协会、中国智力残疾人及亲友协会、中国精神残疾人及亲友协会5个残疾人专门协会。

体、言语、精神等各类残疾人群体。2016 年，《"十三五"加快残疾人小康进程纲要规划》已经明确提到，"坚持政府主导与社会参与、市场推动相结合……充分发挥社会力量、残疾人组织和市场机制作用，满足残疾人多层次、多样化的需求，为残疾人就业增收和融合发展创造便利化条件和友好型环境"。助残类社会力量将大有可为。

三　社会公益领域的工作方法及典型案例

（一）康复服务

为残疾群体提供康复服务是社会力量的一种重要工作方法。康复服务类型可以包括三种。第一种类型是进行康复培训。社会力量以改善残疾状态为目标，通过艺术疗愈、农活疗养、语言训练、行为训练等方式调理残疾群体的心理及身体，提高他们的日常生活活动能力。第二种是提供康复资金。社会力量为残疾群体治疗提供资金支持，为其寻找医疗资源等。瓷娃娃罕见病关爱中心的钢铁侠计划为成骨不全症患者提供治疗费用、北京春苗慈善基金会的小苗医疗项目为 0~18 患有岁先天性疾病的孤贫儿童和青少年寻找医疗资源和提供资金支持等。第三种是改善康复环境。除了直接针对残疾群体的康复服务之外，为了给残疾群体的康复创造良好的支持环境，社会力量为其家长提供培训，内容涉及衣、食、住、行和家庭康复训练等方面。上海艺途公益基金会的艺术疗愈课堂为心智障碍群体提供服务，北京市海淀区融爱融乐心智障碍者家庭支持中心开展了全国自闭症家长的系统实操培训项目。

上海艺途公益基金会："艺术疗愈课堂"

机构简介：上海艺途公益基金会成立于2010年，是一家服务精神障碍和智力障碍群体的社会组织。机构旨在通过表达性艺术疗愈，让心智障碍人士更好地融入社会生活。机构为这些特殊人群提供免费的艺术疗愈服务，帮助他们改善情绪，提高沟通表达能力，发掘自我价值。同时，机构联合政府、企业、媒体等多方力量，推动社会大众逐渐接纳、包容和理解心智障碍人士。

项目介绍："艺术疗愈课堂"旨在通过当代艺术改善心智障碍人群表达自我的能力和权利。该项目为心智障碍人群提供艺术潜能开发课。目前，机构已在北京、上海、广州、深圳等10个城市建立了艺术工作室，为心智障碍人群提供免费艺术体验课，同时，为众多学校和社区提供艺术疗愈免费服务。[①]

（二）融合教育

2017年，国务院常务会议修订通过了《残疾人教育条例》，提出"积极推进融合教育，根据残疾人的残疾类别和接受能力，采取普通教育方式或者特殊教育方式，优先采取普通教育方式"。为了使学前及学龄期的残疾群体能更好地融入普通教育群体，社会力量开展特殊教育。慧灵障碍人士服务机构的融合幼儿园在普通教育中实施个别化教育。北京启智特殊教育学校专设学龄融合课程，针对10~15岁的学生开展语文、数学、思想品德等课程，以使这些学生未来融入主流教育方式及环境。

慧灵智障人士服务机构："融合幼儿园"

机构简介：慧灵智障人士服务机构成立于1990年，旨在通过推广社区服务模式，提高心智障碍人士的生活品质。机构致力于为不同年龄和类别的弱能人士提供多元化的社区服务。

项目介绍："融合幼儿园"坚持实施融合教育，招收特殊需要儿童。特殊儿童在园内的比例约为15%。幼儿园坚持在普通教学中实施个别化教育计划，提高特殊需要儿童社交互动和社会适应能力，也让一般儿童从小认识生命多元，学习接受和尊重差异。园内开设健康、语言（英语）、社会、科学、艺术（奥尔夫音乐及美术）五大领域的教育活动，顺乎孩子天性因材施教，培养体魄健康、崇善致美的孩子。[②]

（三）就业支持

为了促进残疾群体实现自身价值，社会力量提供各种类型的就业支持，主要包括四类。第一类是支持性就业。由就业辅导员在竞争性工作场所为残障人士持续提供训练，以增进他们的工作能力及与同事的互动。当残障人士的表现符合工作场所的要求

---

① 上海艺途公益基金会官方网站，http://www.wabcchina.org/。
② 广州慧灵智障人士服务机构官方网站，http://www.hlcn.org/。

时，就业辅导员逐渐退出工作现场，改为以追踪的方式提供服务。例如，北京市丰台区利智社会工作事务所的同行课堂帮助心智障碍者成功就业。第二类是庇护性就业。残疾群体集中在庇护工场从事过渡性工作，掌握工作技能，获得更好的工作机会。第三类是举办接纳残疾群体的商业实体。例如，喜憨儿洗车中心培训和招募包括自闭症、唐氏综合征、智力障碍、脑瘫等群体从事洗车工作并实现就业。第四类是举办职业培训。针对就业，社会力量为残疾群体提供必备的技能培训。例如，广州市恭明社会组织发展中心举办"重塑DNA"残障创新就业支持计划，为残疾人提供沟通、互联网操作、职业礼仪、面试技巧、简历制作等培训，并使他们可以直接参与招聘会。

北京市丰台区利智社会工作事务所

"同行课堂——心智障碍服务伙伴远航计划"

　　机构简介：北京市丰台区利智社会工作事务所成立于2007年，并在2008年正式注册为民办非企业单位。机构秉持支持心智障碍人士学会生存、学会做人、做一个对社会有用的人的理念，提供社区化就业服务、稳定就业服务、就业转衔服务、职业康复服务。

　　项目介绍："同行课堂——心智障碍服务伙伴远航计划"旨在协助心智障碍者在社区成功就业，提高心智障碍者及其家庭的生活品质。项目为各级政府、残联、社会团体和服务机构提供支持性就业模式的培训、咨询及督导服务，并通过就业辅导员为心智障碍者提供专业支持，包括职业评估、工作机会开发、工作现场训练和支持、跟踪辅导等。2016年，机构还参与出版支持性就业书籍《智力障碍与发展性障碍者支持性就业指南》。[①]

（四）无障碍设施及环境建设

　　为了让残疾群体融入正常的社会生活，社会力量倡导建设无障碍的社会环境。无障碍环境建设包括建设盲道、坡道，提供公交车的语音或文字提醒服务等。建设无障碍环境是消除社会障碍的方式之一，通常有两种方式。一种方式是提供无障碍设施，如北京红丹丹视障文化服务中心建设的"心目图书馆"为盲人提供有声图书借阅服

---

　　① 《"同行课堂——心智障碍服务伙伴远航计划"项目介绍》，http://www.haogongyi.org.cn/home/product/detail/id/36.html。

务。另一种是为企业提供无障碍咨询及建设方案，如深圳市信息无障碍研究会。

北京市红丹丹视障文化服务中心："心目图书馆"

机构简介：北京市红丹丹视障文化服务中心于2013年5月21日注册成立。中心致力于通过"视觉讲述"为视障人士提供无障碍文化产品和服务，倡导社会为视障人群创建融合性支持环境。

项目介绍："心目图书馆"旨在开展有声图书管理的理论研究并推动应用实践，推广配套的制作技术，并在实施过程中不断提高非视障者助盲服务能力。"心目图书馆"为盲人提供DAISY（Digital Accessible Information System，即数位无障碍资讯系统）有声图书的借阅服务，丰富他们的文化生活，助力他们（特别是年轻盲人）的发展。[1]

（五）公众教育

由于对助残的理解仍然停留在对特殊群体的帮助和救济上，我国尚未形成重视残疾人事业发展的社会环境，公众甚至对各类残疾知之甚少。为此，社会力量重视向公众开展宣传和教育活动。一种方式是组织临时性的社会活动，如2014年，为关爱罕见病患者而发起的"冰桶挑战"，带动社会各界有影响力的人士参与，极大地提高了罕见病的社会知晓度。另一种是常规性地开展公众活动，如深圳自闭症研究会已经连续举办13届关爱自闭症周，举办亲子运动会这类面向公众参与的活动，北京市朝阳区金羽翼残障儿童艺术康复服务中心的流动美术馆向社会展示自闭症儿童的艺术作品。

北京市朝阳区金羽翼残障儿童艺术康复服务中心：
"金羽翼流动美术馆"

机构简介：北京市朝阳区金羽翼残障儿童艺术康复服务中心成立于2010年3月，是一家非营利性社会组织。机构在轻松快乐的艺术氛围中，让残障儿童获得身体、精神和心理上的松弛和愉悦，同时通过艺术促进自我探索，激发大脑

---

[1] 心目图书馆官方微信（微信公众号：xinmutushuguan）。

认知功能发展。机构开设绘画、声乐器乐、舞蹈和篮球课，用"艺术+运动"的形式，帮助残障儿童体现自身价值、实现艺术梦想。

项目介绍："金羽翼流动美术馆"通过在公共场所集中展示自闭症儿童的艺术作品，展示自闭症儿童的美好内心世界，提高社会对自闭症儿童的关注度，加深认知。美术馆已经在荷兰、日本及我国的北京、天津、青岛、合肥、石家庄、武汉6个城市开展，得到了社会各界的广泛关注。[1]

（六）政策倡导

为了让残疾群体开展正常社会生活，创造友好的社会环境，社会力量根据所掌握的基层情况撰写调研报告，为政府制定各类残疾群体相关政策提供参考依据。另外，社会力量针对涉残歧视或暴力事件提供法律服务，从实践层面督促政策及法律的落实。

瓷娃娃罕见病关爱中心：政策研究

机构简介：瓷娃娃罕见病关爱中心是一家为罕见病人士开展基础支持、能力培养、社会融入、政策倡导等工作的民间社会组织。其前身为瓷娃娃关怀协会，成立于2008年5月，由成骨不全症等罕见病患者发起，并于2011年在北京市民政局注册。机构旨在为罕见病群体建立平等、受尊重的社会环境，致力于维护罕见病群体在医疗、生活、教育、就业等方面的平等权益。

项目介绍：瓷娃娃罕见病关爱中心的政策研究，包括群体调研和政策倡导两个方面，旨在改善成骨不全症患者所处的生存现状。患者面临政策保障支持尚不完善，社会救助机制欠缺，教育与就业歧视现象突出，以及婚姻家庭和社会融入困难等亟待解决的问题。该机构在全国开展与成骨不全症患者及家庭相关的各类调研，掌握他们的生存现状、因病致贫状况以及教育与就业受歧视的经历等，为各类保障政策的制定提供参考依据，为有需要的病友及家庭提供有针对性的法律援助。[2]

---

① 北京市朝阳区金羽翼残障儿童艺术康复服务中心官方网站，http://www.goldenwings.org.cn/。

② 瓷娃娃罕见病关爱中心官方网站，http://www.chinadolls.org.cn/。

（七）社区托养

为了实现残疾群体的居家照顾目标，针对生活自理能力衰退或年老的残疾群体，社会力量开展社区托养服务。在服务内容上，社区托养服务主要包括康复及居家技能训练，以使残疾人士过上正常化生活。

慧灵智障人士服务机构："慧灵托养中心"

机构简介：慧灵智障人士服务机构成立于1990年，旨在通过推广社区服务模式，提高心智障碍人士的生活品质。机构致力于为不同年龄和类别的弱能人士提供多元化的社区服务。

项目介绍："慧灵托养中心"以社区化服务理念，不断发掘社区资源，让心智障碍群体过正常化的生活。项目以社区化和专业化的服务视角，辅导心智障碍人士学习简单的生产劳动、居家技能和社会规范，并针对学员的不同特点运用专业方法，提供物理治疗、音乐调理、美术调理和心理治疗等服务。此外，项目为生活自理能力衰退和年老的学员提供养老服务。①

（八）情感交流

几乎所有的助残类社会力量都会为病友及其家属提供交流及信息分享的机会，实现助者自助。另有社会力量以此为核心工作，如广州市肢残人士联谊会。瓷娃娃罕见病关爱中心也为罕见病病友提供期刊及热线咨询服务，每两年举办一次瓷娃娃全国病人大会，促进病友就自身疾病相关的问题进行交流与讨论。

瓷娃娃罕见病关爱中心："全国病人大会"

机构简介：瓷娃娃罕见病关爱中心是一家为罕见病人士开展基础支持、能力培养、社会融入、政策倡导等工作的民间社会组织。其前身为瓷娃娃关怀协会，成立于2008年5月，由成骨不全症等罕见病患者发起，并于2011年在北京市民政局注册。机构旨在为罕见病群体建立平等、受尊重的社会环境，致力于维

---

① 慧灵智障人士服务机构官方网站，http://www.hlcn.org/。

护罕见病群体在医疗、生活、教育、就业等方面的平等权益。

项目介绍："全国病人大会"旨在建立脆骨病病友家庭互助和信息交流的全国性网络，提高国内疾病群体的公民参与意识，增强他们的话语权，倡导政府、社会的关爱及关注。大会鼓励病友及家属就自身疾病相关的问题展开讨论，内容涉及医疗康复培训、政策和法律培训、心理干预及疏导、就业模式探讨以及病友故事分享等，并倡导和呼吁政府和社会对这一群体给予关注和支持。[①]

（九）特教师资培养

由于中国残疾人事业起步较晚，与此相关的其他工作也发展滞后，残疾人的各项服务都需要专业社工人才支持，然而中国的社工人数极其短缺。2018年，中国社工专业人数突破100万人，仅占人口总数的0.7‰，而美国、日本的社工人数占比早已分别实现2‰和5‰。这100万名社工中还包括特教之外的其他领域社工。目前，少数社会力量针对助残社工开展培训。

北京市丰台区馨翼教育中心："特教师资培训"

机构简介：北京市丰台区馨翼教育中心创办于2008年。机构为3~8岁自闭症及其他特殊儿童提供康复训练，为残障人士的家庭提供教养能力培训和心理健康建设，为专业教师提供专业测评和技能培训。

项目介绍："特教师资培训"项目为全国各地的特教教师和机构提供专业培训和教学技术交流服务。项目开办感觉统合训练师、语言训练师、自闭症疗育师、沙盘游戏咨询师的专业等级培训班和各种专业培训，组织教学和学术交流，提供学习和交流服务。[②]

（十）公益出版物

与助残相关的出版物以帮助残疾人参与社会生活为主要目的，包括残疾人工具书、盲文读物、期刊等，如人民出版社曾出版残疾人撰写的"中华自强励志书系""中国残疾人事业发展研究系列""残障与发展系列译丛"等书籍。

[①]　瓷娃娃罕见病关爱中心官方网站，http://www.chinadolls.org.cn/。
[②]　北京市丰台区馨翼教育中心官方网站，http://www.xingguanglu.com/。

中国盲文出版社："盲文读物"

机构简介：中国盲文出版社成立于1953年，是受中国残疾人联合会领导，为全国盲人出版制作盲人文化产品并提供综合性文化服务的公益性文化出版机构。

项目介绍：出版社出版的现有盲文读物包括时事政治类、教材教辅类、文学经典类、社会读物类、音乐艺术类、医药保健类、彩色明盲对照类、期刊类等类别。[1]

第四节　养老

一　问题和背景

2019年1月，国家统计局发布了2018年的人口数据。2018年，我国人口从年龄构成来看，16~59周岁的劳动年龄人口为89729万人，占总人口的比重为64.3%；60周岁及以上人口为24949万人，占总人口的比重为17.9%（见图2-2），其中65周岁及以上人口为16658万人，占总人口的比重为11.9%。[2]国际上一般认为，16~64岁的人口处于劳动力阶段。如果一个国家劳动力比重高，这个国家的社会负担通常较轻，有较好的"人口红利"。反之，一个国家或地区60岁以上的老年人口占总人口比重的10%，或65岁以上老年人口占总人口比重的7%，这个国家或地区就进入了老龄化社会，养老负担较重。以这个标准衡量，中国早在1999年就进入了老龄化社会。[3]而近几年，中国的老龄化速度远远超过世界平均水平。[4]2014年，全国老龄工作委员会办公室发布的《国家应对人口老龄化战略研究总报告》指出，中国老龄化具有未备先老、未富先

---

[1] 中国盲文出版社官方网站，http://www.cbph.org.cn/。
[2] 李希如：《人口总量平稳增长 城镇化水平稳步提高》，http://www.stats.gov.cn/tjsj/sjjd/201901/t20190123_1646380.html，2019年1月23日。
[3] 2000年进行的第五次人口普查数据显示，其时我国65岁以上的老年人口占总人口的比重为6.96%，而60岁以上的老年人口占总人口的比重为10.2%。
[4] 根据联合国预测，1990~2020年世界老年人口的平均年增长速度是2.5%。相较于2017年，2018年中国老年人口的增长率为3.5%。

老、长寿但不健康、少子化、老年抚养比高等特点①，这些使社会对养老行业的需求激增。②

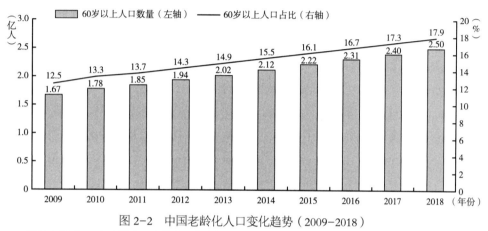

图 2-2　中国老龄化人口变化趋势（2009~2018）

资料来源：《2018 年中国人口老龄化现状分析、老龄化带来的问题及应对措施》，http://www.chyxx.com/industry/201805/637022.html，2018 年 5 月 14 日；李希如《人口总量平稳增长　城镇化水平稳步提高》，http://www.stats.gov.cn/tjsj/sjjd/201901/t20190123_1646380.html，2019 年 1 月 23 日。

目前，养老行业主要包括养老服务（如照护服务、医疗护理、精神慰藉等）、养老地产（如老年公寓及护理机构建设等）、养老金融（如养老保险及医疗保险等）及养老用品（如医疗器械、保健品及药品等）四大细分领域。我国的养老行业处于发展初期，面临诸多问题。我国在老年用品的理论研究、技术开发及推广应用方面发展滞后。在全球 6 万多种老年产品中，我国的仅有 2000 多种。③此外，《2017 年社会服务发展统计公报》显示，2017 年，每 1000 名老年人拥有养老床位 30.9 张，与"十三五"规划中提及的 35~40 张相去甚远。养老床位总体不足，养老院、公寓和地

① "未备先老"及"未富先老"是因我国人口老龄化之速度超过社会及经济发展速度而出现的危机，社会发展建设及经济发展水平达不到应对老龄化危机的要求。"长寿但不健康"：截至 2016 年底，我国 60 岁以上的老年人口中，患有慢性病的老年人占比超过 65%。"少子化"指出生率低于国际水平。1999 年，我国出生率仅为 10.94‰（正常水平为 16.98‰）。"老年抚养比"越高越说明年轻人供养老人的负担越重。2018 年，老年抚养比达到 17%，相比 1991 年的水平，几乎提高一倍，意味着 3 个人要养活 1 个老人。

② 总报告起草组、李志宏：《国家应对人口老龄化战略研究总报告》，《老龄科学研究》2015 年第 3 期。

③ 李志宏：《"十三五"时期我国人口老龄化与养老服务需求增长态势》，载朱勇主编《中国智能养老产业发展报告（2018）》，社会科学文献出版社，2018，第 28 页。

产有很大的发展空间。养老金制度安排也不合理，缺乏政策激励，导致企业年金制度发展缓慢。①

二 社会公益领域的发展概况

养老行业的发展问题需要政府、企业及社会组织共同应对。2017 年，《"十三五"国家老龄事业发展和养老体系建设规划》提到，到 2020 年，养老体系建设更加完善，政府职能转变成效显著，市场活力及社会创造力充分激发，养老服务和产品供给主体更加多元。政府需要完善养老行业发展的顶层设计并制定具体政策，包括养老保险、医疗保障、生活救助等保障制度。企业和社会组织可以发挥各自优势，弥补国家在养老供给上的不足。② 企业可以借助雄厚的经济资本研发养老产品，打造养老社区，提供高端养老服务，以满足不断升级及多样化的养老需求。社会力量也可以凭借自身丰富的基层实践经验，提供更贴近生活的养老服务。

目前，相较于需要大量资本支撑的养老地产、养老金融及养老用品，大量社会力量仍在养老服务领域中深耕。养老服务主要是指满足老年人由衰老、失能所产生的不同于其他年龄群体的特殊需求的生活性服务。《"十三五"国家老龄事业发展和养老体系建设规划》明确提到"以居家为基础、社区为依托、机构为补充、医养相结合的养老服务体系"。这意味着养老服务的出发点是满足老年人日常生活的多样化需求，如生活供养、日常照顾、家庭护理、卫生服务、休闲娱乐、心理慰藉等。养老服务的对象主要包括独居老年人（失独、孤寡、空巢老年人）、困难老年人（经济上有困难的老年人）、病残老年人（疾病、残疾、失能、生活半自理或不能自理的老年人）、老兵以及其他老年人。③ 另外，社会力量也通过跨界合作或自筹资金等方式涉足养老机构及养老产品等领域。这些方式主要包括三种。第一种是政府与社会资本合作的 PPP模式。PPP 模式是指政府通过合同的方式，与社会组织确立风险共担、利益共享的

---

① 参见董克用、张栋《中国养老金融：现实困境、国际经验与应对策略》，《行政管理改革》2017 年第 8 期，第 17~18 页。文中提到，在养老金制度安排方面，我国采取政府、企业及个人承担的原则。政府只承担基本的生活保障。截至 2016 年底，全国仅有 7.63 万家单位、2325 万人参与了企业年金，参保人数仅为职工基本养老保险参与人数的 8.36%，这对参保职工的养老保障作用有限。

② 《"十三五"国家老龄事业发展和养老体系建设规划》提到，我国养老体系建设还面临着严峻的形势，包括城乡、区域老龄事业发展不均衡，养老服务有效供给不足，质量效益不高，老年用品市场供需矛盾突出，社会参与不充分等问题。

③ 崔炜、周悦、徐新平：《我国社会组织参与养老服务的现状与展望（2015）》，载何辉、徐彤武等主编《中国社会组织报告（2016~2017）》，社会科学文献出版社，2017，第 147~151 页。

长期合作机制，从而共同为社会提供养老服务，如公建民营、民办公助、政府委托、政府购买等。第二种是社会组织与爱心企业合作，如企业承担老年公寓的建设费用，社会组织负责运营。第三种是社会组织自筹资金。社会组织在法律范围内，通过设立基金会、建立商业实体、服务者付费等方式自筹资金，但利润全部再投入公益领域。

三　社会公益领域的工作方法及典型案例

（一）日常生活照料

社会力量为老年人日常生活中的各方面提供便捷服务。这些服务主要包括就餐服务、个人卫生（如洗衣、理发、沐浴等）、居室清扫、安全服务（如安装呼叫器和求助电铃、购买意外伤害保险、建立老人信息卡等）、陪同就医问药、代办服务（如代购物品、代付水电费等）。

北京市石景山区乐龄老年社会工作服务中心：
"乐享社区养老驿站"

机构简介：北京市石景山区乐龄老年社会工作服务中心创立于2006年，是在北京注册的民办非企业单位，致力于推动中国社区居家养老服务发展。乐龄摸索符合中国特色的社区为老服务模式，通过开展社区老人互助平台、专业照顾服务、扶贫支持，实现"让每一位老人在家中享受乐龄年华"的美好愿景。

项目介绍："乐龄社区养老驿站"旨在搭建社区居家养老支持网络，提高社区老年人的生活质量。驿站拥有专业护理床位，提供短期托管服务，支持24小时介护服务。驿站为老年人提供助浴、助洁、助行、助购、送餐、"喘息式"服务、益智、健身活动等照料服务。目前乐龄已经运营了9家社区养老驿站。①

（二）提供医疗护理帮助

社会力量为老年人提供医疗护理帮助。医疗主要包括身体检查、普及医用知识、

---

① 北京市石景山区乐龄老年社会工作服务中心官方网站，http://www.leling.org.cn。

提供常见病或紧急的医疗救治以及医生巡诊等。护理主要有非治疗性的康复护理之类。养老服务体系中的医疗护理不能取代医院的作用，一般是指基础、紧急或遵从医嘱的护理服务。"医养结合"的要求已纳入国家养老服务体系中，未来，养老机构需要配备医疗护理设备及人员。

陕西助老汇社会工作发展中心：

"农村老年人健康养老试点"

机构简介：陕西助老汇社会工作发展中心成立于2014年。该机构与政府有关部门、社会组织及其他社会力量协作，整合各种资源，依托社会工作方法，支持并且促进老年人的参与，保障老年人获取医疗保健、社会服务及经济和人身安全的权益。

项目介绍："农村老年人健康养老试点"项目回应陕西蒲城县农村老年人在养老照料、健康支持等方面的问题，关注农村失能、半失能老人的日常照料。在健康支持领域，为了提升该地区老年人的健康素养，减少健康风险，机构开展老年人常见病健康讲座与义诊活动，同时印发《老年人常见病自我保健手册》，帮助老年人提升健康意识，强化疾病预防和治疗理念，促进健康老龄化。[①]

（三）精神慰藉

为促进老年人的社会参与，社会力量提供各种陪同服务（如陪同聊天、心理疏导、陪同旅游等）、文化及娱乐活动（如开设茶室、棋牌室、健身讲座、金婚庆典等）、老年教育、法律咨询等。这些活动提高了老年人的生活质量，体现社会对他们的关爱。

北京市十方缘老人心灵呵护中心：

"重症、临终老人心灵呵护社会服务机构和项目"

机构简介：北京市十方缘老人心灵呵护中心成立于2012年。该机构旨在为全国4000万临终老人提供专业的心灵呵护服务，使老人在宁静祥和中走完人生的最后路程，解决临终老人惧怕死亡，需要心灵慰藉的问题。

---

① 陕西助老汇社会工作发展中心官方网站，http://www.ageingchina.org/。

项目介绍："重症、临终老人心灵呵护社会服务机构和项目"为全国4000万名重症、临终老人提供专业的心灵呵护服务，让临终心灵呵护成为一种职业。项目从实践中总结出老人心灵呵护10大技术，为义工提供心灵呵护培训，并组织义工为养老院、临终关怀医院及社区的临终老人提供专业服务。与此同时，老人的家属也得到专业的支持。[①]

（四）养老培训

我国目前尚未形成养老服务人员职业培训体系，社会力量在一定程度上弥补了该领域的缺失。养老培训主要包括两个方面。第一个方面是对长期家庭照顾者的培训。长期家庭照顾者是指长期在家庭中承担病患日常护理和照料的照顾者（配偶、子女及护工等）。这类培训除了提供护理技能之外，重要的是通过培训搭建倾诉平台，促进照顾者的交流。第二个方面是针对专业社工的培训，此类培训更加偏重技能，目的是提高社工的各项服务能力。

鹤童公益养老集团："鹤童老人护理职业培训学校"

机构简介：鹤童公益养老集团成立于1995年，致力于促进老年福利及社会公益事业发展。集团包括鹤童老年福利协会、鹤童社会服务系列机构、鹤童老年公益基金会等，涉足机构养老、医疗卫生、居家照护、老年餐饮、保洁管家、护理教育、老年用品等七大领域。[②]

项目介绍："鹤童老人护理职业培训学校"致力于培养具有长期照护专业能力的养老护理员和医疗机构护理员（护工）。项目重点培养对老年人和老年病人实施生活护理技术和实际操作的能力。课程共有养老护理员、养老护理长及养老院长三个层次。培训学校曾接受民政部、劳动和社会保障部委托，先后参与制定《养老护理员国家职业标准》，主编专用于国家职业技能鉴定的《养老护理员——国家职业资格培训教程》。[③]

---

① 北京市十方缘老人心灵呵护中心官方网站，http://www.shifangyuan.org/。
② 鹤童老年公益基金会官方网站，http://www.hetong.org.cn。
③ 鹤童老人护理职业培训学校，http://www.hetong.org。

（五）运营或兴办公益性的养老机构

从总体上来看，公办养老机构占比居多。社会力量兴办或运营的养老机构主要分为单体养老机构、养老服务嵌入式住宅小区以及综合性养老社区三种类型。单体养老机构是指专门的养老院或老年公寓，不属于房地产开发项目，由专业的养老机构负责运营。养老服务嵌入式住宅小区是指在房地产项目中，利用项目中的闲置空间为老年人活动提供服务。综合性养老社区属于房地产开发项目，项目中的养老服务由开发商自行运营或由专门的运营机构负责运营。前两类都不以营利为目的，而在第三类中房地产开发商可以获取部分利润。[①] 前述案例中提到的北京市石景山区乐龄老年社会工作服务中心以及鹤童公益养老集团侧重第一类。上海颐和苑老年服务中心是政府与社会组织以 PPP 模式运作的单体养老机构。

上海颐和苑老年服务中心："颐和养老"

机构简介：上海颐和苑老年服务中心是一所政府扶持的非营利性民办养老机构。机构旨在让每一位住养老人生活得开心、舒心、顺心、称心、安心。该机构引进丹麦的养老理念和养老模式，特别是世界上先进的CCRC（养老生活区）理念，并与丹麦著名慈善养老机构"丹麦执事家园"（简称DDH）合作管理，为中国老年人提供精神和物质需求、生活方式和愿望。[②]

项目介绍：在具体运作上，政府为颐和苑提供土地及税收、水电气等方面的优惠政策，而颐和苑可以依法使用农民集体所有的土地，免征企业所得税。政府及社会组织按照3：7的比例来投资建设养老院。颐和苑全权负责养老机构的运营，为老年人提供包括日常生活照料、精神慰藉、医疗护理等全方位的综合服务。[③]

中国红十字会总会事业发展中心："曜阳国际老年公寓"

机构简介：成立于2006年3月的中国红十字基金会事业发展办公室，于2009

---

① 《养老地产前景光明 养老地产规划需要注意哪些问题》，http://k.sina.com.cn/article_1245286342_4a398fc6001007zqv.html，2018年5月14日。

② 上海颐和苑老年服务中心官方网站，http://www.shyiheyuan.com.cn/。

③ 潘鸿雁：《养老服务领域的 PPP 模式探索——以上海金山区颐和苑老年服务中心为例》，http://blog.sina.com.cn/s/blog_159d47a230102wewj.html，2016年7月18日；《上海金山颐和苑，丹麦式养老在中国的实践之路！》，http://m.sohu.com/a/239385963_100110125，2018年7月5日。

年2月更名为中国红十字会总会事业发展中心。事业发展中心通过创办公益性实体、建立专项公益基金、开展文化交流活动等，致力于养老服务、教育助学、救助扶贫、文化宣传等公益事业。

项目介绍："曜阳国际老年公寓"旨在实现老有所养、老有所居、老有所医、老有所乐、老有所学、老有所为。按照"公益性事业，市场化运作"的机制运行，老年公寓实行自主经营，自负盈亏，目标是建成居家设施配套、社区环境优美、服务功能齐全、区域环境幽静、结构合理的可持续性发展老年公寓。目前公寓覆盖扬州、北京、富春江及济南四地。除了"扬州曜阳"是利用社会各界定向捐赠的资金筹建之外，其他三地的公寓都是与企业合作，并由企业全部出资建成。建成后的老年公寓提供公益及市场化的服务，并将服务费用于企业与社会组织之间的按比例分配。[1]

（六）养老产品的研发和推广

养老产品主要包括两类，第一类属于硬件设备，如健康腕表、手环等可穿戴设备、监测设备、监护设备等，第二类是管理与服务产品，包括健康管理系统、助医App、数据应用系统等，如成都朗力养老产业发展有限公司的适老化改造项目。由于老年用品研发需要投入大量资金，并对人才能力有较高要求，所以，涉及产品研发的社会力量极少，产品研发的科技含量不高。但是，社会力量会在工作领域中推广所需的老年产品，如鹤童提供从德国、英国等国家进口的助行设备、护理床等。

成都朗力养老产业发展有限公司："适老化改造"

机构简介：成都朗力养老产业发展有限公司创建于2011年，旨在为每个家庭创造舒适的老年生活。目前，机构已形成以"评估+产品+服务"为商业模式，以标准化产品和服务体系相结合的核心竞争力。2019年3月，朗力通过B Lab（B型实验室）认证，成为国内养老行业的共益企业。[2]

项目介绍："适老化改造"项目旨在提高老年人居家自主生活的能力。项目自主研发了自有品牌的系列适老产品，同时，开发出适老化平台管理系统。

---

[1]　中国红十字会总会事业发展中心官方网站，http://www.bdc.org.cn/。
[2]　成都朗力养老产业发展有限公司官方网站，http://www.cdlangli.com/。

该系统包括六大评估系统、七大改造系统及平台管理系统。[①]通过软硬件产品的综合使用，朗力为服务对象提供精准的适老化改造。

（七）经济支持

除了上述工作方法之外，社会力量会为其服务对象提供物品及资金援助。物品包括老年人生活中所需的药品、书籍、养老用品等；资金援助通常是帮助老人筹集爱心捐款等，如中国红十字会总会事业发展中心为失能老人发起的公众筹款、鹤童发起的帮助购买老年用品的公众筹款、中国老龄事业发展基金会发起的资助经济困难老人的筹款等。

中国老龄事业发展基金会：

"大爱无疆——资助贫困老人"活动

机构简介：中国老龄事业发展基金会成立于1986年5月，是民政部和全国老龄办领导下的为全国老年人服务的民间慈善组织。基金会以老年人为本，为老年人服务，并呼吁社会共同尊重、关心和帮助老年人。

项目介绍："大爱无疆——资助贫困老人"活动旨在资助我国老少边穷地区的贫困孤寡老人。项目已在全国重点城市组织义展义卖、慈善晚宴及老年服饰巡演等活动，筹集善款。[②]

第五节　安全救灾

一　问题和背景

根据产生原因，灾害主要分为自然灾害和人为灾害两种。自然灾害是指由自然原

---

① 毛基业、赵萌等：《社会企业家精神》，中国人民大学出版社，2018，第97~100页。文中提到，六大评估系统通过生活能力评估、家庭关系评估、辅助类需求评估、居家环境评估、性格心理评估、政策评估六大维度对老人情况进行询问和评估，为提出有针对性的适老化改造方案和后续服务提供精准数据支持。七大改造系统包括照明系统、无障碍系统、防滑系统、设施设备系统、可穿戴系统、智能监测系统、美居系统。平台管理系统则包括智能评估系统、智能监测传输系统、数据管理分析系统、加盟商管理系统、政府采购量化服务、管理平台等。

② 中国老龄事业发展基金会官方网站，http://www.cadf.org.cn/。

因导致并对人类生活环境构成威胁的灾害，如 1998 年长江洪灾、2006 年超强台风"桑美"、2008 年汶川地震等。人为灾害指因公共卫生、技术、社会安全等人为因素导致的紧急事件，如 2002 年 SARS、2005 年禽流感、2015 年天津滨海新区爆炸事故等。应对上述灾害，每个国家都有一套应急管理体系，中国也不例外。

北京师范大学风险治理与创新研究中心将中国的应急管理体系划分为四个阶段。第一阶段是 1949~1978 年。与当时的社会发展需求相匹配，应急管理体系侧重农业保障的生产救灾。第二阶段是 1979~2003 年。在改革开放的环境下，应急管理体系侧重经济为先的灾害管理。第三阶段是 2004~2008 年。SARS 爆发后，中国应急管理体系正式开启全面建设阶段，强调政府在应急管理中的作用。第四阶段是 2009 年至今的强调社会力量多元参与的灾害治理阶段。[①]

虽然每个阶段的侧重有所不同，但是从各国实践上来看，灾害给社会经济带来严重影响，直接关乎全社会公共安全，因而政府在灾害管理中占据主导位置。2016 年，国务院出台的《中共中央　国务院关于推进防灾减灾救灾体制机制改革的意见》提到，在灾害管理中，充分发挥我国的政治优势和社会主义制度优势，坚持各级党委和政府在防灾减灾救灾工作中的领导和主导地位，发挥组织领导、统筹协调、提供保障等重要作用。政府通过自上而下的党政组织保障灾害管理顺利开展。从 2004 年至今，国家应急管理体系在应急管理预案、应急管理法律体系、应急保障能力等方面得到提升。尤其是国家应急管理部于 2018 年正式成立，整合原有分散在各部门的应急管理职能，实现全灾种全流程管理，有利于改变来自多个部门和机构配合与协调而导致的工作推诿问题，提升工作效率。

完善的应急管理体系应包含灾害发生的每个阶段。从灾害的时间演化角度来看，不同阶段灾害管理的内容及目的不同（见图 2-3）。灾害发展前的防灾及减灾阶段的主要工作在于计划如何应对灾害及预防灾害发生，如完善预警系统、提升防御能力、普及公众防范意识等。灾害发生时的两个阶段包括紧急救援（72 小时）和过渡安置（1 个月），前者以生命救助为主要目的，后者以灾民安置及灾区基本生活条件恢复为目的。灾害发生后的灾后重建阶段，包括生计恢复、社区重建、经济发展。重建是系

---

① 张强：《汶震灾治理的十年演进：四川经验与中国模式》，https://mp.weixin.qq.com/s/rKEBGmf88w5MYaqr0ELjnw，2018 年 5 月 19 日。

统性工程，通常需要一定时间，包括基础设施、社区、心理、生计、卫生、环境、教育等各方面工作。目前，我国的灾害管理还存在诸多挑战。《中共中央　国务院关于推进防灾减灾救灾体制机制改革的意见》提到，我国目前重救灾轻减灾的思想还比较普遍，防灾减灾宣传教育不够普及。2014 年，基金会在灾害预防、安全教育、灾民心理抚慰上的支持仅占 2%，主要集中在救灾和灾后重建部分。[①] 在安全救灾方面，我国仍存在一些问题。预警和监控系统不完善，不能科学预测和判断灾害；部分应急法律体系尚欠缺执行细则；基层应急管理不到位；应急产品发展滞后等。

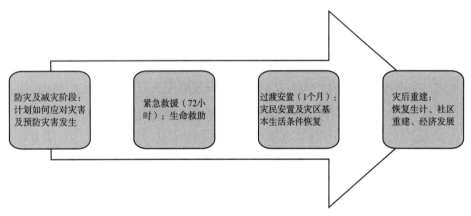

图 2-3　灾害发生阶段及相应灾害管理目的

二　社会公益领域的发展概况

面对上述问题，社会力量在力所能及的范围内发挥着重要的补充作用，在灾害管理方面具有明显优势。政府善于把控宏观形势，集中力量办大事，而社会力量善于灵活开展救援，如救援小型或分散的灾区。另外，政府提供给灾民的是普惠救助，而社会力量可以针对老人、妇女、儿童、残疾人等不同群体，提供符合不同需求的精细服务。

在 2008 年的汶川地震中，中国民间救援力量在国内崭露头角。此后，在国家出台的防灾减灾救灾相关的政策文件中，超过 20 个直接提及社会力量参与救灾。2008 年出台的《汶川地震灾后恢复重建条例》提出"政府主导与社会参与相结合"。2015 年，民政部公布的《关于支持引导社会力量参与救灾工作的指导意见》首次将社会力量参与救灾工作纳入了政府规范体系。《中共中央　国务院关于推进防灾减灾救灾体

---

① 《走进基金会救灾类项目》，https://mp.weixin.qq.com/s/7Ei_VcXK1BEO-W94Wz9ITw，2016 年 8 月 4 日。

制机制改革的意见》将"坚持党委领导，政府主导、社会力量和市场机制广泛参与"视为基本原则之一，注重组织动员社会力量广泛参与，建立完善的灾害保险制度，加强政府与社会力量、市场机制协同配合，形成工作合力。同年，民政部救灾司指导社会组织制定了《社会力量参与救灾一线行动指南》，促进社会力量高效有序参与。在汶川、雅安及鲁甸地震当中，政府联合社会组织组成临时性服务平台，实现政府与社会力量的协同救灾，如绵竹资源协调平台、雅安抗震救灾社会组织和志愿者服务中心、云南鲁甸地震社会组织救援服务平台。2015年，"政社联合"开始从突发性及临时性的安排发展成日常机制，如广州市社会力量防灾减灾救灾联盟。2017年，全国第一家从省级层面统筹社会力量参与防灾减灾救灾工作的专门机构"四川省社会力量参与防灾减灾救灾统筹中心"正式成立。过去十年，社会力量参与救灾的角色逐渐被国家认可并逐步走向规范。

三　社会公益领域的工作方法及典型案例

（一）资金及物资筹集

在紧急救援及过渡安置阶段，灾区急需大量生活物资。社会力量在面向公众筹款方面具有天然优势，并且可以灵活引入各种企业资源，调动社会力量第一时间支持灾区。在2008年之前，只有中国慈善总会和中国红十字会可以接受社会捐款，但在2013年芦山地震中，民政部发布的《关于四川芦山7.0级强烈地震抗震救灾捐赠活动的公告》，提及民政部不再指定善款接收机构。社会力量也可以接受社会捐赠，降低了普通人捐款的门槛。如今，中国扶贫基金会、支付宝公益基金会、腾讯公益慈善基金会等基金会在灾害第一时间都会开通捐款通道，针对安全救灾的资金及物资筹集渠道更加广泛。而招商局慈善基金会的灾急送项目在灾害发生时，提供无偿物流服务。

招商局慈善基金会："灾急送"

机构简介：招商局慈善基金会由招商局集团发起并持续捐资，2009年在国家民政部登记注册。机构以资助为专业手段，主张通过理性的思考、实事求是的态度、创新和可持续的做法，给人提供向上的阶梯，推动平等合作，建设更加富强、公正、美好的社会。

项目介绍："灾急送"项目旨在为救灾社会组织提供集仓储备灾、运输救灾于一体的专业化、高效的灾害应急物流服务，提升救灾效率。在灾害发生时，灾急送向社会提供无偿物流援助。在非灾害状态下，灾急送根据需求，依托招商物流全国各网点设立公益备灾仓库，为联合救灾伙伴提供备灾仓储支持与招商物流相结合的全国仓库网点布局。备灾仓库可选地点覆盖华南、华北等7个片区的39个城市。[①]

（二）信息平台建设

在灾害发生的第一时间，由于交通、通信及电力设施的毁坏，受灾地区往往处于相对隔绝状态，而灾区之外的地区难以获得具体受损情况和灾民的需求。实时的灾情收集及发布工作，可以缓解信息不对称，帮助救援力量提供有效且具有针对性的救灾方案，提高救灾效率。从事此类业务的社会力量较少，其中著名的有卓明灾害信息服务中心。

卓明灾害信息服务中心："卓明信息产品"

机构简介：卓明灾害信息服务中心是一家专业处理灾害信息、协助救灾资源对接、提升救灾效率的志愿者组织，其成员均为深度参与过地震救援工作的信息志愿者。在救灾过程中，机构与多数民间救灾组织建立行动伙伴关系，并为多个一线团队提供行动参考建议及信息服务。机构将继续从解决信息不对称问题入手，在提升民间救灾效率、促进民间救灾行业发展方面发挥作用。

项目介绍："卓明信息产品"旨在提高救灾效率。项目为救灾团队提供4种信息产品，包括定点灾情、救灾简报、专题简讯、研判预判。定点灾情即在灾后第一时间告知灾害损失情况、救援重点和注意事项。救灾简报每天发布当天所有灾区的信息。专题简讯为救援队提供资源有效到达村组的具体需求数据。系统还提供当地的道路信息、天气情况、风土人情等信息。[②]

---

① 招商局慈善基金会官方网站，http://www.cmcf.org.cn/。
② 郝南：《理性救灾——从"人到主义"到人道主义》，https://mp.weixin.qq.com/s/UNOTG1olbn20wIVY8RiTFQ，2015年8月19日。

（三）行业支持

我国民间救灾行业发展较晚，具有救灾专业能力的组织较少。在 2008 年的汶川地震中，参与救灾的民间力量分散，各行其是，协作机制欠缺，导致社会资源浪费。此后，以支持行业发展，促进各阶段救援力量的沟通、交流及合作为宗旨的枢纽或平台型社会力量出现，如基金会救灾协调会、中国慈善联合会救灾委员会、中国扶贫基金会。

中国扶贫基金会："人道救援网络"

机构简介：中国扶贫基金会成立于1989 年，是在民政部注册、由国务院扶贫办主管的全国性扶贫社会组织，是中国扶贫公益领域规模最大、最具影响力的社会组织之一。机构以不断发现并促进解决社会问题为己任，视捐赠人、志愿者和一切爱心人士为解决社会问题的伙伴，不断改革创新，广泛动员社会力量，参与脱贫攻坚。

项目介绍："人道救援网络"由中国扶贫基金会和加多宝集团联合发起、国内外29家社会组织共同组建，致力于提升灾害响应的及时性和针对性，倡导和推动政府与民间组织、民间组织之间在灾害救援领域的合作，搭建人道救援网络。项目开展生命救援和生命保障行动，支持社会组织开展过渡性安置工作，组织以人为本的灾后重建工作，以及开展减防灾公益项目等。①

（四）紧急救援

在紧急救援阶段，救援工作以军队为主要力量。军队训练有素，可以最大限度救助生命。而以紧急救援为目的的社会力量是军队力量的主要补充，如蓝天救援。

蓝天救援："应急救援"

机构简介：蓝天救援是中国民间专业的公益紧急救援机构，成立于2007年。蓝天救援以志愿服务为原则，推动国内民间救援体系的发展，使国民享有免费紧急救援服务。业务范围覆盖生命救援、人道救助、灾害预防、应急反应

---

① 中国扶贫基金会官方网站，http://www.cfpa.org.cn。

能力提升、灾后秩序恢复等领域，包括应急救援、活动保障及安防教育三个部分。机构致力于形成一个建立在风险处理及预防基础上的综合性应急管理体系。

项目介绍：蓝天救援队的"应急救援"包括水域救援、灾害救援、山野救援及人员走失四个部分。蓝天救援应急协调中心负责国内外大型自然灾害及意外事故的调查和救援启动、派出和后方支持。在通常情况下，在灾害发生后，蓝天救援队能够在3分钟内启动信息收集，在30分钟内根据预判决定是否启动救援，2~4小时内抵达国内救援现场，24小时内投送国际救援物资等。[1]

（五）灾后重建

社会力量开展灾后重建主要包括四个方面：其一，帮助灾民加固或重建住房；其二，发展当地经济；其三，提高当地社区的抗灾能力；其四，保护与发展灾区，如对灾区的自然资源、人文资源等进行规划和保护，实现可持续发展。灾后重建包括环境保护、心灵重建、教育支持等各方面，是长期工程。在本章中介绍的其他几项社会公益组织，也会涉及灾区重建过程。北京市海淀区山水自然保护中心在汶川开展熊猫保护的项目，保护当地的生物多样性；成都益多公益服务中心在雅安开展养老服务；绵阳市涪城区为乐志愿服务与研究中心开展心理援助。在灾后重建中，比较特殊的是基础设施建设援助，如壹基金在芦山地震后的重建工作涉及基础设施建设。

壹基金：芦山地震的灾后重建

机构简介：壹基金是于2011年注册的中国民间公募基金会。机构专注于灾害救助、儿童关怀与发展、公益支持与创新三大领域。

项目介绍：在芦山地震的灾后重建过程中，壹基金的灾后重建工作围绕防灾减灾开展，以建立安全家园为主要目的，主要包括4个方面。抗震减灾示范社区提供农村工匠培训、钢结构抗震农房建设、安全农家计划、社区减灾中心；抗震减灾示范校园建设抗震减灾学校、减灾师范校园、乡村幼儿园建设、避灾运动场；壹乐园建设儿童服务站、音乐教室、运动汇；成都·壹基金青少年与

---

[1] 蓝天救援官方网站，http://www.4006009958.org/。

未来防灾体验馆开展青少年防灾减灾体验学习，提供社会组织及公众减灾教育及培训，组织灾害经验研究、交流与推广活动。①

（六）防灾减灾教育

国家近几年越来越重视灾害发生之前的防灾与减灾。多个政府文件提到，要坚持以防为主、防灾抗灾救灾相结合，全面提升综合防灾能力。社会力量近几年也开始更多地涉足防灾减灾教育领域。例如，壹基金的儿童平安计划，支持社会组织、民间救援队、企业员工等社会力量，在学校和社区运用体验式、参与式及流动教学的教育方法，由志愿者和教师开展安全教育，提升儿童应对风险的能力。

另外，2008年汶川大地震之后，很多出版机构针对地震逃生、救援、灾后心理等方面出版了大量读物，如地震出版社的《地震来了怎么办》、世界图书出版公司的《灾后心理援助100问》《地震后严重创伤并发症防治手册》、中国大百科全书出版社的《地震减灾自助手册》、中国文联出版社的《我们在一起——5.12全国抗震救灾公益设计作品集》、四川科学技术出版社的《地震灾区卫生防病手册》、长江出版社的《武汉市民应急救助手册》等。这些书籍向公众科普灾害及逃生的知识。

北京市东城区平安星减防灾教育中心：
"朝外自救互救安全体验馆"

机构简介：北京市东城区平安星减防灾教育中心于2013年8月正式注册，是一家专注于防灾减灾领域的专业组织。中心培养专业的减灾志愿者，不断为志愿者提供持续的培训，同时也为社区和青少年提供专业服务。

项目介绍："朝外自救互救安全体验馆"为辖区内居民提供一个安全教育培训场所，增加社区居民的安全意识，降低安全事件的发生率。场馆由北京市朝阳区人民政府朝外街道办事处于2014年兴建，由平安星减防灾教育中心经营管理，2016年正式开馆，面积为400平方米，共有5个体验区和1个功能区，包括了交通、火灾、儿童安全、家庭防灾等众多体验区。②

① 壹基金官方网站，http://www.onefoundation.cn/。
② 《你好，我是朝外自救互救安全体验馆》，https://mp.weixin.qq.com/s/SzmQ4epBWDb17Hml95aQNw，2017年1月16日。

第六节　公共卫生

一　问题和背景

世界卫生组织认为，公共卫生是一门通过有组织的社会活动来改善环境、预防疾病、延长生命及促进心理和躯体健康，并能发挥个人最大潜能的科学和艺术。[①] 美国耶鲁大学温思洛（Charles-Edward A. Winslow）教授认为，"公共卫生是通过有组织的社区努力以预防疾病、维护健康、延长寿命及提高效益的科学与艺术，包括防治传染性疾病，改善环境卫生，教育个人注意保持清洁卫生，指导医疗工作者对疾病进行早期确诊及防预治疗，并建立可以保障每个公民都达到健康生活水准的机制"。[②] 国际上一般认为，公共卫生与临床医学不同，涉及面更加广泛，包括生物、环境、社会文化、行为习惯等各方面社会因素造成的卫生安全问题。从上述定义可以看出，公共卫生是一项关乎社会大众健康的事业。大众健康涉及人的生老病死，"大健康"甚至可以包括健康管理、医药医疗、康复、养老等涉及生命周期的多个方面，但是公共卫生仅涉及健康事业的特定部分，即侧重通过各种手段来预防疾病的发生，因此与健康管理及医药医疗既有区别，也有内容上的交集。

我国并没有正式提出"公共卫生"的定义。2009 年，中华医学会首届全国公共卫生学术会议提出了我国公共卫生的 4 个任务，包括预防控制疾病与伤残、改善与健康相关的自然与社会环境、提供基本医疗卫生服务[③]、培养公众健康素养。在实践中，一些大学设置了公共卫生学院，如复旦大学公共卫生学院共设置营养与食品卫生教研室、社会医学教研室、预防医学与健康教育教研室、职业卫生与毒理学教研室、流行病学教研室、环境卫生教研室等。[④] 从上述内容可以看出，公共卫生的主要内容包括改善社会环境以增强前期预防和控制疾病的能力，并提供基本医疗卫生服务。

[①]　谭晓东、彭婴：《预防医学、公共卫生学科概念探讨》，《中国公共卫生》2015 年第 1 期，第 121 页。

[②]　冯显威、陈曼莉：《现代公共卫生的概念特征及发展方向研究》，《医学与哲学》2005 年第 8 期，第 11 页。

[③]　基本医疗服务一般是指采取基本药物、使用适宜技术及规范的诊疗程序，为急慢性疾病提供诊断、诊疗和康复的医疗服务。

[④]　复旦大学公共卫生学院官方网站，http://sph.fudan.edu.cn/ac/9。

随着近几年 SARS、三聚氰胺奶粉、双汇火腿瘦肉精、疫苗造假等突发公共卫生事件的发生，社会上对公共卫生服务的需求及关注度越来越高。然而，在国家卫生总费用中，用于医疗、临床疾病治疗等方面的费用远远超过预防服务。政府对各大医疗机构的财政投入明显高于对公共卫生服务的投入。中国在公共卫生领域也存在技术创新不足、基层服务能力不足、创新医药推广力度有限等问题。2018 年，中国发展研究基金会发布的《公共卫生领域的创新研究报告》显示，我国公共卫生领域面临诸多挑战，存在多种疾病威胁并存、多种健康影响因素交织的复杂局面，包括传染病发病率高，新病原体和新发传染病不断，慢性病基数大且发病率高等特点。[①]

为了应对上述挑战，政府已经在顶层设计上开始做出改变。2018 年，我国正式成立了中华人民共和国国家卫生健康委员会，明确提及政府职能的转变，委员会树立大卫生、大健康的观念，把以治病为中心转变为以人民健康为中心，更加注重预防为主和健康促进，为社会提供全方位、全周期的健康服务。公共卫生服务体系逐步完善。

二 社会公益领域的发展概况

在公共卫生领域，国家在 1998 年颁布了《中国预防与控制艾滋病中长期规划（1998~2010 年）》，首次提到"预防与控制艾滋病是一项刻不容缓、复杂而长期的艰巨任务，需要全社会参与并实施综合治理"。社会力量参与预防与控制艾滋病的工作有了法律基础。防艾工作一直是社会力量规模大且相对成熟的领域。近几年，国家又先后出台了《全国医疗卫生服务体系规划纲要（2015~2020 年）》《"健康中国 2030"规划纲要》，明确提出，促进全社会广泛参与，调动社会力量的积极性和创造性，为社会力量参与公共卫生服务创造较好的政策环境。

在公共卫生领域中，我国的社会力量主要关注以下方向：（1）传染性、非传染性疾病及慢性疾病防治，如 SARS、禽流感、艾滋病、血吸虫病、结核病、病毒性肝炎、非典型肺炎等；（2）因外部或职场环境问题带来的健康问题，如空气污染导致的人类呼吸道疾病、吸入生产性粉尘导致的尘肺病等；（3）地区贫困造成的公共卫生资源贫

① 金辉：《〈公共卫生领域的创新研究报告〉提出推进公共卫生领域四个方面创新》，http://dz.jjckb.cn/www/pages/webpage2009/html/2018-08/17/content_46161.htm，2018 年 8 月 17 日。

乏、条件落后等问题，如饮用水卫生；（4）因生活习惯带来的健康问题，如过量饮酒及滥用药物等；（5）在生产、加工、储存、分配和制作各环节中，食品及药品安全带来的健康问题，如疫苗造假。社会力量工作的受益对象包括儿童、妇女、青少年、老人、艾滋病患者、同性恋等各类群体。

三 社会公益领域的工作方法及典型案例

（一）硬件资助

社会力量为贫困地区捐赠环境卫生设施，致力于改善当地人的居住环境，预防疾病发生。所捐赠的卫生设施通常包括净水设施、化粪池、公共厕所、垃圾管道、废物箱、食品检测设备等。

壹基金："净水计划"

机构简介：壹基金是于2011年注册的中国民间公募基金会。机构专注于灾害救助、儿童关怀与发展、公益支持与创新三大领域。

项目介绍："净水计划"旨在保障农村地区儿童的饮水安全和卫生环境，改善儿童卫生健康习惯。项目包括净水计划、洗手计划、厕所计划三个子项目。通过联合社会组织、安全饮水专业人士及机构、爱心企业、权威检测机构、科研单位，项目为农村地区的学校提供净水设备、洗手台、卫生厕所等硬件设施。项目还结合儿童卫生健康教育，提升农村地区儿童的卫生健康意识，促进其养成良好的卫生健康习惯。[1]

（二）健康教育

健康教育是社会力量最常用的一种工作方法。健康教育包括心理咨询、知识宣讲、技能培训等内容，致力于通过改变个人的知识结构、信念、态度、价值观及技能，促进个人健康。另外，一些出版社通过出版疾病科普、康复知识等出版物普及疾病知识。

---

[1] 壹基金官方网站，http://www.onefoundation.cn/。

深圳市龙岗区彩虹社会工作服务中心：
"反毒大篷车"青少年移动禁毒教育基地

机构简介：深圳市龙岗区彩虹社会工作服务中心成立于2007年，是一家主要从事社会工作服务、培训、督导及研究的非营利性社会组织。服务中心重点为社区工作、学校工作、禁毒工作等提供服务，服务区域覆盖深圳市龙岗区、南山区、宝安区、罗湖区、福田区、盐田区、坪山区、龙华区和大鹏新区等。

项目介绍："反毒大篷车"旨在促进青少年全面深入了解毒品，让他们在参与过程中"零"距离知毒、识害、防毒、拒毒，为他们创造健康的成长环境。项目以"找出毒品的真相"为主题，将传统的禁毒教育基地转化为"移动的教育基地"，将禁毒教育基地搬到学校与社区。基地使用移动式伸缩帐篷，设置毒品毒具展示、视频播放、明星涉毒案件报道、心理学晕眩图片观摩、各类常见毒品介绍等环节，从听、说、看、体验四个维度让参观者零距离了解毒品，认识其危害。[①]

译林出版社：
《爱的讲述——文坛名家献给艾滋病防治事业的故事》利润捐赠活动

机构简介：译林出版社成立于1989年，是国家一级出版社，以世界文学为主要出书方向。机构秉承"译，传承，超越"的宗旨，恪守"用好书垒品牌、用品牌谋市场"的理念，已形成涵盖外国文学、华语原创文学、人文社科、英语教育、文化遗产及博物馆等领域的立体出版格局。

项目介绍：《爱的讲述——文坛名家献给艾滋病防治事业的故事》的作者是诺贝尔文学奖获得者、南非作家纳丁·戈迪默。这本短篇小说集由其授权免费出版，而各国出版商将利润捐献给艾滋病防治机构。译林出版社接受这本公益图书的中文翻译和出版工作，在国内开展艾滋病的预防教育，并将利润捐献给相关的防治艾滋病机构和组织。[②]

（三）救助患者

社会力量在公共卫生领域提供的救助主要包括资金救助、物资救助、医疗服务救

---

① 深圳市龙岗区彩虹社会工作服务中心官方网站，http://www.szch.org/。

② 译林出版社官方网站，http://www.yilin.com/。

助三个方面。资金救助一般指改善受助者健康或生活状态的直接资金支持;物资救助包括提供药品、安全套等改善健康所需的配套物料,如为了改善0~6岁儿童营养不良情况而发放的营养包;医疗服务救助包括医生巡诊、疾病筛查等,如北京生命绿洲公益服务中心的患者援助,北京新阳光慈善基金会的阳光骨髓库、联爱工程,北京春苗慈善基金会的医疗救助服务。

北京生命绿洲公益服务中心:"患者援助"

机构简介:北京生命绿洲公益服务中心是一家服务患者的社会组织,帮助罹患重大疾病及因病致贫、因病返贫的患者,让疾病治疗变得可及。机构的业务范围包括公益调研、健康教育、疾病管理、患者帮扶、社区服务、合作交流和接受捐赠。

项目介绍:"患者援助"以人人享有健康为目标,以维护患者健康权益为核心,通过多方共付的方式,即企业让利支持,基金会公益捐助,患者适度承担的共付机制,减轻困难患者的用药负担,促进我国医疗保障制度和大病救助体系的完善,实现社会公平。项目包括患者教育、资金募集、药品捐赠、医生寻访等工作。[1]

(四)检验及监测

社会力量常年驻扎基层,了解基层情况。通过所掌握的第一手信息,社会力量可以灵敏地发现潜伏的公共卫生威胁从而避免其扩大,如重大传染性疫情以及有毒有害产品等。

杭州老爸评测科技有限公司:"DADDYLAB"

机构简介:杭州老爸评测科技有限公司成立于2015年,是一家结合移动互联网、自媒体、众筹检测、合格产品团购电商等多方资源的跨界公司。机构秉承让孩子们远离有毒有害产品的理念,是一家专注于解决有毒有害产品问题的社会企业。

项目介绍:"DADDYLAB"旨在将检测和认证的价值通过互联网传递给消费者,成为民间认可的安全放心标志。项目依据欧盟REACH(REACH为化学品注

---

[1] 北京生命绿洲公益服务中心官方网站,https://www.ilvzhou.com/。

册、评估、许可和限制的英文缩写）法规，和其他发达国家消费品安全风险监测标准及评估准则，以家长参与互联网众筹的模式，对市售产品进行调查和检测，发现生活中的有毒有害产品，推动国家产品标准体系，尤其是儿童产品标准的建设。①

（五）人才培养

受"重临床，轻预防"的思想影响，我国疾病预防和控制系统管理的队伍素质有待提高，人才供需极度不平衡。2017年的一份研究显示，在全国疾病预防控制机构中，35岁以下人员占39.4%，低于全国临床和卫生技术人员53.1%的平均值；中专及中专以下学历者占50%以上，越往西部，学历整体水平越低。在39个法定传染病病种研究中，有一半以上专业没有学科带头人，从事慢性非传染性疾病的专业人员也严重不足。全国多数疾病控制机构甚至没有独立的食品卫生科室。

中国性病艾滋病防治协会：
"艾滋病领域中青年医生培训班"

机构简介：中国性病艾滋病防治协会成立于1993年，由从事性病艾滋病防治工作相关的社会组织组成。机构坚持独立自主的办会原则，联合社会力量贯彻落实国家相关政策和措施，配合政府部门开展艾滋病性病防治工作，保障人民群众身体健康，促进社会的和谐、稳定。

项目介绍："艾滋病领域中青年医生培训班"旨在提高艾滋病防治领域中青年医生的艾滋病临床治疗、沟通、写作等能力。项目集理论、技能、案例研讨和角色扮演于一体，通过讲授、活动、总结环节穿插的形式进行培训，既提高广大参训医生的积极性，又强化学习效果。培训班邀请国内知名的艾滋病临床专家、演讲技巧和写作培训的专业团队授课。培训的内容主要包括艾滋病临床治疗、科研设计、论文写作、演讲等。②

（六）学术研究

由于涉及面广，公共卫生领域需要大量的跨学科研究，而前期政府重视度不够，

① 杭州老爸评测科技有限公司官方网站，https://daddylab.com/index。
② 中国性病艾滋病防治协会官方网站，http://www.aids.org.cn/。

该领域存在大量的学术空白。社会力量在各自的专业领域内出具研究报告以支持政府的政策决定。

健康、环境与发展论坛："课程网"

机构简介：健康、环境与发展论坛于2008年成立，旨在为研究者、决策者、非政府组织及其他在环境、健康与发展领域工作的人员提供一个持续交流的平台。论坛的成员来自各省的大学和研究机构，涉及相关学科和政策体系。

项目介绍：项目作为环境健康领域的在线知识枢纽，让不同学科和职业人士分享研究成果、领域信息和科普资料。项目内容包括研发适合中国背景与现状并可以用于不同类型的与环境、健康和发展相关的大学课程材料。项目致力于建立一个高等教育机构的教师与工作人员交流的跨学科网络，鼓励大学与地方社区之间开展合作，以应对当地的环境与健康问题。[1]

（七）药物和技术研发

从20世纪70年代至2019年，全球上市的新药大概有1500个，其中针对传染性疾病的药物不到20个[2]。在公共卫生领域的药品研发不仅是中国面临的问题，也同样是全球所面对的。在食品卫生领域，食源性、生物源疾病等领域也尚欠缺研究。除了新的药物研发之外，食品产业链的管控和监测技术等食品安全关键技术有待提升。由于药物和技术研发都需要投入巨大的人力及资金，目前涉及此工作内容的社会力量并不多，其背后通常会有大型药企或基金会支持。

全球健康药物研发中心："REFRAME化合物库"

机构简介：全球健康药物研发中心成立于2016年，关注全球健康问题，致力于发展生物医药研究与开发能力，建设新药研发和转化的创新平台，为应对发展中国家面临的突出疾病挑战做出贡献。该中心是国内科技领域首个采用政府和社会资本合作模式的民办非企业单位。

---

① 健康、环境与发展论坛官方网站，http://www.forhead.org/。
② 周亦川：《"不挣钱"的传染病药物研发，需全社会共同提供支持》，https://www.sohu.com/a/298012709_128505，2019年2月27日。

项目介绍："REFRAME化合物库"是一种促进药物研发的高效筛选机制。完整、综合的REFRAME化合物库,将极大地提高新药研发的速度,实现高价值的筛选分析,对缺少先导化合物的治疗领域更是极为有益。机构正在建立相关制度体系,用于筛选和共享该化合物库,让所有致力于解决全球健康领域迫切需求的科研人员能够有机会通过全球通道使用REFRAME化合物库。①

第七节　性别平等

一　问题和背景

性别一般分为两种,一种是生理性别,指男女生理结构方面的差异;另一种为社会性别,指因为社会传统文化而形成的固化角色定位。从定义出发,性别平等又有两种含义,一种等同于男女平等,另一种是突破了非男即女的二元结构,向性别多元化发展,涵盖男女同性恋、双性恋及变性人等群体。近几年,社会对性取向已经采取了更加宽容的态度,但主流的性别平等观点也只限于生理性别认识。2015年,联合国可持续发展峰会确定了17个可持续发展目标,旨在从2015~2030年以综合方式解决社会、经济和环境三个维度的发展问题,转向可持续发展道路。其中第五项目标致力于实现性别平等,为所有妇女和女童赋权。现阶段,中国对性别平等的理解停留在生理性别层面,这可以从众多国家法律文件中推知。我国宪法第四十八条提到:"中华人民共和国妇女在政治的、经济的、文化的、社会的和家庭的生活等各方面享有同男子平等的权利。"在宪法基础上国家又出台了《中华人民共和国妇女权益保障法》《女职工劳动保护特别规定》等有关妇女权利保障的众多法律法规。中国对于同性恋、双性恋、跨性别等群体尚缺乏相关的法律政策。在刑事权利方面,法律将强奸明确定义为针对女性的行为,而缺乏对LGBT群体②的敲诈和暴力行为的

---

① 全球健康药物研发中心官方网站,http://www.ghddi.org/。
② 女同性恋者(Lesbian)、男同性恋者(Gay)、双性恋者(Bisexual)、跨性别者(Transgender)的英文首字母缩略字是LBGT。

法律保护等。①

社会对男女平等的关注始于新中国成立初期，但是男女平等真正成为我国的一项基本国策是在 1995 年北京世界妇女大会之后。目前，中国共颁布了 22 部与男女平等相关的法律法规，主要集中在教育发展、劳动就业、婚姻家庭、人口生育四个领域。除此之外，中国也是妇女公约的最早缔约国之一，自 1995 年之后，中国先后三次向联合国消除对妇女歧视委员会递交履行公约的国家报告。但是从具体执行效果来看，我国男女平等状况并不尽如人意。2018 年 12 月，世界经济论坛发布《全球性别差距报告》，从男女间在经济地位、受教育程度、政治赋权及健康生存状况四个方面，对全世界 149 个国家的综合性别平等水平进行评估。中国总体排名从 2008 年起持续下降，到 2018 年排名降至第 103 位。②2018 年的分项排名分别为：经济参与机会第 86 位，教育程度第 111 位，健康与生存指数第 149 位，政治赋权第 78 位。③

性别平等的实现不仅仅是将与此相关的权益写入政策并落实，更重要的是将性别平等观点纳入社会政策的设计、检查和评估的全过程。中国目前在政策落实上仍存在诸多问题。性别平等仅作为政策原则分散在各项法律政策中，而缺少具有操作性的规定，如我国宪法规定了男女拥有同等的选举权与被选举权，《中华人民共和国就业促进法》规定了劳动者在就业时不因民族、种族、性别、宗教信仰等不同而受到歧视，但是这些规定没有具体制约。这种状况势必导致性别平等在具体执行层面全面瘫痪。直至 2015 年，中国通过《中华人民共和国反家庭暴力法》，才正式开启性别平等的专项立法进程。现有政策长期关注的是以妇女生育为主的生理权利，而较少关注参政议政、就业等相关社会权利。

2015 年，国务院发布的《中国性别平等与妇女发展》详细介绍了中国过去 20 年所取得的成就，展示维度是妇女权益的历时比较。但是从性别平等角度来看，男女比

---

① 联合国开发计划署：《"亚洲同志"项目中国国别报告》，https://www.undp.org/content/dam/china/docs/Publications/UNDP-CH-PEG-Being%20LGBT%20in%20Asia%20China%20Country%20Report-CN.pdf。该报告概述了中国 LGBT 群体在法律、政策、社会及文化态度等领域，特别是在就业、教育、健康、家庭、媒体与技术、社区发展等方面的权利状况。
② 2008 年第 57 位，2009 年第 60 位，2010~2011 年第 61 位，2012~2013 年第 69 位，2014 年第 87 位，2015 年第 91 位，2016 年第 99 位，2017 年第 100 位，2018 年第 103 位。
③ 徐枣枣：《"喜提"十连跌？中国性别平等 2008~2018》，https://mp.weixin.qq.com/s/KDh4z4vLO6sU3Vp60AugOw，2018 年 12 月 19 日。

较的数据更能说明问题。《全球性别差异报告》提到，在医疗水平上升和全球预期寿命普遍上升的趋势下，中国男性的平均预期寿命增加了0.3年，而女性的预期寿命却减少了0.2年；中国女性人大代表仅占比24.9%，而男性占比75.1%；女性和男性的同工薪资比约为64%，而女性比男性每日工作时长多约44分钟，这意味着女性需要承担更多工作才能拿到同样的薪资。另外，女性还承担了更多因家务和照料等产生的无偿工作，约是男性的2.36倍。[①] 这些数据正说明了中国的性别平等之路仍然任重而道远。

二　社会公益领域的发展概况

与性别平等相关的社会力量发展比较早，早期主要以单纯的学术研究和推广为主，其参与人大多曾就职于与妇女工作相关的体制内机构，因此与政府的关系非常密切，往往与政府合作开展基层的试点和实践工作，并据此向政府提交试点报告，推动政策出台。另外，由于国内资助型的基金会发展有限，女性及性别领域的资金主要来源于国际机构资助。

随着性别平等思想的深入，大多数社会力量都转向了行动研究，面向女性开展众多项目，涉及领域包括政治参与、教育、就业、家庭暴力、土地与婚姻权益、性交易、艾滋病、同性恋等。而在早期，受到政府及政策偏好的影响，如性交易、同性恋等敏感议题是无法展开的。

目前，虽然国家鼓励社会力量参与性别平等工作，如《中国妇女发展纲要（2011~2020年）》及《中国儿童发展纲要（2011~2020年）》都提到了倡导社会力量参与，但该领域发展并不算顺畅，在资金方面面临很大挑战。一方面，资助性别领域的国内基金会凤毛麟角，而自2008年起，中国对境外资金严格管控，该领域的国际资金来源基本停滞。另一方面，政府购买基本公共服务项目的分类中又没有专门针对性别平等和妇女赋权，这意味着该领域的项目只能依托儿童教育、养老等服务才具备申请政府购买社会服务的资格。社会力量如何在中国的性别平等方面发挥更大的作用有待探索。

---

① 徐枣枣：《"喜提"十连跌？中国性别平等2008~2018》，https://mp.weixin.qq.com/s/KDh4z4vLO6sU3Vp60AugOw，2018年12月19日。

三 社会公益领域的工作方法及典型案例

（一）情绪支持

2018 年发布的《全球性别差距报告》提到，中国女性的故意伤害死亡率及自杀率为男性的 1.12 倍。另有数据显示，82% 的女性生活在沉重的压力之中。[①] 女性心理健康亟待社会关注。社会力量通过缓解女性心理压力来疏导她们的情绪，提供情感支持。

北京红枫妇女心理咨询服务中心："红枫妇女热线"

机构简介：北京红枫妇女心理咨询服务中心成立于1988年，是中国第一家民间妇女组织，由妇女问题专家王行娟及一些热心妇女事业的知识女性自愿组织成立。红枫中心旨在用专业化的心理社会服务，维护妇女儿童的合法权益。

项目介绍："红枫妇女热线"旨在促进女性心理成长。热线对女性的心理咨询服务是全方位的，对女性不同生命周期的不同问题，都尽量给予辅导，设置了老年知心热线，专门为老年女性服务，开通了反对家庭暴力专线，为受虐女性服务。此外，特设的专家热线，包括法律专线、婚姻家庭问题专线、女性健康专线、性问题专线、心理问题专线和婚姻修复专线，由不同专家在线上服务。[②]

（二）个案干预

由于家庭暴力、性骚扰、婚姻关系等问题具有一定隐私性，女性更希望采取相对不公开的方式处理。2017 年，"广州性别教育中心"发布的《中国大学在校和毕业生遭遇性骚扰状况调查》显示，每发生 100 起性骚扰事件，只有不到 4 起的当事人会报告学校或者警察，而近五成的人选择沉默和忍耐，不知道如何反抗和应对性骚扰。[③]所以社会力量除了在情感上给予支持之外，也会针对个案开展行动。

[①] 徐枣枣：《"喜提"十连跌？中国性别平等 2008~2018》，https://mp.weixin.qq.com/s/KDh4z4vLO6sU3Vp60AugOw，2018年 12 月 19 日。

[②] 北京红枫妇女心理咨询服务中心官方网站，http://www.maple.org.cn/。

[③] 陈莉雅：《发布高校性骚扰报告之后，她成立了广州性别中心，她会遇到多少挑战？》，https://mp.weixin.qq.com/s/hsjHmf7c6VkIqrdGeZw1aw，2018 年 2 月 8 日。

同语："彩虹暴力终结所"

机构简介：同语成立于2005年，关注在性倾向、性别身份与性别表达上遭受歧视和暴力的群体，旨在通过社群培力、援助服务、公众教育和政策倡导，促进公众对多元性别的认知，消除歧视和暴力，争取平等权益。

项目介绍："彩虹暴力终结所"旨在为性和性别少数社群提供性别暴力直接干预服务，提高社群伙伴反抗暴力的意识和能力，同时提升直接服务者的家暴干预技能。项目为家暴受害者提供包括个案服务、电话及网络在线咨询、服务者培训、伙伴成长小组、社群沙龙等集倡导与资源整合为一体的服务。[①]

（三）农村妇女赋能

在中国，目前从事农业生产的群体主要是"613899"群体。[②] 妇女是现阶段中国农业生产和农村发展的关键力量。联合国大会认为，农村妇女在自己的家庭和社区中扮演着极其重要的角色。妇女是推动乡村社区发展至关重要的力量。农村妇女经济能力的提高有助于改善农村社区的发展状况。

广东绿芽乡村妇女发展基金会："绿芽乡伴"

机构简介：广东绿芽乡村妇女发展基金会成立于 2013 年，是全国首家致力于乡村妇女发展的非公募基金会。基金会从文化生活、健康卫生、权益保障、能力建设等方面关注乡村妇女的发展，通过资助或者执行相关项目，为乡村妇女改善生活状况、发挥潜能、参与公共事务等提供资源条件及行动支持。

项目介绍："绿芽乡伴"旨在挖掘农村妇女骨干、搭建农村妇女社群网络、培育农村妇女自组织，通过农村妇女的力量应对乡村社区的发展问题，让乡村成为美好生活的一种选择，帮助她们获得自主、平等、幸福的生活。 项目内容包括"绿芽农家女"及"半乡学堂"两个内容。"绿芽农家女"为广大乡村妇女骨干打造可以相互交流、学习、合作、互助及开展实践行动的社群网

---

① 同语官方网站，http://www.tongyulala.org/。
② "61"是国际儿童节，指儿童；"38"是国际妇女节，指妇女；"99"是重阳节，指老人。

络。"半乡学堂"为以乡村妇女为主体的自组织或有意愿推动乡村妇女发展的在地力量，提供一年5万~15万元项目资助。[①]

（四）支持女性就业

女性在就业方面比男性面临更多挑战，尤其是育儿歧视，如哺乳期间女性受到的晋升、薪酬等方面限制。在哺乳期之后，职场女性还需要平衡家庭与工作的关系。除此之外，女性还面临性骚扰、年龄歧视等问题。面对这些挑战，社会力量致力于改善女性就业环境及提供就业指导等服务。例如，上海市闸北区促进妇女就业服务中心为妇女提供职业介绍和培训，开展妇女就业岗位咨询和服务。广州市海珠区母乳爱公益服务中心倡导在公共场所为哺乳期的母亲建设母婴室。

广州市海珠区母乳爱公益服务中心：

"给母爱一个空间——公共场所母婴室建设"

机构简介：广州市海珠区母乳爱公益服务中心成立于2015年，致力于推广母乳喂养和母乳捐赠。机构拥有近1000位来自全国及海外的志愿者，举办过百场不同形式的公益课堂及公益活动，传播母乳喂养和科学育儿知识。

项目介绍："给母爱一个空间——公共场所母婴室建设"项目旨在满足婴幼儿的哺乳、护理及母婴休息等各种基本需求。项目借助公共场所建立的标准配置的母婴室，结合母乳喂养哺乳空间、婴儿护理区、喂食区及休息区等整体空间，为家庭婴幼儿出行提供便捷舒心的公益服务，给予女性更多的尊重。该项目设定了公共场所及职场环境的母婴室配置标准，并分为基础版、标准版、升级版，作为新建母婴室的参考。同时，项目也制定了一套母婴室服务评估的监管机制。[②]

（五）法律服务

此类社会力量以专职或志愿律师为主要成员，为权益受到损害的妇女、女童及其他性别群体提供法律咨询和个案法律援助，维护受害人权利。

---

① 广东省绿芽乡村妇女发展基金会官方网站，http://www.ruralwomengd.org。

② 《"给母爱一个空间——公共场所母婴室建设"项目介绍》，http://www.haogongyi.org.cn。

千千律师事务所："法律咨询与援助"

机构简介：千千律师事务所前身为北京大学法学院妇女法律研究与服务中心，于2009年成立。律所以专职律师开展公益法律服务活动为特色和模式，改善包括妇女、儿童、老年人、残障人和农民工等广大弱势群体权益状况，推动公益法律援助事业的发展，改革和完善相关法律法规。

项目介绍："法律咨询与援助"业务致力于改善广大弱势群体权益状况。千千律所及其前身北大妇女法律中心通过来电、来访、邮件、网络、普法进社区等方式向全国提供免费法律咨询服务，并通过单独或与各地志愿律师合作承办等方式，探索跨区域、联动性、规模化的办案方式。[①]

（六）公众教育

社会力量开展面向公众的公开活动，通过公众宣传活动，提高社会性别意识。例如，同语挖掘和培养青年人积极参与公益，共同推动多元性别平等教育，营造友善校园环境。

同语："多元性别教育"

机构简介：同语成立于2005年，关注中国在性倾向、性别身份与性别表达上遭受歧视和暴力的群体，旨在通过社群培力、援助服务、公众教育和政策倡导，促进公众对多元性别的认知，消除歧视和暴力，争取平等权益。

项目介绍：通过在校园中组织讲座、分享故事、参与式课堂等丰富多彩的形式，"多元性别教育"项目向学生普及多元性别知识、多元性别法律、多元性别与交叉议题、LGBT人群生存现状等。项目旨在培养青年人自发组织多元性别活动的能力。[②]

（七）研究与倡导

由于国内性别平等的具体落实情况并不乐观，仅从主流的男女平等角度来看，仍有大量的政策空白，而涉及LGBT群体的法律和政策更是缺失。社会力量基于各自的实践研究，就性别平等提出政策建议。

[①]　千千律师事务所官方网站，http://www.woman-legalaid.org.cn。

[②]　同语官方网站，http://www.tongyulala.org/。

北京市源众家庭与社区发展服务中心："立法倡导"

机构简介：北京市源众家庭与社区发展服务中心成立于2015年，致力于婚姻家庭建设和社区发展。机构保护妇女、儿童、老年人等弱势群体权益，为他们提供法律、心理、社工等服务，构建了一体化的综合支持服务体系。

项目介绍：立法倡导一直是机构的重要工作领域，机构把倡导和服务相结合作为重要的工作模式。在《中华人民共和国刑法修正案（九）》《中华人民共和国反家庭暴力法》《女职工劳动保护特别规定》等的起草、修改或出台阶段，机构都积极参与相关法律的倡导、修改建议等工作。[①]

（八）性别发声平台

目前，在政策制定过程中，社会力量的参与机制并不完善。中国妇女联合会侧重于执行政策，而作为最有机会影响决策的机构所发挥的作用有限。女性发声的渠道亟须拓展，这也促成民间以"女性发声"为宗旨的社会力量出现，如女声网、新媒体女性网络、尖椒部落等。

尖椒部落："女工说"

机构简介：尖椒部落成立于2004年，机构致力于打造女工权益与生活资讯平台。

项目介绍："女工说"为女性发声提供公共平台。女性工作者可以通过在网站、微信公众号、QQ、今日头条、豆瓣等23个内容发布平台，邀请网络原创作者针对女性打工者的新闻或时事热点发表观点及看法。[②]

第八节 文化保护与发展

一 问题和背景

中国文化事业的发展围绕文化产业和公共文化服务两个概念展开。与文化产业相

---

① 北京市源众家庭与社区发展服务中心官方微信（微信公众号：bjyuanzhong）。

② 尖椒部落官方网站，http://www.jianjiaobuluo.com/。

比，公共文化服务的概念提出较晚。2000年之前，文化产品由政府主导和供给，国家供给和政府操办是这个阶段的主要特征。2003年，《文化部关于支持和促进文化产业发展的若干意见》提到，文化产业是从事文化产品生产和提供文化服务的经营性行业，如生产与销售图书、报刊、影视、音像制品、演出、体育、文化旅游等行业。文化产业成为独立概念，国家准许市场进入文化领域。2005年，《中共中央关于制定国民经济和社会发展第十一个五年规划的建议》首次提出"加大政府对文化事业的投入，逐步形成覆盖全社会的比较完备的公共文化服务体系"。公共文化服务概念被正式提出。从概念的表述上来看，后者强调文化的公共属性，具有公益性质，与经营性的文化产业相对应。公共文化服务是一种普惠的文化，不是面向特殊个体，而是面向大众。

目前，我国的公共文化服务领域主要分为四个部分：其一，文化基础设施类，如图书馆、文化馆、美术馆等；其二，体系筹建设类，如国家产业规划、政策研究等；其三，传统文化传承类，包括传统文化的扶持、发展、传承等问题；其四，文化遗产保护类，包括文化遗产的保护、管理、申报等。其中，基础设施类和体系筹建设类占比较大。①

近十年来，政府逐渐加大对该领域的建设力度，增加对公共文化服务领域的财政投入，推动以农家书屋为代表的惠民工程，通过春雨工程这类特殊项目提升贫困地区的公共文化服务水平。然而我国长时期关注的是物质及政治文明的建设，在公共文化服务建设方面仍然较为滞后。我国在文化发展上的财政投入明显偏少。2018年财政部统计的全国各个社会事业的数据显示，文化体育与传媒支出为3522亿元，增长3.7%，在10项主要支出项目中排名最后，且增速最低。②另外，我国在文化领域的相关法律法规屈指可数，仅占全部法律法规的1.7%③，包括《中华人民共和国公共文化服务保障法》(2017)、《中华人民共和国文物保护法》(2002)、《中华人民共和国非物质文化遗产法》(2011)、《中华人民共和国公共图书馆法》(2017)、《博物馆条例》

---

① 曹树金等：《我国公共文化服务政策演进（2009~2018）》，《图书馆论坛》2019年第9期，第45页。
② 《2018年财政收支情况》，http://gks.mof.gov.cn/zhengfuxinxi/tongjishuju/201901/t20190123_3131221.html，2019年1月23日。
③ 魏晓阳：《构建中国特色社会主义文化法律体系》，http://www.cssn.cn/xspj/xspj/201703/t20170301_3436344.shtml，2017年3月1日。

（2015）、《文物保护法实施条例》（2003）、《博物馆管理办法》（2005）。这些法律法规从国家兴办文化事业的角度进行规范，而面对多样化的文化产品及服务需求，该领域存在大量法律空白。除了供给不足之外，现有的公共服务质量不高、供给不平衡的问题比较突出。公共文化服务领域的城乡、区域、人群差异仍然比较明显。2017年，东、中、西部地区文化单位的文化事业费占比分别为44.6%、24.9%、27%，其中东部地区明显高于中西部地区。[①] 再次以农家书屋为例，农家书屋是国家财政支持的重大惠民工程，在过去几年里，农家书屋的建成率非常高。截至2012年，农家书屋共建60万家，覆盖了全国有基本条件的行政村。截至2012年底，全国累计投入资金124亿元，其中中央财政下拨资金58.56亿元。全国共计配送图书9.4亿册、报刊4780万份、音像制品和电子出版物1.2亿张。[②] 然而在2014年，《光明日报》记者和大学生志愿者组成的调查组走访了14个行政村，其中11个村的农家书屋不是大门紧闭就是无人问津，另外，农家书屋的图书配置和管理也存在诸多问题。[③] 公共文化服务领域供给不足，而以政府为主导的公共服务效能又不高，现状亟待改善。

二 社会公益领域的发展概况

我国对社会力量与公共文化服务关系的理解有明显的递进过程。2011年，中共十七届六中全会阐明了建设公共文化服务体系的要求，"要以公共财政为支撑，以公益性文化单位为骨干，以全体人民为服务对象，以保障人民群众看电视、听广播、读书看报、进行公共文化鉴赏、参与公共文化活动等基本文化权益为主要内容，完善覆盖城乡、结构合理、功能健全、实用高效的公共文化服务体系"。从这个表述可以看出，此时我国对公共文化服务体系的认识还停留在以政府财政为支撑的层面。公共文化服务主要包括国家兴办的文化事业，如图书馆、博物馆、美术馆等公共文化基础设施，以及国家财政保障的文化产品和文化活动等。但是自2013年起，社会力量参与公共文化服务的相关表述频繁出现在国家的政策及法律文件中，《关于做好政府向社会力量购买公共文化服务工作的意见》（2015）明确提出公共文化服务的购买主体责任及购买内容，《关于加快

---

① 《中华人民共和国文化部2016年文化发展统计公报》，http://www.xinhuanet.com/culture/2017-05/18/c_1120994698.htm，2017年5月18日。

② 中国新闻出版研究院：《农家书屋工程建设评估》，2012，第5页。

③ 王莹霜：《我国现代文化公共服务体系建设问题研究》，黑龙江大学硕士学位论文，2018，第57~59页。

构建现代公共文化服务体系的意见》（2015）提出鼓励和引导社会力量参与的九项具体措施。2017年，《中华人民共和国公共文化服务保障法》更是从法律层面重新界定了公共文化服务的概念，指出公共文化服务是由政府主导、社会力量参与，以满足公民基本文化需求为主要目的而提供的公共文化设施、文化产品、文化活动以及其他相关服务。社会力量已经成为公共文化服务概念中的应有之义，具有合法的地位和保障。

相较于文化产业的逐利性以及行政供给的宏观性，具有公益性的社会力量在公共文化服务中发挥着不可替代的作用，以下以文物保护为例。我国文物保护工作是各级政府的法定职责，但全国2853个县之中单设文物局的很少。文物保护工作或由其他部门的领导干部兼管，或没有行政管理部门，甚至没有文物管理所。另外，很多基层文管所和县博物馆的人员很少，专业人员比例很低。[①]社会力量参与文物保护已是迫在眉睫。与政府在前述公共文化服务领域四个部分中更多投入文化基础设施类和体系统筹建设类相反，社会力量更多聚焦传统文化传承及文化遗产保护两个领域。

三　社会公益领域的工作方法及典型案例

（一）文化推广

文化推广以支持艺术家、艺术团队、艺术作品等为主，通过支持专业团队的文化创作和表演，促进艺术交流，吸引大众关注，如蓬蒿剧场。大部分支持方式是以资金为主，如北京荷风艺术基金会、北京书院中国文化发展基金会等，少部分是以低于市场价格的场地费支持艺术团体表演，或出品艺术作品。

蓬蒿剧场："北京南锣鼓巷戏剧节"

机构简介：蓬蒿剧场成立于2008年，是北京第一家民间非营利性小剧场。蓬蒿剧场是场制合一的剧场，同时具备制作、创作、出品的资格和能力。蓬蒿剧场试图建立一个有机、生态型的剧场，推动国内戏剧创作者及与国际联合制作戏剧，开展国内或国际讲座、沙龙、工作坊及论坛等活动。

项目介绍："北京南锣鼓巷戏剧节"通过邀请国内外优秀、前沿的剧场作

---

① 励小捷：《励小捷的深度思考：社会力量如何参与文物保护》，https://www.sohu.com/a/118282267_488370，2016年11月7日。

品演出，建立国际戏剧交流平台，促进戏剧创作的深度交流。该项目是北京第一个由民间剧场发起主办、政府支持举办的国际戏剧节，至今共举办9届。每界戏剧节都设置不同单元，开展高密度的戏剧工作坊、思想与实践分享、剧场论坛等活动。[1]

（二）文化普及

文化普及旨在提高全社会参与艺术的意识，通过图书馆、阅读推广、移动电影院、文化展览、文化旅游等方式，提高公众的艺术欣赏水平及审美能力。例如，北京荷风公益基金会举办董小华工笔画展荷风公益专场、2018雄安新区音乐会等。长江出版社的"世界文明摇篮丛书""CCTV博览天下丛书""中华长江文化大系"等，记载和传播中国或世界文化。华谊兄弟公益基金会的零钱电影院让贫困儿童免费看到好电影。

华谊兄弟公益基金："零钱电影院"

机构简介：华谊兄弟公益基金成立于2011年，是由华谊兄弟的明星和员工共同发起，在中华思源工程扶贫基金会的支持和管理下设立的公募专项公益基金。该基金致力于让越来越多的贫困儿童免费看到好电影。

项目介绍："零钱电影院"用电影陪伴孩子们的童年，唤醒社会对留守儿童的重视，关注儿童精神世界的发展。零钱电影院的标准设计一般为一间大教室，里面有小树装饰的大门、草绿色的墙壁、白色的天花板、生动活泼的装饰画、特别设计制作的儿童观影桌椅，符合孩子们的视觉喜好。"零钱电影院"由华谊兄弟公益基金提供片源，让贫困儿童通过电影及电影分享课，快乐、轻松地获得课本外的知识，开拓贫困儿童的视野。[2]

（三）传统文化的保护与传承

中国文化遗产保护面临人力及资金的挑战，也是社会公益领域中社会力量涉及较多的部分。在社会公益领域中，传统文化保护与传承的方式多样，主要包括数字记

---

[1]　北京蓬蒿剧场官方微信（微信公众号：penghaojuchang2008）。

[2]　《从"零钱电影院"到"公益幼儿园"，华谊6年公益之路》，https://baijiahao.baidu.com/s?id=1573796831815851&wfr=spider&for=pc，2017年7月24日。

录、文字出版及定期巡查等，如佳能通过影像记录、希捷通过数字化手段记录、云南乡村之眼乡土文化研究中心通过拍摄纪录片保存、贵州薪火基金会通过文字记载并出版传统文化内容，重庆市南岸区巴渝公益发展中心组织志愿者对生活区域内的文化遗产进行定期巡查。

重庆市南岸区巴渝公益发展中心："出版文化出版物"

机构简介：重庆市南岸区巴渝公益发展中心成立于2011年，下设重庆市文物保护志愿者服务队、中国古村之友（重庆）、重庆老街历史文化总群三支队伍，有全职工作人员7人，注册志愿者238人，核心志愿者2334人。机构是重庆唯一一家以传承与发展巴渝文化，普及传播重庆的历史文化，保护重庆文物为使命的社会组织。

项目介绍：重庆市南岸区巴渝公益发展中心以打造属于重庆的独家记忆为出发点出版文化出版物。机构从成立之初发起志愿者的"扫街行动"，志愿者将看到的文物、老街以图片或文字的形式上传至群社区。通过此行动，机构整理出有价值的文化历史内容，并出版文化传播物。机构已经众筹众编《老重庆历史年鉴2011~2013》《老重庆历史年鉴2014~2016》《老重庆记忆路书》和重庆记忆明信片等出版物。[1]

除了上述几种工作方法之外，大量机构以艺术教育为主要工作方法，如广州市天河区小匡艺术促进中心、北京荷风公益基金会、蒲公英公益发展中心、heArtS心公艺等。由于有些机构仅将艺术作为工作方法，而以教育、助残等为最终目标，因此这些机构在其他相应章节中介绍，在此不赘述。

第九节　"三农"服务

一　问题和背景

"三农"问题一直是中国发展所面临的最大挑战之一。从1982年至今，中央发布

---

[1]　华龙网：《重庆市南岸区巴渝公益发展中心》，http://gongyi.cqnews.net/column/2018−08/14/c_50020150.htm，2018年8月14日。

了 22 份以"三农"为主题的中央一号文件①，可见其在国家发展中的重要地位。"三农"问题包括农业、农村和农民问题。中国的农村改革于 1978 年后的 40 余年间一直持续，"三农"问题始终是影响国家发展的重要因素。

农村改革历程主要可以划分为四个阶段（见图 2-4）。② 第一阶段为 1978~1988 年，主要以推行家庭联产承包责任制为主，确定了以家庭承包经营为基础，统分结合、双层经营的农村基本经营制度，此制度放松了对农户经营的限制，终结了农村人民公社体制。第二阶段是从 1989 年至 20 世纪 90 年代中后期，农村改革以"城市思维""水泥思维"为导向，改革目标是解决温饱问题，提高农民收入是重要的衡量指标，大力兴办乡镇企业、让农民进城是主要手段。此阶段后期出现乡镇企业衰落、城乡差距拉大、群体事件增加的态势，"三农"问题更加严重。改革开始走向第三阶段。20 世纪 90 年代后期至 2017 年是中国政策的调整期，新农村建设的理念成为改革方向。按照"生产发展、生活富裕、乡风文明、村容整洁、管理民主"的要求，政府采取了一系列社会经济政策，如取消农业税费、建设农村社会保障制度、给予农业优惠政策等。从政策的转向可以看出，国家对改革提出了更加全面的要求。这一时期，上一阶段导致的社会经济问题持续恶化。截至 2017 年底，我国户籍人口的城镇化率为 42.35%，比常住人口的城镇化率 58.52% 低约 16 个百分点，这意味着约 2.3 亿农业户籍的人口虽然在城镇居住和生活③，但是尚未落户。人口流动带来了诸多问题，如农民工的社会保障问题④、留守儿童及老人数量增加⑤、国家粮食安全⑥、环境恶化⑦、性别失调⑧等。而对于城市而言，人口过剩与资源环境之间的矛盾更加凸显。第四阶段开启的正式标志是 2017 年实施的乡村振兴战略。十九大报告提出"农业农村农民问题是关系国计民生的根本性问题，

---

① 1982~1986 年中央连续五年发布指导"三农"工作的一号文件，间隔 18 年之后，2004 年又开始持续发布。

② 参照魏后凯、刘长全《中国农村改革的基本脉络、经验与展望》，《中国农村经济》2019 年第 2 期，第 4~20 页。

③ 国家统计局：《中华人民共和国 2017 年国民经济和社会发展统计公报》，http://www.stats.gov.cn/tjsj/zxfb/201802/t20180228_1585631.html，2018 年 2 月 28 日。

④ 林辉煌、贺雪峰：《中国城乡二元结构：从"剥削型"到"保护型"》，《北京工业大学学报》2016 年第 6 期，第 1~10 页。

⑤ 陆弃：《中国留守儿童现状：有的被侮辱，有的被性侵，遭遇危险的同时也在制造危险》，http://www.chinadevelopmentbrief.org.cn/news-21201.html，2018 年 4 月 17 日。

⑥ 李昌平：《农村改革发展的主要问题和政策选择》，《中国乡村发现》2015 年第 1 期，第 45~50 页。

⑦ 《意识薄弱资金短缺　城市污染转移农村的环保困境》，http://www.chinadevelopmentbrief.org.cn/news-4624.html，2012 年 1 月 30 日。

⑧ 辛允星：《男女比例失调，农村'光棍危机'有多严重？》，http://www.chinadevelopmentbrief.org.cn/news-21954.html。2018 年 9 月 19 日。

必须始终把解决好'三农'问题作为全党工作的重中之重，实施乡村振兴战略"。乡村振兴战略被认为是新农村建设的 2.0 版本，提出了"产业兴旺、生态宜居、乡风文明、治理有效、生活富裕"。[①] 这一战略改变了一味追求经济增长的政策导向，着力全面解决发展不平衡及不充分的问题，涉及经济、社会、文化等多维度建设。同时，2019 年中央一号文件提到"坚持以农业农村优先发展"。国家在此期间出台的《"十三五"推进基本公共服务均等化规划》《国家乡村振兴战略规划（2018~2022 年）》等文件显示了我国农村地区在教育资源、医疗卫生水平、养老保障以及文化娱乐等方面都存在较大的发展空间，农村的发展已经不再依靠简单的经济扶贫，而是制度性的完善。

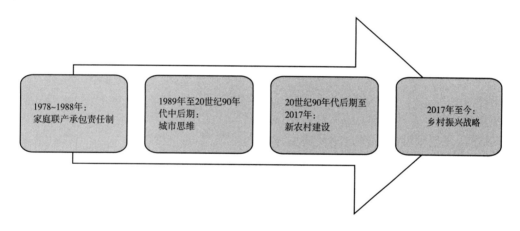

图 2-4　中国农村改革的三个阶段及特征

二　社会公益领域的发展概况

社会力量在"三农"服务中是一支非常重要的力量。2016 年，《"十三五"脱贫攻坚规划》提到"支持社会团体、基金会、社会服务机构等各类组织从事扶贫开发事业"。2017 年，国务院扶贫办下发《关于广泛引导和动员社会组织参与脱贫攻坚的通知》，进一步明确提到，"社会组织是我国社会主义现代化建设的重要力量"，"是构建专项扶贫、行业扶贫、社会扶贫'三位一体'大扶贫格局的重要组成部分"。2018年，国务院颁布的《国家乡村振兴战略规划（2018~2022 年）》的基本原则提到"不断

① 叶敬忠:《乡村振兴战略应关注几个关键内容》，http://www.farmer.com.cn/zt2017/nylh2017/zjjd/201712/t20171230_1347235.htm，2017 年 12 月 30 日。

深化农村改革，扩大农业对外开放，激活主体、激活要素、激活市场，调动各方力量投身乡村振兴"。在国家层面，"三农"领域的发展已开启新的历程，社会力量在该领域也获得了前所未有的机遇。

由于农村公共服务的缺失，很大一部分社会力量都以不同形式参与了农村工作，如涉及教育、公共卫生、养老、社区发展、环境保护、防灾减灾、文化保护等议题。社会力量早已在农村进行多样化的实践探索，参与的社会力量包括前面提及的陕西助老汇社会工作发展中心、上海真爱梦想基金会、北京市海淀区山水自然保护中心、壹基金、慧灵智障人士服务机构、中国滋根乡村教育与发展促进会、北京市西部阳光农村发展基金会等。除此之外，基于"三农"问题的独特性，社会公益领域产生了辅助农村产业发展的社会力量，通过开展农村特色产业发展规划、培育农民合作组织、搭建产销平台、开发乡村旅游、提供金融贷款等工作，为农村产业发展提供支持，促进当地经济发展。下面对此类社会力量做重点介绍。

三 社会公益领域的工作方法及典型案例

（一）支持农业产业链发展

在中国，一直以来支撑农业生产的都是小农经济，即以家庭为单位、以生产资料个体所有制为基础，完全或主要依靠自己劳动，满足自身消费为主的小规模农业经济。个体农民除了生产之外，没有对接市场的能力。为了提升农业生产的利润，支持农业生产，社会力量在生产、加工、运输及销售各环节提供支持。在生产环节，社会力量引进生态农业、绿色农业等技术标准，提高农产品的价值；在加工环节，协助农民设计包装及商标，增加农产品的附加值；在运输环节，协助农民与收购商协商，促成正常价格收购；在销售环节，协助农民对接外部资源，并代为销售滞销产品。通过这些措施，社会力量保证个体农户最终从农业生产中获益。

广州市番禺区沃土可持续农业发展中心：

"中心技术支持体系"

机构简介：广州市番禺区沃土可持续农业发展中心正式成立于2014年。机构致力于发展和传播可持续农业，通过参与农场或农户生产方式转变过程，协

力提升新农民技术，减少外来投入，并从理论到技术范畴，引入自然农业或在生态上合理的可持续农耕方法。

项目介绍："中心技术支持体系"致力于协助农民提升技术。项目主要为生态小农和返乡青年提供PGS参与式认证、生态农业技术培训、土壤改良和生态种植技术指导、产品规划等服务，并出版《可持续农业》内刊。[1]

（二）支持特色产业的发展规划

除了对现有农业进行支持之外，社会力量还整合农村资源，整体规划乡村特色产业的发展。这些特色产业可以基于农村独特的乡土文化、民俗传统、旅游资源、建筑风格、饮食特点、产品特色等进行开发。

中国扶贫基金会："百美村宿"

机构简介：中国扶贫基金会成立于1989年，是在民政部注册、由国务院扶贫办主管的全国性扶贫社会组织，是中国扶贫公益领域规模最大、最具影响力的社会组织之一。基金会以不断发现并促进解决社会问题为己任，视捐赠人、志愿者和一切爱心人士为解决社会问题的伙伴，不断改革创新，广泛动员社会力量，参与脱贫攻坚。

项目介绍："百美村宿"致力于搭建乡村与外部联结的平台，重估贫困村价值，创造以村为本的发展机会。项目以村民自治组织合作社为依托，积极引入社会资金、信息和人才等要素，推动乡村可持续发展。"百美村宿"采用"乡村旅游扶贫+"模式，将当地民居翻新并改建成乡村精品民宿，实现全体村民共享。项目采取量化股权、精准到户的扶贫路径，将民宿项目收入用于村民分红和全村发展基金，并捐赠给其他贫困村，使乡村扶贫良性循环。[2]

（三）培育农村合作组织

小农在农业生产上受到诸多限制。农户分散独立，缺乏参与市场竞争的能力，在市场谈判中处于被动地位；生产条件简单，极易受到自然灾害影响。社会力量需要通

---

[1]　广州市番禺区沃土可持续农业发展中心官方微信（微信公众号：wotukechixunongye）。

[2]　中国扶贫基金会官方网站，http://www.cfpa.org.cn。

过培育农村合作组织来加强农业管理，改善农民生计。

北京农禾之家咨询服务中心："农禾之家联盟"

机构简介： 北京农禾之家咨询服务中心成立于2012年，通过人才培养、织制度设计和建设，支持农民合作组织的综合发展，帮助小农户实现与大农业的有效衔接，探索"三农"就地现代化道路。

项目介绍： "农禾之家联盟"旨在支持和引导农民合作组织健康发展，促进经验交流和能力建设。农禾之家联盟为联盟会员提供多样化服务，包括组织建设、能力建设、发展规划、项目资助、资源链接、信息传播等。①

（四）提供金融贷款服务

农村贷款难、融资难的问题多年来一直是制约农业农村发展的突出问题。农业生产具有风险大、周期长和难以评估的特点。此外，农户的生产类资金需求和消费类资金需求，普遍存在数额小、应急性强、季节性强、可抵押物少等特点。因此，一般的商业金融机构不愿贷款。作为现有金融组织的一种有效补充，社会力量在农村地区开展金融贷款服务。

仪陇县乡村发展协会："扶贫小额信贷"

机构简介： 仪陇县乡村发展协会成立于1996年，宗旨是破解社会转型过程中农村社会普遍出现的农户无序分散、小农与大市场难以对接、农村金融服务严重缺失等发展瓶颈，协会致力于探索适应中国贫困农村发展的有效组织方法和农村扶贫金融服务体系。

项目介绍： "扶贫小额信贷"帮助农村中低收入家庭发展经济，为中低收入家庭发放小额贷款以满足其生产及消费需求。经过多年实践与探索，该项目为农村中低收入群体发展提供服务，在此基础上，建立起可持续发展的金融扶贫商业模式，以资金为纽带帮助贫困农民建立互助合作社。②

---

① 北京农禾之家咨询服务中心官方网站，http://www.nhzj.org/。
② 仪陇县乡村发展协会官方微信（微信公众号：ylardy）。

第十节　社区建设

一　问题与背景

2000 年，中共中央办公厅、国务院办公厅转发的《民政部关于在全国推进城市社区建设的意见》提到，"社区是指聚居在一定地域范围内的人们所组成的社会生活共同体"。在我国，社区需建立在一定地域之上，且具有共同体属性。何为共同体？主流观点认为，共同体基于血缘、地缘、文化或生活方式等因素形成，成员在一定程度上拥有共同的世界观、价值观、行为规范等。一定程度的认同或共识是社区形成的必要条件。社区建设的要义在于促成认同或共识的形成。社区建设包括社区治理及社区服务两个方面：社区治理可以理解为包括党、政府、企业、社会组织及居民等所有社区利益相关主体参与和协作，共同决定社区事务的机制；社区服务则是对社区居民多样化需求的回应。社区建设在所有社区利益相关主体的参与下，满足个人无法提供的服务、保护及交往等需求，促成社区认同或共识形成。

新中国成立以来，中国的社区建设主要经历了三个阶段（见图 2-5）。[①] 在改革开放前，我国政府以计划经济为主导，承包了社区事务。社区并不是作为独立的共同体而存在，所有社区需要服务于国家的政治倡导。真正的社区建设始于 20 世纪 80 年代。原本由政府和企业承担的社会职能逐渐转移至居民委员会和村民委员会（本节简称"两委"），后两者成为社区建设的主体，强调社区自治。1986 年，民政部正式提出了社区服务的概念。在实践中，两委承担了大部分基层政府下派的政治性事务（党务）及行政性事务（政务），社区建设上升到基层组织建设，服务于基层组织的管理需要，体现出社区建设行政化，重管理、弱服务的特征。第二阶段始于 21 世纪初。随着城市规模的扩大、流动人口的增多、社会矛盾及社会成员需求的多样化，两委所提供的社区服务已经不能满足居民的需求。2006 年，《中共中央关于构建社会主义和谐社会若干重大问题的决定》提到，建设服务型政府，强化社会管理和公共服务职能。科学发展观与构建和谐社会等新的执政理念都开始强调社会管理。在这个时期，政府仍主

[①] 李东泉：《中国社区发展历程的回顾与展望》，《中国行政管理》2013 年第 5 期，第 79~83 页。

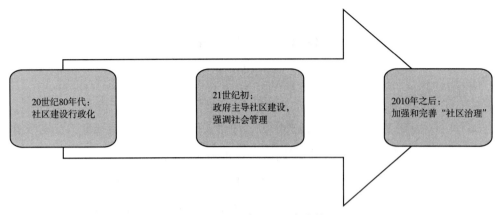

图 2-5 社区建设的三个阶段

导社区建设，投入了大量的人力和财力支持社区建设，如支教、支医等活动。第三阶段始于 2010 年前后。2013 年起，政府相继发布《关于加快推进社区社会工作服务的意见》《关于进一步开展社区减负工作的通知》《中共中央　国务院关于加强和完善城乡社区治理的意见》等文件，强调社区建设的重要性。党的十八大报告提到了"创新社会治理体制"，首次改变了"社会管理"的提法，用"社区治理"取而代之。城乡社区是社会治理的基本单元，社区治理改变了政府或两委单一投入社区建设的格局，鼓励多元主体的参与，将政府的角色界定为引导、指导和支持。同时，我国也理清了社区服务与基本公共服务的区别。社区服务所涵盖的内容不仅远多于基本公共服务，还包括互助性及自益性服务，如舞蹈队、残障人士互助，甚至包括商业层面的服务，如养老院。如果仅停留于社区环境、道路保洁等基本公共服务层面，社区建设注定无所作为。可以说，从第三阶段开始，我国的社区建设才真正步入正轨。

当前，我国已经采取了多种手段来加强社区建设，在社区治理方面，逐步让两委恢复社区工作者的角色，降低其行政及政治职能；在社区服务层面，鼓励多元社会力量加入服务供给侧中，提高社区服务的满意度。另外，政府也大力培养社区工作者，为社区治理及社区服务提供智力支持。

然而，由于社区建设起步晚，在具体实现层面，政府还面临诸多问题。在两委仍然承担着大量行政及政治性事务的情况下，通过何种方式来激发居民参与社区事务的热情？社会力量在社区建设中的角色如何定位？社区工作者需要哪些专业技术？诸多社区建设的问题已经成为国家及社会力量共同关注的热点问题。

二　社会公益领域的发展概况

在新时代的背景下，国家鼓励社会力量进入社区建设领域。这种理念已经体现在相当多的政策文件中。《关于加快推进社区社会工作服务的意见》提到，按照"政府扶持、社会承接、专业支撑、项目运作"的思路，探索建立以社区为平台、以社会组织为载体、以社会工作专业人才为支撑的新型社区服务管理机制（简称"三社联动"机制）。社会组织已经成为社区建设中的重要力量。2016 年，《城乡社区服务体系建设规划（2016~2020 年）》提出"建立居民群众提出需求、社区组织开发设计、社会组织竞争承接、社工团队执行实施、相关各方监督评估的联动机制"。2017 年，十九大报告提出，要"加强社区治理体系建设，推动社会治理中心向基层下移，发挥社会组织作用，实现政府治理、社会调节、居民自治良性互动"。《中共中央　国务院关于加强和完善城乡社区治理的意见》提到，制定和完善孵化培育、人才引进、资金支持等扶持政策，落实税费优惠政策，大力发展社区社会组织和其他社会组织。2018 年，《关于大力培育发展社区社会组织的意见》提到，社区社会组织是由社区居民发起成立，在城乡社区开展为民服务、公益慈善、邻里互助、文体娱乐和农村生产技术服务等活动的社会组织。可见，社会组织已经逐步成为社区建设当中的重要力量。

按照"三社联动"的设计框架，社会组织在社区建设中的主要角色有两种。第一种角色是社区服务的提供者，这是最常见的角色。社会组织按照社区居民的需求，设计和实施社区活动，丰富社区服务内容，拓展社区居民参与空间。社区服务的范围涉及本章提到的教育、养老、公共卫生、助残等九个领域。这种类型的社会组织既可以来自社区外部，也可以由社区居民自发成立。在实践中，社会组织通过接受社会捐赠、自筹、政府购买、公益创投、项目外包等方式开展社区服务。第二种角色是社区代表。从法律上来看，社区的代表应该是两委，但在实践中，社会组织充当平台型的角色，筹集社区资金，规划和统筹社区发展，扮演规划、引领、整合、示范和督导等综合支持性角色。[①]

---

① 李涛：《"三社联动"运转中的挑战及策略》，《中国社会工作》2017 年第 31 期，第 20~21 页。

无论是社区服务者，还是社区代表，在社区建设领域内的社会力量都应该回归社区的本质，以动员社区居民参与为前提，以社区为活动范围，以解决社区问题和满足社区居民需求为目的。

由于本章前九节已经详细介绍了社区建设中有可能涉及的服务领域，所以本节的"公益领域的工作方法及典型案例"不再赘述这些领域的工作方法，而专注于社区建设中独有的案例。

三　社会公益领域的工作方法及典型案例

（一）统筹社区规划

这类社会力量同时兼具服务和支持性功能。支持性功能是指社会力量专门为社区居委会、街道办事处的社区建设提供支持，包括接受两委的委托、评估社区需求、设计社区建设方案、统筹方案执行等服务。同时，社会力量也依托社区建设方案，协调各方资源，开展培训、督导、评估等服务。此类工作对社会力量的专业水平要求较高。

北京市协作者社会工作发展中心："东风试点"

机构简介：北京市协作者社会工作发展中心（以下简称"北京协作者"）成立于2003年，是我国成立较早的民办社会工作机构之一。机构通过服务创新、研究倡导和专业支持，服务流动人口和基层民间组织，并培养志愿者。机构帮助受助者成长为助人者，实现自我服务与服务社会的统一，并在服务中总结本土经验，推动社会发展。[①]

项目介绍："东风试点"旨在促进社会组织参与社区治理，突破以往社区服务单一依靠社区居委会和服务站的局面。2013年7月，北京协作者受北京市民政局委托，在朝阳区农委支持下，以位于朝阳区城乡接合部的东风地区为试点，在北京启动了第一个"三社联动"机制建设试点，即东风试点。在社区服务上，北京协作者在采取多种调研方式调研社区服务需求和期待的基础上，开展项目对接展示大赛，并选择重点培育的社区示范项目带动社区居民参与。与

[①]　北京市协作者社会工作发展中心官方网站，http://www.facilitator.org.cn/aboutus/aboutus1/。

此同时，根据服务效果，北京协作者构建了专业评价与支持体系，为社工提供能力建设，不断优化总结方法和经验。①

（二）社区工作者的培养

由于历史原因，我国社区工作者的专业水平有限、年龄结构偏大、男女比例失调、工资偏低。无论是社区治理还是社区服务，保证质量的前提是有一支高素质的队伍，因此社区工作者的培养势在必行。目前，社区工作者培养项目已有很多，如上海恩派公益事业发展中心的小飞象社区规划师公益体验营，南都公益基金会、千禾社区基金会、成都市锦江区社会组织发展基金会、正荣公益基金会联合发起的禾平台。

上海恩派公益事业发展中心："小飞象社区规划师公益体验营"

机构简介：上海恩派公益事业发展中心成立于2006年，是一个支持性社会组织，业务遍及全国40多个城市，致力于公益孵化、能力建设、社区服务、政购评估、社会企业投资、社创空间运营等，合作伙伴遍及各级政府、基金会和全球五百强企业。②

项目介绍："小飞象社区规划师公益体验营"为对社区工作感兴趣的大学生及新晋社会人提供场景式、参与式的学习机会，助其寻找未来社区工作的可能性。社区规划师基于社区共同体精神和行动能力营造，通过社区研究、策略拟定、资源协调、计划推动等方式，推动社区发展。恩派小飞象社区规划师公益体验营由集训、社区实践、实践督导、反思沉淀4个部分组成，总时长约1个月，为学员提供系统化、可视化、可转化的带教辅导。③

（三）搭建资金募集平台

在上述平台角色中，有一类比较特殊的社会力量，即社区基金会。在我国，《中

---

① 东风试点的详细实施成效可以参见北京市协作者社会工作发展中心官方网站，2013~2016年年报。
② 上海恩派公益事业发展中心官方网站，http://www.npi.org.cn/aboutus/2006/01/1.html。
③ 《恩派"小飞象"计划 助飞首批社区规划师》，http://www.chinadevelopmentbrief.org.cn/news-22799.html，2019年4月30日。

共中央　国务院关于加强和完善城乡社区治理的意见》首次提到了社区基金会，"鼓励通过慈善捐赠、设立社区基金会等方式，引导社会资金投向城乡社区治理领域"。从此描述来看，社区基金会主要目的在于募集社会资金，解决社区问题，是一个社区资源平台。从2014年开始，我国以上海和深圳两地为起点，开始了社区基金会的探索。截至2017年10月，中国已有社区基金会144家。[①] 根据不同的成立主体，社区基金会有三种。第一种是企业发起的基金会，如桃源居公益事业发展基金会，由社区的开发商成立，将一定的收入投入社区建设，以基金会为平台开展社区公益事业。第二种是社区居民发起的基金会，如深圳市南山区蛇口社区基金会，由居民自发成立，整合各类资源，支持本社区发展。第三种是政府推动或直接成立的基金会，如深圳市光明区凤凰社区基金会。这类基金会目前占比最多。从实践中观察，这类基金会成立之后开始承接部分政府职能，重新走上了"行政化"老路，未能动员社区居民参与。[②] 社区基金会是为了缓解政府在公共服务供给上的资源不足而产生的社会解决方案，目前已经被政府认可，但如何真正发挥作用尚需探索。

深圳市南山区蛇口社区基金会："社区资助平台"

机构简介：深圳市南山区蛇口社区基金会成立于2015年，是深圳市南山区第一家社区基金会。机构定位于社区公益平台角色，积极整合各方资源，以资助为主要形式，支持公益项目和活动，培育多元化的社区自组织、志愿者团队和社会企业等。[③]

项目介绍：基金会通过"社区资助平台"支持社区各社会组织的建设，激活社区参与，孵化社区自组织功能。项目发掘社区内的公益领袖、社区内社会组织、志愿者及义工队伍，筹集社区外的各种公益资源，资助社区助老、环保、弱势群体帮扶、社区教育等方面的社区项目。[④]

[①] 徐会坛、杨团：《中国慈善在过渡期负重前行的一年》，载杨团主编《中国慈善发展报告（2018）》，社会科学文献出版社，2018，第17页。

[②] 李宗克：《比美国晚了近一百年，我国社区基金会将走向何方？》，http://www.chinadevelopmentbrief.org.cn/news-19543.html，2017年5月16日。

[③] 深圳市南山区蛇口社区基金会官方网站，http://www.shekoufoundation.org/?p=2。

[④] 深圳市南山区蛇口社区基金会官方网站，http://www.shekoufoundation.org/?p=42。

（四）运营社区公共空间

2018年，我国颁布的《城市居住区规划设计的标准》提到，无论是居住区、小区都要配置综合服务中心，这些服务中心是公共空间，提供社区综合性服务。随着公共空间越来越多，空间运营将越来越专业，公共空间也将为居民参与社区事务提供更加便捷的条件。

正荣公益基金会："你好，社区"

机构简介：正荣公益基金会由正荣集团捐资，于2013年成立，致力于搭建专业透明的综合公益平台，推动社区公益发展，提供创新公益定制，并以"科学、透明、有效、创新"的运作理念，实现资源的高效整合，构建良性公益生态系统。[①]

项目介绍："你好，社区"项目立足于城市社区，以建设社区书院和社区认知园为切入点，搭建社区公益参与平台，引导社区居民、社区自组织、物业、社区商铺共同探索多元、活力的社区文化，建设健康、互助的社区生活。社区公共空间营造是"你好，社区"项目中的重要部分，推动更多主体参与营造社区公共空间，为社会提供多元价值。[②]

---

①　正荣公益基金会官方网站，http://www.zhenrogy.org/aboutus.asp。

②　正荣公益基金会2018年度工作报告，http://www.zhenrogy.org/upload/2019/20190402a.pdf。

第三章
科技在社会公益领域的应用

本章深入追踪科技在社会公益领域中的作用。

    围绕信息技术、自动化与先进制造技术、生物与医疗技术、能源技术，以及其他技术，本章收集了国内外 40 个科技应用于公益领域，尤其是社会公益领域中的案例。每个案例均从背景、解决方案、技术应用、所针对的社会公益领域问题、应用效果等 5 个方面进行阐述，并据此对技术的价值和可推广性做出评价。

在本章内容中，你将得到以下问题的答案：

▲ 哪些科技在公益领域中已经得到了应用？

▲ 科技在十大社会公益细分领域中如何得到应用？

▲ 科技在公益领域中的价值如何体现？

第一节　科技在社会公益领域的应用案例综述

科技，顾名思义，包括科学和技术两层含义。科学不考虑实际应用，属于哲学范畴，着重解决理论问题，追求真理和知识。技术解决实践问题，追求应用价值和实用性。科学引领技术发展，技术是科学的应用。本报告遵从社会习惯，沿用科技一词，但含义上侧重技术层面。

科技的分类庞大且多样。如瑞士联邦理工学院（洛桑）的在线课程 Technology Innovation For Sustainable Development 提及，将加速推进可持续发展目标实现的核心技术分为能源技术、水及卫生技术、食物及农业技术、信息及沟通技术、交通技术、建筑技术、医药及医疗技术，以及其他技术。[①]综合十大社会公益领域中科技的应用情况，本书的案例涉及信息技术、自动化与先进制造技术、生物与医疗技术、能源技术和其他技术（见图 3-1），通过这些案例揭示科技在公益领域中的应用价值。

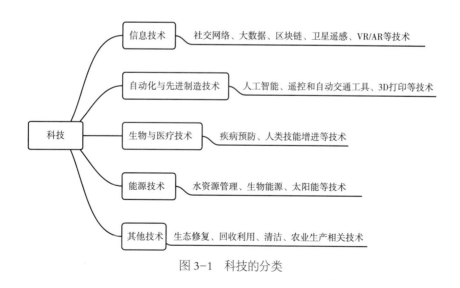

图 3-1　科技的分类

---

①　联合国开发计划署、国际公益学院等：《科技与慈善可持续发展行动报告》，https://www.cn.undp.org/content/china/zh/home/library/poverty/technology-for-philanthropy-under-the-sustainable-development-go.html。

参照上述科技分类,我们选取国内外 40 个有代表性的应用案例,范围覆盖第二章所讨论的大部分社会公益领域。有些国外案例同样呼应了中国社会公益领域中存在的问题。在了解了社会公益领域之后,我们可以更清楚地看到科技在公益领域中,尤其是在社会公益领域中如何发挥作用,以及价值何在。

本章主要从有效性及可推广性两个维度对应用案例进行评估。有效性指该项技术是否有可能促进某一社会公益领域的发展或解决某一社会问题。[①] 这是科技在公益领域中的核心价值,也是技术得以应用的前提。可推广性指技术在社会公益领域中应用及推广的难易程度,包括价格可及性、文化接受程度及制作工艺复杂程度等。40 个案例中的大部分技术已经通过各种方式在社会公益领域中得到应用推广,其多样化的推广方式值得借鉴。

图 3-2 集中体现了 40 个案例的分属领域。后文将阐述案例的背景、解决方案、技术应用、所针对的社会公益领域问题、应用效果等,并且根据有效性及可推广性对其做出简要评价。

第二节　科技在教育发展领域中的应用案例

一　Youth@Work Bhutan: 社交游戏助力不丹青年人再就业[②]

1. 社会问题

不丹的青年失业占比较高。2012 年,不丹全国有 7.3% 的青年失业。在城市,这个比例几乎要增长两倍。不丹在竭力寻找可以解决该问题的创新方法。

2. 解决方案——Youth@Work Bhutan

联合国开发计划署、不丹国家劳动局和美国爱默生学院共同开发了 Youth@Work Bhutan 社区游戏项目,并在 2014 年 10 月正式启动此项目。通过线上或者 SMS(Short Message Service, 短信息服务)玩游戏(见图 3-3),游戏包含 3 个任务,每个开放一周并有自己独特的主题,游戏参与者回答问题并完成练习。此游戏旨在建立不同社会成员之间的共鸣,提高参与者对青年就业问题的认识,并激发参与者对不丹青年失业

---

① 由于主要资料来源于网络,有效性的判断是基于公开的资料及信息。

② 参见联合国开发计划署官方网站对 Youth@Work Bhutan 的介绍,https://www.asia-pacific.undp.org/content/rbap/en/home/ourwork/development-impact/innovation/projects/bhutan-youth-game.html。

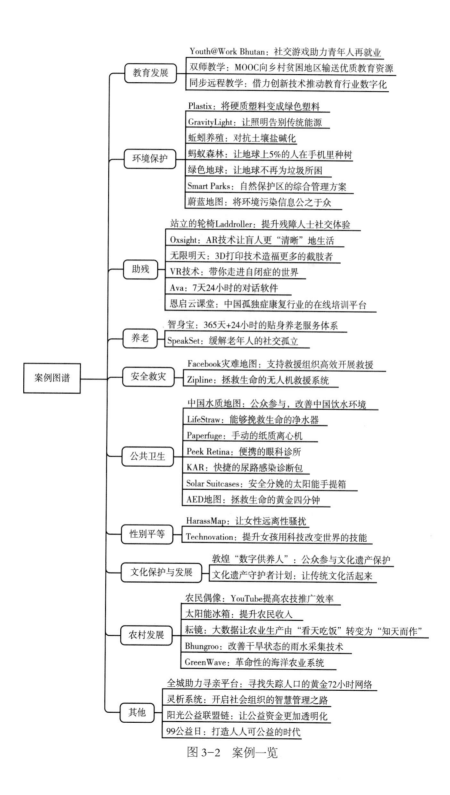

图 3-2 案例一览

问题的责任感。

在整个过程中，参与者有机会表达他们对体制的看法，并对不丹青年失业问题的最佳解决办法进行讨论。在游戏中，参与者还可以提出新项目。大多数玩家支持的提案将得到组织者的认可，并在比赛结束时获得资助。

图 3-3　Youth@Work Bhutan 游戏页面
图片来源：联合国开发计划署官方网站。

3. 技术应用

项目利用信息技术和社交网络技术，通过就业课程研发来助力青年人再就业。

4. 应用效果

共 1904 人参与了失业问题的在线社交媒体游戏，通过积极讨论以及可视化互动，提出超过 70 个可能的解决方案。[①]

5. 评价

Youth@Work Bhutan 以游戏代替传统的职业教育，利用社交网络的开源、共享及互动的特征，吸引青年人的关注，以推动失业问题的解决。

---

① 联合国开发计划署、国际公益学院等：《科技与慈善可持续发展行动报告》，https://www.cn.undp.org/content/china/zh/home/library/poverty/technology-for-philanthropy-under-the-sustainable-development-go.html，2019 年 2 月 27 日。

二　双师教学：MOOC 向乡村贫困地区输送优质教育资源①

1. 社会问题

中国城乡教育差距正在日益加大，在办学条件上的差异尤其体现在经费及师资力量方面。《中国教育发展报告（2018）》提到，农村学校教师学历水平总体不如城市。面对"学校目前管理上面临的挑战"这一问题的调查，33.33% 的农村学校管理者选择了"教师质量差"。因此可见，师资力量是影响农村教育水平的重要因素。②

2. 解决方案——双师教学

双师教学是由创新人才教育研究会、中国人民大学附属中学、友成企业家扶贫基金会、国家基础教育资源共建共享联盟共同发起、主办的远程教学模式（见图 3-4）。"双师"是指每个试验班有两个教师一起开展教学活动，一个是人大附中的老师，负责网络远程教学；另一个是试点学校的老师，负责在远程主讲结束后组织本班学生讨论、总结和答疑教学重难点、批改作业、个别辅导等。

双师教学运用 MOOC 这一现代网络技术，将城市优质课程资源引入一个创新教育扶贫项目。该项目将中国人民大学附属中学的初一到初三数学课程通过网络输送到乡村课堂。

图 3-4　双师教学运行模式

图片来源：友成企业家扶贫基金会《2007~2017 友成基金会十周年专刊》，http://www.youcheng.org/upfile/Special%20 Edition.pdf。

---

① 友成企业家扶贫基金会：《2007~2017 友成基金会十周年专刊》，http://www.youcheng.org/upfile/Special%20Edition. pdf。

② 《教育蓝皮书：城乡教育差距大，中小学生自杀现象不容忽视》，https://new.qq.com/omn/20180426/20180426A1ZNMW. html，2018 年 4 月 28 日。

3. 技术应用

利用信息技术，项目通过整合教师资源向乡村贫困地区输送优质教育资源。

4. 应用效果

2013~2016 年，在原有 13 所重点实验学校基础上，项目增加了 3 批共 49 所学校。先后参与项目的学校约有 120 所，其中互动较活跃的有 64 所。目前项目学校已延伸至安徽、甘肃、吉林和西藏等，遍及全国 80 个贫困县。

5. 评价

双师教学用远程的方式解决乡村学校师资不足、优秀资源匮乏等问题，探索城市优质教育资源补充乡村的可操作性。

三 同步远程教学：借力创新技术推动教育行业数字化 [1]

1. 社会问题

让每个孩子都能接受公平、有质量的教育，是国家推动教育公平的重要目标。由于自然、历史、社会等多方面原因，中西部经济社会发展相对滞后，教育基础差，优秀教师少，优质教育资源少，教育质量总体不高。另外，数字鸿沟已成为制约贫困地区教育发展的重要因素。缩小数字鸿沟，改善教育质量，成为中西部扶贫的重要措施。

2. 解决方案——同步远程教学

2015 年，同步远程教学项目由中国发展研究基金会发起，由实时视频课堂和课后的平板电脑学习构成。基金会与微软一起利用 office 365 的远程云服务和 Kinect 的体感技术，打造一套简单、易操作的实时远程教学解决方案。微软通过可视网络会议（Skype for Business）构建起虚拟课堂，同时利用 Kinect 的体感和动作捕捉技术，实现了直观生动的实时远程教学互动（见图 3-5）。利用这套系统，教师在城镇学校里正常授课，同时，农村小学的学生可以通过同步视频直播参与课程。这套系统对网络带宽的要求不高，在偏远地区也能实现无时滞地同步双向直播，而其成本投入仅为类似方案的 1/3。

3. 技术应用

项目利用信息技术、人工智能，通过整合教师资源，推动教育行业数字化。

---

[1] 《微软发力云端 助力边远贫困地区儿童健康成长快乐学习》，http://education.news.cn/2017-02/28/c_129498080.htm?from=singlemessage，2017 年 2 月 28 日。

图 3-5　同步远程课堂

图片来源：中国发展研究基金会官方网站对智能村小的介绍，https://www.cdrf.org.cn/xbxmdt/3623.jhtml。

4. 应用效果

截至 2018 年，这套方案已经在青海乐都区和贵州松桃县得到成功应用，为两地 6 所学校、4 个村教学点提供数学、语文、英语三门主课的同步远程教学。超过 600 名学生和 60 多名教师因此受益。2018 年，该项目已经推广至新疆吉木乃县的 50 多所学校。

5. 评价

紧密结合公益场景，微软开发出设施要求及成本较低的应用方案，是用科技助力公益领域的创新。

第三节　科技在环境保护领域的应用案例

一　Plastix：将硬质塑料变成绿色塑料 ①

1. 社会问题

塑料对环境的危害已经被世界逐渐承认。塑料对海洋的危害更是难以估量。海洋中的塑料以微粒和底部沉积物的形式存在，其具体数量很难确定。大部分塑料产品是一次性的，难以自然降解，会被海洋动物吞噬，反过来又影响人类健康。2015 年，发表在《科学》期刊上的一篇研究文章称，全球在 2010 年向海洋倾倒了多达 800 万吨

---

① 《Plastix：将绳索和渔网变成绿色塑料》，https://theindexproject.org/award/winnersandfinalists/plastix；Plastix 官方网站，http://plastixglobal.com/。

的塑料垃圾，让海洋生物面临着重大危险。照此情况发展下去，到 2050 年，海洋中的塑料会翻倍，比鱼还多。①

2. 解决方案——Plastix

Plastix 是一家回收各种硬质塑料并进行循环再利用的公司。这家公司回收渔网、绳索和用过的硬质塑料，通过技术处理将其转换成高质量的塑料原料，称之为"绿色塑料"（见图 3-6）。用这些绿色塑料生产的产品有助于经济循环。

图 3-6　处理后的硬质塑料

图片来源：《Plastix：将绳索和渔网变成绿色塑料》，https://theindexproject.org/award/winnersandfinalists/plastix。

3. 技术应用

项目利用清洁技术，通过改良固体废弃物，助力循环经济。

4. 应用效果

该公司与非政府组织、公共部门、海事行业、收藏家、生产商、渔民合作，以尽可能好的方式捕获和回收塑料，利用再生材料生产创新产品。Plastix 减少了填埋的垃圾和倾倒的海洋塑料废物数量，同时减少了二氧化碳的排放。通过使用绿色塑料，公司可以将自己的排放量减少95%。

① 曾宇：《全球每年 800 万吨塑料垃圾流入海洋 中国是最大倾倒源？》，https://www.jiemian.com/article/236330.html?_t=t，2015 年 2 月 13 日。

5. 评价

Plastix 致力于提供可持续发展的解决方案，对抗塑料污染，有助于创建更清洁的陆地和海洋环境。公司以科技面向社会问题为出发点，兼顾回收和再利用两个阶段，对于在公益领域中聚焦塑料垃圾议题的机构来说具有借鉴价值。

二 GravityLight：让照明告别传统能源 [①]

1. 社会问题

截至 2015 年，全球仍有 11 亿人口用不上电灯。煤油灯是贫穷和偏远地区的唯一照明设备。研究表明，吸入煤油灯散发出的有毒气体相当于每年吸 170 支烟，而无意中摄取煤油是发展中地区儿童中毒的主要原因。另外，煤油灯也极易导致烧伤。

2. 解决方案——GravityLight

GravityLight 是一种重力电灯，主要电源来自重力。GravityLight 内置一套连接发电机的组合齿轮。这套齿轮能够极大地缩短重力落地的时间，在重物挂上去后会带动发动机的转动。只要使用者将配套的绳带穿过两端开口，它就能将重力转化为电能并点亮电灯泡（见图 3-7）。重力灯一次可以连续照明 30 分钟左右。

3. 技术应用

项目利用清洁能源技术，通过改良传统能源提供安全照明。

4. 应用效果

GravityLight 已经在包括肯尼亚、印度等 26 个国家进行了试用。在这些国家中，超过 90% 的使用者表示将用重力灯代替煤油灯。目前，GravityLight 正在寻求技术的改进，利用太阳能延长重力灯的使用时间并提供更亮的灯光。

5. 评价

GravityLight 用低廉的价格引导贫困地区使用清洁能源，在改善环境的同时也考虑到了当地人的生活状态。

---

① Deciwatt 官方网站，https://deciwatt.global/。

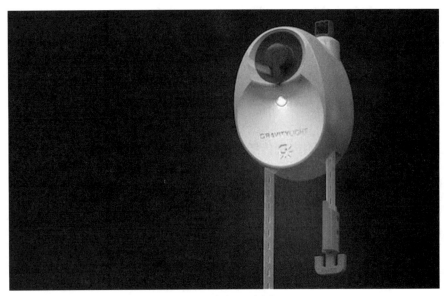

图 3-7 点亮的重力灯

图片来源：Deciwatt 官方网站。

三 蚯蚓养殖：对抗土壤盐碱化

1. 社会问题

土地盐碱化是土地荒漠化的主要类型之一。中国荒漠化严重的区域，如新疆、甘肃、宁夏、吉林西部，其土壤也严重盐碱化。这些区域只有成功地改良盐碱地，让土壤恢复健康，才能种植高效的经济作物和经济林木。盐碱地改良方法虽多，但存在改良投入大，改良周期长，经济效益不显著等缺点。

2. 解决方案——蚯蚓养殖

海南星农夫生态科技有限公司是一家致力于土壤生态可持续利用的创新型社会企业。企业发明了蚯蚓土壤改良技术，将传统改良方式由 3 年缩短到 7 天（见图 3-8）。[①] 该技术要求在林下开展蚯蚓标准养殖生产，大量处理农业有机废弃物。公司就近将当地及周边的农业有机废弃物发酵处理后用于蚯蚓养殖，并利用产出的蚯蚓粪为原料，制作成土壤改良剂，用于改良盐碱地、沙漠化土地、贫瘠板结土壤、重金属污染土壤，大幅降低土壤改良的成本。[②]

---

① 梁云风：《苏剑程：蚯蚓养殖，将土壤改良从 3 年缩短到 7 天》，http://www.pinlue.com/article/2017/08/0802/393923287655.html，2017 年 8 月 8 日。

② 《苏剑程：小蚯蚓可以解决 5.2 亿亩盐碱地的大问题》，https://www.bilibili.com/video/av20958938/，2018 年 3 月 19 日。

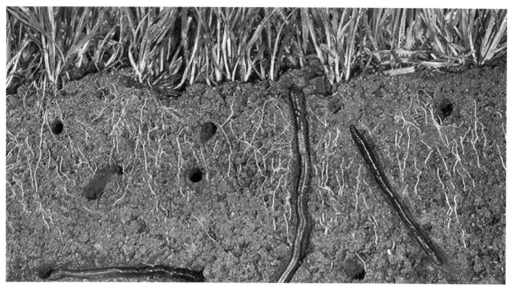

图 3-8　养殖的蚯蚓改良土壤

图片来源：梁云风《苏剑程：蚯蚓养殖，将土壤改良从 3 年缩短到 7 天》，http://www.pinlue.com/article/2017/08/0802/393923287655.html，2017 年 8 月 8 日。

3. 技术应用

项目利用土壤改良技术，通过蚯蚓养殖改良盐碱地。

4. 应用效果

2015 年，该公司成功利用蚯蚓粪土壤改良剂改良海南文昌罗豆农场的海水倒灌盐碱地，成功种植出南瓜、豇豆、空心菜、毛豆等农作物，让原本无法耕种的盐碱地变成良田。

5. 评价

成本低且有效的土壤改良技术对中国贫困的农村地区的发展有很大价值。然而，一家社会企业在全国范围内推广技术，还面临成本方面的挑战。

四　蚂蚁森林：让地球上 5% 的人在手机里种树

1. 社会问题

中国是世界上荒漠化面积最大的国家，有荒漠化土地 261.16 万平方千米，占国土面积的 27.2%，有沙化土地 172.12 万平方千米，占国土面积的 17.9%。[①] 按照 2015

①　赵倩、卢鹰、曹江涛：《荒漠化治理的"中国智慧"》，http://www.xinhuanet.com/politics/2018-06/21/c_1123014899.htm，2018 年 6 月 21 日。

年出台的《中共中央　国务院关于加快推进生态文明建设的意见》要求，到 2020 年，中国 50% 可治理沙化土地应得到有效治理。

2. 解决方案——蚂蚁森林

蚂蚁金融服务集团通过与中国北京环境交易所（CBEEX）合作，研发出一套算法，并正式上线个人碳账户"蚂蚁森林"（见图 3-9）。用户因低碳消费行为节省的碳排放量，被计算为虚拟的"绿色能量"，用来在手机上种虚拟树。积攒足量的能量之后，蚂蚁金服和社会公益合作伙伴就会在地球上种下一棵真树，或守护相应面积的保护地，以此培养和激励用户的低碳环保行为。除此之外，蚂蚁森林联合北京佳格天地科技有限公司和广州极飞科技有限公司推出了卫星看树和实时看树功能，提升了用户的公益体验。

3. 技术应用

项目利用信息技术和社交网络技术，让更多人参与到荒漠化治理之中。

4. 应用效果

截至 2018 年 5 月底，蚂蚁森林培养的用户数量超过 3.5 亿，累计减排量超过

图 3-9　蚂蚁森林移动端页面

283 万吨，累计种植和养护的真树数量达 5552 万棵，守护的保护地面积达 3.9 万亩。①

5．评价

蚂蚁森林将种树设计成互动性强的虚拟行为，鼓励更多人参与荒漠化治理的进程，同时让更多人直观了解环保社会组织的行动。

五 绿色地球：让地球不再为垃圾所困②

1．社会问题

我国目前还没有形成完善的垃圾回收体系，大多数城市的垃圾处理方式是传统的填埋及焚烧，造成了严重的资源浪费。可持续的垃圾处理方式要从源头分类开始，2019年，上海市正式实施《上海市生活垃圾管理条例》，是我国第一个实行垃圾强制分类的城市。我国多数地区目前还缺少效力等级较高的强制性法律法规来督导公众进行垃圾分类，在全国范围内也较少开展有效的垃圾分类教育。垃圾分类及回收在中国是一个待攻克的难题。

2．解决方案——绿色地球

绿色地球环保科技有限公司是中国首家从事城市居民垃圾分类服务的公司。公司为参与垃圾分类的用户提供代表垃圾袋身份的二维码，使用专用回收车（见图 3-10）将可回收物运往下属的分拣中心，进行专业的深度分类处理，再运送至专门工厂加工为再生原料。与此同时，用户可积攒积分兑换礼物或返现。除此之外，绿色地球还开展线下展览、线上游戏等方式科普垃圾分类及回收的知识。

3．技术应用

项目利用信息技术和社交网络技术，为公众提供了参与垃圾回收的便捷方式。

4．应用效果

截至 2020 年 5 月，绿色地球已经覆盖成都市 44.9 万家庭和 1820 个小区，共回收1.27 万吨可回收物。

---

① 牛广文：《3.5 亿蚂蚁森林用户种下真树 5552 万棵 卫星可见》，http://gongyi.people.com.cn/n1/2018/0605/c151132-30037043.html，2018 年 6 月 5 日。
② 绿色地球官方网站，http://www.lvsediqiu.com。

图 3-10　绿色地球的可回收垃圾收运车

图片来源：绿色地球官方网站。

5. 评价

绿色地球利用社交网络便捷性加大了城市居民参与垃圾回收的力度，但是如果使该方案在全国推广，还需要在各地寻找合适的合作伙伴。相比 Plastix 来说，绿色地球在资源再利用方面还需要更深入地探索。

六　Smart Parks：自然保护区的综合管理方案 [1]

1. 社会问题

传统的野生动物监测系统非常耗费人力和物力，而 GPS 设备对网络信号的要求极高，并且电池设备体积大而寿命短。此外，大多数自然保护区基本没有覆盖 3G 或 4G 网络。野生动物监测需要更经济及简捷的监测管理方案。

2. 解决方案——Smart Parks

Smart Parks 是一家保护自然和生物多样性，打击环境犯罪的基金会。基金会提供一套通过在国家公园安装智能通信、跟踪和管理系统，来保护濒危物种及环境的方案，所使用的核心技术是一套远程通信及传感技术。

Smart Parks 所使用的技术 LoRa 是一种远程通信网络（见图 3-11）。通过使用太阳能，LoRa 以较低比特率实现大面积范围内的事物（连接对象）之间的远程通信，例如电池上的传感器，而偷猎者几乎无法探测到这种信号。同时，Smart Parks 在公园

---

① 　Smart Parks 官方网站，https://www.smartparks.org。

多处或野生动物身上安装配有电池的传感器。传感器可运行多年，并可安全地跟踪野生动物。LoRa 从分布在各处的传感器中收集数据，最终在一个 web 应用程序中显示。该应用程序提供关于野生动物位置的实时信息，并吸收了从传感器中获取的许多其他关键信息。Smart Parks 通过这套方案来帮助自然保护区改善管理。

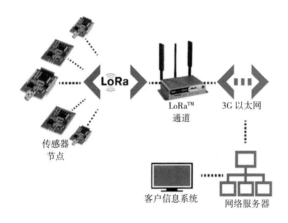

图 3-11　Smart Parks 的通信网络示意

图片来源：Smart Parks 官方网站。

3. 技术应用

项目利用传感技术、通信技术，支持濒危物种的保护。

4. 应用效果

自 2013 年起，Smart Parks 与参与野生动物保护的合作伙伴和专家密切合作，最开始仅通过无人机监测濒危物种，如今已为马拉维、坦桑尼亚、印度、卢旺达的保护区提供系统的自然保护区管理方案。

5. 评价

Smart Parks 提供了一种包含低带宽、低功耗网络技术的解决方案，满足了公益场景的应用需求。

七　蔚蓝地图：将环境污染信息公之于众 [①]

1. 社会问题

环境问题的解决需要公众的参与，而公众参与的前提是信息公开。对于幅员辽

---

① 公众环境研究中心官方网站，http://www.ipe.org.cn/。

阔、人口众多的中国来说，信息公开面临的挑战巨大。政府已公开的环境数据分布在二三十个平台上，而大量污染数据尚未公开，因此我国亟待高效便捷的公众参与渠道的出现。

2. 解决方案——蔚蓝地图

自 2006 年成立以来，公众环境研究中心致力于收集、整理和分析政府和企业公开的环境信息，搭建了环境信息数据库和蔚蓝地图网站、蔚蓝地图 App。

蔚蓝地图全面收录 31 个省（自治区、直辖市）、338 个地级市的政府发布的环境质量、环境排放和污染源监管记录，以及企业因强制或自愿而披露的数据。同时，用户可以通过手机随时监督和举报污染情况。这些信息整合到 App 上，让公众更容易获取，并且通过微信或微博等新媒体传播（见图 3-12）。

此外，公众环境研究中心整合环境数据以服务于绿色采购、绿色金融和政府环境决策，通过企业、政府、社会组织、研究机构等多方合力，撬动大批企业实现环保转型，促进环境信息公开和环境治理机制的完善。

3. 技术应用

项目利用数据处理技术、可视化展示技术、社交网络，提高了环境信息公开的程度。

—— 我们的数据 ——

全面收录31省、338地级市政府发布的环境质量、环境排放和污染源监管记录，
以及企业基于相关法规和企业社会责任要求所做的强制或自愿披露

蔚蓝地图网站

全面展现各类环境数据和IPE项目成果，也是开展绿色采购和绿色金融的重要工具

蔚蓝地图APP

实时环境信息+新媒体传播

数据服务

整合政府和企业公开的环境信息，为公益组织、研究机构、商业机构等提供高质量的环境数据

图 3-12　蔚蓝地图的解决方案示意

图片来源：公众环境研究中心官方网站。

4. 应用效果

截至 2017 年底，企业监管记录已超过 80 万条，企业数据已突破 100 万。目前，企业相关环境信息披露面趋于全面化，而蔚蓝地图数据库的信息记录显著增加。

5. 评价

蔚蓝地图是中国第一款通过互联网推动环境信息公开的应用平台。项目利用互联网的广泛连接力，改变了公众缺少跟踪和举报工业污染途径的现状。

第四节 科技在助残领域的应用案例

一 站立的轮椅 Laddroller：提升残障人士社交体验 ①

1. 社会问题

轮椅使用者在日常出行方面存在很大困难，也会因长期乘坐轮椅出现种种身体问题，如容易罹患骨质疏松症，容易出现血液循环和呼吸问题，甚至容易因为心脏病和感染而遭遇生命危险。与此同时，运动障碍对于患者的心理健康也会产生负面影响。他们丧失了生活自理能力，难以进行社交，并且失去了和他人的眼神接触。

2. 解决方案——Laddroller

Laddroller 是在众筹网站 Kickstarter 进行众筹的一款轮椅，采用了可升降设计。使用者需要与他人交流时，可以控制座椅高度，好让自己的视线与其他人保持在相同高度，并且可以拥抱对方（见图 3-13）。

此款轮椅配备了两大两小共 4 个轮子，其中前方的大轮子可以越过台阶、人行道边缘和缝隙等障碍。由于采用了模块化设计，它也非常便携，可以轻松放进中型汽车的后备厢当中。当电池电量较低时，它还能切换到手动模式。

3. 技术应用

项目利用自动化技术、先进制造技术、人工智能，支持残障人士的无障碍出行。

---

① 参见 Kickstarter 官方网站，https://www.kickstarter.com/projects/587280453/laddroller-the-4x4-standing-wheelchair-of-the-futu?ref=discovery&term=Laddroller；轮椅骑士《这款站立轮椅，很大程度上解决轮椅使用者的困难》，https://www.sohu.com/a/205788914_654067。

图 3-13 使用 Laddroller 的残障人士可控制座椅高度

图片来源：Kickstarter 官方网站。

4. 应用效果

Laddroller 尚未推入市场，目前正在 Kickstarter 进行众筹，售价 1950 欧元起（约合人民币 1.5 万元）。

5. 评价

Laddroller 采用了独特的站立设计，可以在很大程度上解决轮椅使用者在日常社交上遭遇的困难，有助于维护残障人士的尊严。推向市场之后，此轮椅如何降低成本，更好地惠及弱势群体，这一问题有待研究。

二 Oxsight: AR 技术让盲人更"清晰"地生活 [1]

1. 社会问题

根据世界卫生组织估计，全世界约有 13 亿人患有某种形式的视力损害。人口增长和老龄化的问题将使更多人面临视力损害风险。[2] 这些低视力人群有视觉残留和光感，但是仍然影响正常生活。

---

[1] Oxsight 官方网站，https://www.oxsight.co.uk。

[2] 世界卫生组织官方网站对盲症和视力损害的介绍，https://www.who.int/zh/news-room/fact-sheets/detail/blindness-and-visual-impairment，2018 年 10 月 11 日。

2. 解决方案——Oxsight

Oxsight 是一家英国公司，研发了一款帮助视力受损人士的增强现实眼镜。眼镜主要由三大部分构成：Epson Moverio（一种增强现实眼镜）、华硕 XTion 3D 摄像头（其中包含 RGB 摄像头）、运行 Android 的电脑（该电脑对图像进行处理，电池续航时间可达 8 小时）。

Oxsight 眼镜通过 3D 摄像机捕捉周围环境中物体的形状和距离，再通过软件，分析这些信息，将需要视力残障人士注意的，特别是距离近的物体信息以高亮等方式强化出来。这些信息变成适合视力残障人士眼睛"看见"的图像，再传输到眼镜的显示屏上（见图 3-14）。

图 3-14　残障人士使用 Oxsight 眼镜

图片来源：Oxsight 官方网站。

3. 技术应用

项目利用先进制造技术、人工智能、AR 技术，帮助盲人判断所处环境，实现无障碍阅读，提升生活质量。

4. 应用效果

Oxsight 考虑到盲人为弱势群体，计划将这款产品以服务的形式提供给盲人。Oxsight 计划通过建立"盲人中心"帮助盲人检测眼睛残障的情况并教盲人如何使用这款产品。中心也将和当地的眼科专家合作，以便提供更好的服务给盲人。

Oxsight 正在各个国家积极寻求医院、盲人学校、政府、保险公司等机构作为"盲人中心"合作伙伴，中国也是他们的第一批目标市场之一。

5. 评价

Oxsight 利用 AR 技术为弱势群体寻求解决方案。更加可贵的是，Oxsight 不仅在商业上取得成功，还积极探索在公益领域中的推广方法，值得借鉴。

三 "无限明天"：3D 打印技术造福更多截肢者 [①]

1. 社会问题

目前，市面上的假肢价格极其昂贵，大部分截肢者难以负担。此外，假肢佩戴者因身体发育而不断更换假肢的花费也不可想象。如何生产出低成本且质量过关的假肢，以造福更多的截肢者，是一项重要议题。

2. 解决方案——3D打印假肢

"无限明天"是一家美国假肢公司，使用 3D 扫描仪对截肢者残肢和相对的全臂进行数字化测绘，通过软件根据人的形状和尺寸调整扫描数据，并用极低的成本生产出一些先进的假肢。假肢外观与真实肢体极为相似，重量仅有 1 磅，其每根手指都可以灵活运动，具有触觉力反馈，由微型电机驱动，充电一次可使用 3~4 天。患者甚至可以指定假肢的肤色以及指甲的颜色（见图 3-15）。

3. 技术应用

项目利用自动化技术、先进制造技术、3D 打印技术，助力截肢群体无障碍行动。

4. 应用效果

2017 年，该公司通过与非营利组织合作，成功为一位截肢者提供了假肢。目前，他们正在发起"明天 100"运动，目标是向 100 名截肢者捐赠 100 个假肢。未来，他们所生产的假肢性价比高，预计制造成本只有 5000 美元，高级版会再提高 2500 美元。

5. 评价

"无限明天"应用 3D 打印技术实现低成本生产假肢，并积极寻求包括非营利组织在内的合作伙伴，在更大范围内推广产品。

---

① 无限明天官方网站，https://www.unlimitedtomorrow.com/。

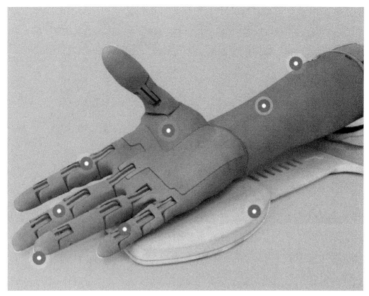

图 3-15　3D 打印的假肢

图片来源：无限明天官方网站。

四　VR 技术：带你走进自闭症患者的世界 [1]

1. 社会问题

自闭症是先天性的脑发育障碍疾病，是神经系统的疾病。自闭症患者通常存在感官异常的问题，遭受声音、画面等信息过载的情况，因此时常会受到声音的惊吓而捂住耳朵。在中国，公众对自闭症的了解和关注尚不充足，导致自闭症难以融入社会。

2. 解决方案——VR 技术

自在公益影像是一家服务公益机构的影视团队，致力于探索新的影像形式以展现公益中发生的故事。2018 年，自在公益影像通过 VR 技术即虚拟现实技术模拟了自闭症儿童的世界。在体验过程中，视频将声音过载的感受传递给体验者。体验者表述了自己的感受："周围声音闷闷的，就像自己潜在水底，只能听见声音，却模糊不清。每一个杂音都像恐怖片的音效，突如其来、音量巨大，吓得你惊声尖叫。" [2] 通过沉浸式的公益体验，团队让更多公众关注自闭症儿童（见图 3-16）。

---

[1]　Girasol:《VR 科技赋能新公益，带你感受"另一个世界"》，https://mp.weixin.qq.com/s/B8CXxw7C1NqAVYZOBNYL-A。

[2]　罗瑞斌:《VR 带你走进自闭儿的"世界"》，http://cs.zjol.com.cn/zjbd/201904/t20190405_9836953.shtml，2019 年 4 月 5 日。

图 3-16　观看虚拟现实视频

图片来源：Girasol《VR科技赋能新公益，带你感受"另一个世界"》，https://mp.weixin.qq.com/s/B8CXxw7C1NqAVYZOBNYL-A。

3. 技术应用

项目利用信息技术、VR技术，让公众更多地了解自闭症及自闭症患者。

4. 应用效果

全景沉浸式视频的首次亮相是在2019年的世界自闭症日活动上。这种沉浸式体验在自闭症的宣传上取得了不错效果。目前，已有多家社会组织联系自在公益影像，共同研发沉浸式项目。

5. 评价

VR技术以感官体验让自闭症儿童获得公众的共情，达成的效果是文字或图片等二维方式所不及的。VR技术在与此类似的其他领域有广阔的推广空间。

五　Ava：7天24小时的对话软件 ①

1. 社会问题

对于有听力障碍的人来说，与正常人对话是非常痛苦的过程。如果不能改善这种状况，有听力障碍的人将难以获得公平的工作机会，甚至在工作中受到歧视。

2. 解决方案——Ava

Ava是一款可以让听力障碍人士与听力正常的人进行群体对话的手机应用程序。

---

① 　Ava官方网站，https://www.ava.me/。

Ava 应用程序连接到房间里的其他设备，利用麦克风在手机屏幕上收听和解释对话，并实时显示其他的人正在说什么（见图 3-17）。对话中的每个参与者需下载应用程序并设置一个配置文件，之后只需正常地在手机麦克风附近讲话即可。Ava 用户每月可以免费使用 5 个小时。

3. 技术应用

项目利用信息技术和人工智能，帮助听力障碍人士实现无障碍交流。

4. 应用效果

目前，Ava 应用程序被世界上 10 万名听力障碍人士使用。它也是员工获取实时记录的简便方法。

5. 评价

Ava 有不同的收费标准，但是面对特殊人群开放免费福利，通过这种方式实现在公益领域的推广。

图 3-17　用 Ava 参加会议

图片来源：Ava 官方网站。

六　恩启云课堂：中国孤独症康复行业的在线培训平台 [①]

1. 社会问题

特殊教育关乎特殊人群的教育权，是国家应该保障的基本权利。特教师资队伍

---

① 恩启官方网站，http://www.ingcare.com/。

的建设直接影响了特殊教育的质量，而我国特教师资的水平整体不高。按照《中华人民共和国教师法》第十一条的规定，特教专任教师必须达到本科或专科以上学历。但是，在我国特殊学校中，20.48% 的专任教师的学历在高中及以下。此外，特教专任教师的职前和职后培训均不足。[①]

2. 解决方案——恩启云课堂

2015 年，恩启云课堂正式上线。这是中国残疾人康复协会独家授权，为孤独症儿童康复教育人员和家长提供在线视频教学的互联网平台。恩启云课堂将在线学习、习题巩固、阶段测试等方面融合，为教师、家长提供专业化教育沟通平台。课程包括孤独症儿童康复教育人员上岗培训课程、技能提升课程、在线公益课程等（见图 3-18）。

3. 技术应用

项目利用信息技术和社交网络技术，通过对特教师资的培养，助力孤独症患者康复。

图 3-18　恩启云课堂的公益课

图片来源：恩启官方网站。

---

① 张明平：《关于特殊教育师资的现状、问题及对策》，《考试周刊》2012 年第 28 期，第 21 页。

4. 应用效果

截至 2019 年年中，恩启培训了 18000 余名一线孤独症康复教师，超过全行业教师人数的 65%。恩启邀请国内外知名专家学者录制了一系列专业在线课程，得到了行业内一致认可。

5. 评价

恩启云课堂利用互联网的信息易获得性，在培养特教师资方面，克服了传统授课方式的时间及经费限制，提高了师资培养的效率。

第五节　科技在养老领域的应用案例

一　智身宝："365 天 +24 小时"的贴身养老服务体系 [①]

1. 社会问题

北京市平谷区地处远郊区，经济水平与发展程度较低，GDP 与人均可支配收入均明显低于全市平均水平。在养老服务上，平谷区老年人群支付能力相对较低。在低盈利的养老服务市场，需求大于供给。平谷区需要解决乡村居家养老服务问题的新方案。

2. 解决方案——智身宝

北京即刻到家服务科技有限公司（以下简称"即刻到家"）运用"互联网交易平台 + 智能终端设备 + 上门服务团队"的模式，建立了一个中心多个站点，成为综合生活服务平台（见图 3-19）。智身宝是即刻到家开发的一款服务软件，是实现"365 天 +24 小时"服务体系的智能终端设备。此服务软件希望通过强大的服务体系，实现养老服务类型和时间全覆盖。智身宝可以提供无线通话报警、呼叫等服务，为老年人和残障人士提供便利。另外，它可以通过手机收集用户信息，为老年人提供更加精准的服务。

3. 技术应用

项目以信息技术、互联网技术、人工智能技术为支撑，及时为老年人提供日常生活照料、医疗护理、精神慰藉等服务。

4. 应用效果

即刻到家提供家政、维修、咨询、紧急救助等 10 大类 300 多项服务。团队累计提供服务 20 万余次。

---

① 社创之星官方微信（微信公众号：gh_694cfe2f47f8）。

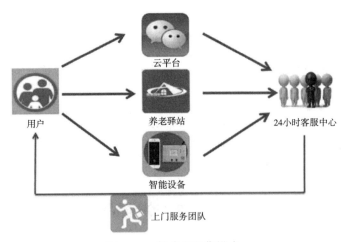

图 3-19　智身宝运作模式

图片来源：社创之星官方微信。

5. 评价

即刻到家通过政府购买、PPP 等方式免费提供日间照料服务，或低价提供养老护理服务，据此推动科技在养老服务公益领域内的应用。

二　SpeakSet：缓解老年人的社交孤立 ①

1. 社会问题

英国 70% 的医疗和社会保健预算都花在患有长期疾病的人身上，其中大多数人超过了 65 岁。在这一群体中，社交孤立也达到了流行病的程度，有 300 多万名老年人一个多星期没有见朋友或家人，100 多万名老年人一个多月没有见朋友或家人。研究发现，缺乏社交活动对健康的危害不亚于每天吸 15 支烟，而这会加剧阿尔茨海默病和糖尿病等病症。

2. 解决方案——SpeakSet

SpeakSet 是一种专为老年人设计的易于使用的视频通话设备，有助于解决老人的社交孤立问题。SpeakSet 的机顶盒可以插入任何电视，通过一个简单的遥控器就可以提供视频通话服务。联系人和设置是预先加载的，且可以远程更新。SpeakSet 让 65 岁以上老人可以在家中通过网络与朋友或医疗人士保持联系（见图 3-20）。

---

① The Socialtech Tech Guide 对 SpeakSet 的介绍，https://www.socialtech.org.uk/projects/speakset/。

图 3-20 老人正在使用 SpeakSet

图片来源：The Socialtech Tech Guide 对 SpeakSet 的介绍，https: //www.socialtech.org.uk/projects/speakset/。

3.技术应用

项目利用信息技术和社交网络，为老人提供更加便捷的精神慰藉服务。

4.应用效果

SpeakSet 为英国国家医疗服务系统、社会组织和养老院所采用，明显提高了老年人的护理质量，降低了他们的孤独感和再入院率。

5.评价

SpeakSet 顾及老年人的技术操作能力，用简化的技术应用，缓解了老年人的社交孤立状态，提升了养老质量。

第六节 科技在安全救灾领域的应用案例

一 Facebook 灾难地图：支持救援组织高效开展救援 [1]

1. 社会问题

灾害发生时，救援组织受限于灾区电力、通信及交通等状况而难以获得一手信息。此外，过多的救援资源容易导致效率降低、资源浪费等情况发生。在紧急状态下，救

---

[1] 元婕：《Facebook 研发"灾难地图"，欲提高灾后救援效率》，https://www.tmtpost.com/2628849.html，2017 年 6 月 12 日；谭菲君：《Facebook 发布了便于救援的"灾难地图"，这是一项让灾民安心的创新》，https://36kr.com/p/5078934，2017 年 6 月 8 日。

援组织需要在灾难发生后的第一时间科学制定应对措施，并高效地安排救援活动。

2. 解决方案——Facebook灾难地图

2017 年，社交网络平台 Facebook 与联合国儿童基金会、红十字会以及世界粮食计划署合作研发灾难地图项目（见图 3-21）。灾难地图包含 3 个子地图：位置密度地图、运动地图和安全检查地图。位置密度地图可以显示灾难发生之前、灾难发生期间及之后相应位置上的人群密度变化，并与该地区的历史人口数量进行比较。运动地图显示近几个小时内的人群移动模式。安全检查地图显示受灾人员所处的安全地点位置。社区帮助功能可以让受灾人员找到食物、交通工具等援助。

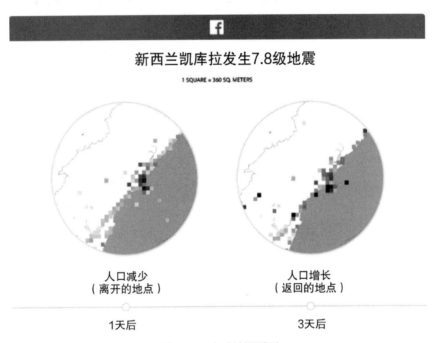

图 3-21　灾难地图页面

图片来源：谭菲君《Facebook 发布了便于救援的"灾难地图"，这是一项让灾民安心的创新》，https://36kr.com/p/5078934，2017 年 6 月 8 日。

3. 技术应用

项目利用信息技术、社交网络、大数据，搭建信息平台，助力灾难救援。

4. 应用效果

目前，该项目还处在研发前期。未来，Facebook 希望推动更多政府和组织参与其中，让这个平台的价值最大化，更有效率地完成灾难救援工作。

5. 评价

项目充分利用社交平台的开源性特征来解决信息不对称问题，不仅协助援助组织更高效地开展救援，而且让灾民及关心灾情的公众及时获知信息。

二　Zipline：拯救生命的无人机救援系统 [①]

1. 社会问题

受制于交通及路面状况，很多人没法通过卡车、火车、飞机等传统方式及时得到救援物资。创新救援方式，让更多人享受到及时且有效的医疗服务是一项重大挑战。

2. 解决方案——Zipline无人机

Zipline 是一家美国公司，其无人机运送系统是世界上第一个商用无人机运送系统，能将血液和疫苗等关键医疗用品快速送到需要的地方（见图 3-22）。偏远地区的卫生工作者使用手机发送订单来购买他们需要的医疗产品，从下单到交货平均只需 30 分钟。然后，医疗物品在一个无人机配送中心（每个配送中心有 500 次／天的配送能力，保存多达 1 吨的药物和血液制品）被迅速包装并发出，以每小时 100 千米的速度飞行。无人机到达后，物品通过降落伞运送给收货人。在指定区域着陆的 Zipline 无人机采用"回飞棒"设计巧妙地解决了无人机着陆问题。每架 Zipline 无人机的设计载荷为 1.5 千克，操作范围为 150 千米，并能在 24 小时内空运 500 件货物。经实践验证，无人机在各种天气状态下都可以平稳飞行。

3. 技术应用

项目利用自动化与先进制造技术、遥控和自动交通工具，提高了资金及物资筹集的效率。

4. 应用效果

Zipline 无人机自 2016 年在卢旺达上线以来，每天都在开展拯救生命的快递业务。数十家医院和医疗机构依靠 Zipline 的服务来改善病人护理。Zipline 无人机现在覆盖了整个卢旺达。2019 年，Zipline 在加纳建立了 4 个配送中心。

---

① zipline 官方网站，https://flyzipline.com。

图 3-22　Zipline 无人机

图片来源：Zipline 官方网站。

5. 评价

Zipline 在贫困地区实现了及时医疗服务，这对改善当地人的生活条件有极大帮助。Zipline 无人机在公益领域内也有极大的应用空间。

第七节　科技在公共卫生领域的应用案例

一　中国水质地图：公众参与，改善中国饮水环境[①]

1. 社会问题

中国水污染严重，各种水污染事件频发，饮用水安全问题严峻。我国饮用水水质整体状况不容乐观，城市和农村地区都存在不同类型的水污染问题。据统计，目前我国城市供水仍有 20% 达不到饮用水卫生标准，农村供水有 50% 达不到饮用水标准，全国约有 4 亿人饮用受到有机物污染的水。[②]

2. 解决方案——中国水质地图

中国水质地图是由博乐宝科技有限公司与中国水安全公益基金、中欧环保同学会

---

① 博乐宝科技有限公司官方网站，http://www.bolebao.com/。
② 陈立耀：《刚刚！2019 年中央一号文件发布，但农业还要警惕这些问题》，http://www.sohu.com/a/295962653_379553，2019 年 2 月 20 日。

共同发起的公益项目。项目鼓励民众拍下身边的水污染状况。

"中国水质地图"分三层呈现水质数据,使水质情况可视化,并实现数据的持续更新。第一层为全国地表水,共有 5 项检测指标,数据来源于国家地表水水质自动监测实时数据发布系统;第二层为城市小区饮用水,有近 18 项检测指标,数据来源于"中国水质地图"公益项目(见图 3-23);第三层为家庭饮用水,数据来源于博乐宝净水器用户分享的实时水质数据。

水质地图通过水质检测获得数据并以地图的方式呈现出来,方便公众实时查询所在地水质数据,帮助公众了解中国居民饮水现状,提升公众对饮用水安全的关注度。

图 3-23 中国水质地图的小区饮用水水质数据

图片来源:博乐宝科技有限公司官方网站。

3. 技术应用

项目利用信息技术、互联网技术,让公众更加便捷地检测身边的饮用水水质。

4. 应用效果

中国水质地图已经覆盖中国大部分地区。

5. 评价

中国水质地图不仅体现水源清洁程度,而且让公众参与水源治理,提高健康饮水的意识。

二 LifeStraw：能够挽救生命的净水器 [1]

1. 社会问题

在非洲和东南亚很多贫困的农村地区，村民难以获得干净水源，人畜共用水源的现象处处可见，大量村民只能从泥坑里取"饮用水"。这些"饮用水"中的细菌引发的伤寒和痢疾会导致死亡。

2. 解决方案——LifeStraw

LifeStraw 是一种获取饮用水的吸管装置（见图 3-24），手掌大小，重量 60 克，能够过滤 1500 升水，足够一个人使用一年。LifeStraw 采用超滤膜过滤细菌和病毒，用活性炭去除异味，用离子交换树脂去除重金属软化水质，进而预防饮水引发的疾病，如霍乱、伤寒等。LifeStraw 还可以过滤污水中 99.99% 的寄生虫和细菌，防止痢疾的发生。所有的 LifeStraw 滤水产品都由耐用的塑料制成，简单易用，无须电池或电源驱动。

图 3-24　用 LifeStraw 获取饮用水

图片来源：微风晴《来自丹麦的生命吸管》，http://www.sohu.com/a/169449209_786056，2017 年 9 月 4 日。

3. 技术应用

项目利用生物与医疗技术、疾病防御技术，高效地改善了饮水质量和安全。

---

[1]　微风晴：《来自丹麦的生命吸管》，http://www.sohu.com/a/169449209_786056，2017 年 9 月 4 日。

4. 应用效果

LifeStraw 滤水产品由 Vestergaard 公司研发，2005 年作为应急工具引入中国，用于过滤在自然灾害后受到污染的水。在 2008 年汶川大地震中，LifeStraw 为灾区提供了应急饮水保障。与此同时，Vestergaard 公司一直致力于帮助解决发展中国家的安全饮水问题。2018 年，Vestergaard 公司通过消费者零售计划，将 LifeStraw 滤水产品安装在受不安全用水影响的肯尼亚和印度的社区，并由这些社区的全职工作人员进行维护。该项计划能够保障 340 万名儿童一年的安全饮用水。

5. 评价

LifeStraw 以极小的成本解决关乎生命的安全饮水问题，有效改善了弱势群体的健康状况。

三　Paperfuge: 手动的纸质离心机 [①]

1. 社会问题

离心机利用离心力将血液中各种成分加速分离，分离后的血浆或血清可检验疾病。离心机是一种高精密仪器，价格不菲，而且占地大，电力需求大，不方便携带，只能放在医院或者实验室里使用。生活在偏远山区或者是贫困地区的人，由于没有离心机检查病因，往往会错过最佳治疗时间。疟疾、艾滋病及结核病这三大疾病致死的情况，往往与基本医疗设备缺乏、医院条件有限、医生人数不足有关。

2. 解决方案——Paperfuge

Paperfuge 由纸盘、拉绳和手柄制成，转速高达每分钟 12.5 万转，足以进行血液分离（见图 3-25）。使用时，使用者将待检测的血样装入医用毛细管中，固定在纸盘的对称位置上并不停拉动，让纸盘高速旋转起来进行血液分离。Paperfuge 能有效帮助医生迅速监测出疟疾、艾滋病及结核病。

3. 技术应用

项目利用生物与医疗技术、疾病防御技术，提供了便捷的血液检测方式。

4. 应用效果

2017 年，Paperfuge 获得了 INDEX 设计奖并获得了继续研发的资金。Paperfuge

---

① 《造纸机：20 美分的手动离心机》，https://theindexproject.org/award/winnersandfinalists/paperfuge-2017-play-learning-winner。

图 3-25　Paperfuge 示意

图片来源：《造纸机：20 美分的手动离心机》，https://theindexproject.org/award/winnersandfinalists/paperfuge-2017-play-learning-winner。

目前已经在肯尼亚、乌干达等非洲贫困地区，尤其是用电受到限制的地区推广使用。

5. 评价

与价值高昂的传统离心机相比，Paperfuge 具有制作成本低、使用简单、方便携带、容易推广等显而易见的优势。

四　Peek Retina：便携的眼科诊所 ①

1. 社会问题

大部分眼疾患者在初期是可治愈的，但往往因为条件限制，检查不及时，得不到快速治疗。传统检测设备价格相对高昂，易损坏又不能随身携带，难以应用到那些偏远或者条件不允许的地区。

2. 解决方案——Peek Retina

Peek Retina 是一款便携式眼科检查装备，可以与手机适配，随时随地做眼科检查。此工具将传统检查眼镜与一个视网膜相机以卡扣方式结合到智能手机上。用户用手机拍摄眼疾患者的图片，并可以将图片传输回眼科医院以进行分析和诊断，还能够储存患者的诊断结果数据（见图 3-26）。PEEK 可以诊断白内障、青光眼以及其他眼科类疾病。

---

① 《Peek Retina：帮助对抗可避免的失明》，https://www.indiegogo.com/projects/peek-retina-help-fight-avoidable-blindness#/。

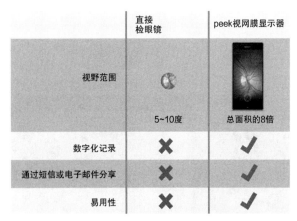

图 3-26 Peek Retina 的诊断结果数据

图片来源:《Peek Retina：帮助对抗可避免的失明》，https://www.indiegogo.com/projects/peek-retina-help-fight-avoidable-blindness#/。

3. 技术应用

项目利用信息技术和人工智能，简化了眼科疾病筛查的方式。

4. 应用效果

目前，Peek Retina 的研发团队与无国界医生以及国际机构合作，让其走入社区，帮助贫困地区社工做眼疾检查，尽力预防更严重的疾病发生。

5. 评价

Peek Retina 的便携性及经济性使其拥有广阔的社会前景，改变了人类看待眼疾和眼疾治疗的方式。

五 KAR：快捷的尿路感染诊断包 [①]

1. 社会问题

对于交通及经济条件有限的贫困地区来说，尿路感染的治疗面临着非常大的挑战。如果得不到及时治疗，尿路感染者将面临极大的痛苦和危险。如果滥用抗生素，一些抗生素会使某些病原体对治疗产生抗药性，使情况变得更糟。

2. 解决方案——KAR

Diagnochip 公司为治疗尿路感染提供了一种有效的方法。KAR（快速抗生素敏感性试剂盒）是一种用于诊断尿路感染的医疗设备，适用于疑似泌尿系统感染的患

---

① Diagnochip 官方网站，http://www.diagnochip.cl/。

者。KAR 为医疗团队提供正确、经济有效和快速的诊断，并将等待结果的时间从3~4 天缩短到现在的6~8 小时。KAR 不需要复杂的医疗设备，只需要一个孵化器就可使用（见图 3-27）。

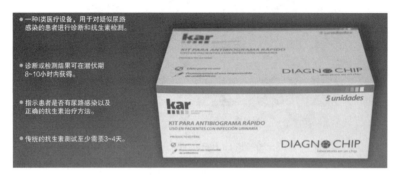

图 3-27　KAR 孵化器

图片来源：Diagnochip 官方网站。

3. 技术应用
项目利用生物与医疗技术、疾病预防技术，简化了尿路感染的检测方式。

4. 应用效果
KAR 已经被世界卫生组织批准在西班牙、智利及非洲等国家和地区推广使用。

5. 评价
KAR 极大地简化了医疗诊断步骤，提高了贫困地区的医疗水平，提升了当地人的治疗体验。

六　Solar Suitcases：安全分娩的太阳能手提箱①

1. 社会问题
每年，全世界有 30 万孕产妇死亡，其中 99% 发生在不发达国家。孕妇和新生儿死亡率高的地区通常是缺乏现代能源的地区，这些地区的医疗机构没有可靠的电力供应。卫生工作者依靠煤油灯、蜡烛和柴油发电机，在照明不足的情况下进行医疗护理。这些光源会释放有害的烟雾和二氧化碳，还会增加火灾的风险。

2. 解决方案——Solar Suitcases
Solar Suitcases 是一种太阳能手提箱，由一家非营利组织 We Care Solar 研发，是经

---

① We Care Solar 官方网站，https://wecaresolar.org/.

济且易用的太阳能电力系统。该系统的设计初衷是支持及时有效的产科紧急护理。它包括 1 个磷酸亚铁锂电池，4 个用于医疗任务照明的高效 LED 灯，2 个 12V 直流配件（打火机）插座，2 个 USB 接口，2 个扩展端口，可选配件或额外的灯，1 个带有可充电电池的胎心仪多普勒，1 个用于 AAA 或 AA 电池的电池充电器，以及 2 个可充电的前大灯。它们可以在移动设备上工作，也可以很容易地安装在缺乏可靠电源的医院和诊所（见图 3-28）。

3. 技术应用

项目利用能源技术、太阳能技术，通过改良传统能源以救助患者。

4. 应用效果

目前，该项目已在埃塞俄比亚、塞拉利昂、利比里亚、乌干达、坦桑尼亚、马拉维、肯尼亚、加纳、尼泊尔、菲律宾和海地实施，全球超过 2600 家医疗机构受益于 We Care Solar 的项目。项目将 3985 个太阳能手提箱安装在不同医疗点，使近 200 万名母亲及新生儿在配有太阳能手提箱的医疗点进行分娩，并让 1 万 5 千多名卫生工作者参与了使用培训。We Care Solar 已与超过 25 个非政府组织和发展组织合作推广太阳能手提箱。

图 3-28　正在使用中的 Solar Suitcases

图片来源：Wecaresolar 官方网站。

5. 评价

We Care Solar 作为一家非营利组织，用简单的技术满足了社会需求，并取得了很好的效果。

七 AED 地图：拯救生命的黄金四分钟 [1]

1. 社会问题

国家心血管病中心报告显示，中国心脏性猝死人数每年高达约 54 万名，平均每天有 1500 人死于心脏骤停，居全球之首。在大城市中，心脏性猝死抢救成功率不到 3%，而在落后地区，成功率更低。[2] 抢救成功率低的主要原因是我国大部分公共区域没有配置 AED 即自动体外除颤器。AED 一直被公认为是制止心脏猝死的最有效方法，被称为"救命神器"。而我国的 AED 配置数量，即便是在北上广深四大一线城市，也与实际需求不符。

2. 解决方案——救命地图

2016 年，名为"第一反应"的急救组织在微信小程序上率先发起"救命地图"项目，这是中国目前最大的 AED 在线地图平台。救命地图通过互联网和地理位置信息技术提升急病救治的效率，为用户提示最近的 AED 位置（见图 3-29），方便急救的开展。

3. 技术应用

项目利用信息技术、GPS 定位技术，提高了救助心脏性猝死风险患者的成功率。

4. 应用效果

AED 地图已经服务于百度地图、腾讯地图、微信和支付宝城市服务等，接入包括北京、上海、成都等 10 多个城市的近 400 个 AED 地点。[3]

5. 评价

救命地图利用了电子地图的精准度与便捷性，尽可能充分利用现有急救资源。同时，"第一反应"通过这种方式向公众普及 AED 的使用方法。

---

① 第一反应官方微信（微信公众号：sos919_com）。

② 《中国心脏性猝死每年约 54 万人，AED 急救离我们有多远？》，https://dy.163.com/article/EBUDMBB70518QNBT. html;NTESwebSI=F418690F3A765D71A4EBEF06677257B5.hz-subscribe-web-docker-cm-online-rpqqn-8gfzd-no6gz- 957844gkdfq-8081，2018 年 4 月 4 日。

③ 《救命！遇"晕街"打开百度地图 就近寻找 AED 可防猝死》，http://www.cena.com.cn/infocom/20170417/86477.html， 2017 年 4 月 17 日。

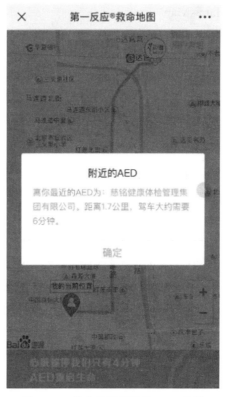

图 3-29　救命地图显示的 AED 位置

图片来源：第一反应官方微信。

第八节　科技在性别平等领域的应用案例

一　HarassMap：让女性远离性骚扰①

1．社会问题

联合国妇女署 2013 年的一份报告显示，埃及 7 个地区 99% 的女性经历过某种形式的性骚扰。埃及特有的"性骚扰神话"（Sexual Harassment Myths）和由来已久的女性权利低下的痼疾，为性骚扰提供了借口。长期以来，性骚扰在埃及被看成司空见惯的行为，直到 2014 年才被认为不合法。如何消除对妇女的性骚扰行为，改变妇女处境是埃及的一项重大课题。②

---

① HarassMap 官方网站，https://harassmap.org/。

② 张娟娟：《埃及 99.3% 的女性受到性骚扰 你猜 81% 发生哪里？》，https://www.sohu.com/a/216941749_100033236，2018 年 1 月 16 日。

2. 解决方案——HarassMap

反性骚扰的哈拉斯地图组织成立于 2012 年，所开发的地图 HarassMap 可让受到性侵犯或者性骚扰的人匿名分享她们的经历。由这些经历形成的报告在地图上标绘出来，显示为红点（见图 3-30）。红点被点击，就会显示为报告全文。报告向所有人开放，以此呈现埃及的性侵犯和性骚扰问题现状。

3. 技术应用

项目利用信息技术、社交网络技术，引起公众对性骚扰问题的重视，支持对性骚扰问题的研究。

4. 应用效果

HarassMap 向埃及人宣传性骚扰是一种后果严重的犯罪行为，改变人们对性骚扰的看法，说服人们采取行动。除此之外，HarassMap 也向志愿者和合作伙伴提供信息，便于他们利用这些信息在学校、工作场所和街道向公众倡导零容忍态度和行为。

5. 评价

HarassMap 以清晰可见的方式让公众了解性骚扰问题的严重性，并提供了科学的倡导依据。

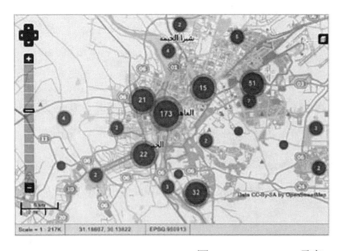

图 3-30　HarassMap 示意

图片来源：MashableAsia 官方网站。

二　Technovation：提升女孩用科技改变世界的技能 ①

1. 社会问题

科技行业是受追捧和增长较快的行业之一，但也是许多女孩难以进入的领域。尽管女性群体是 20 世纪 70 年代最早的计算机程序员群体之一，但该行业因长期缺乏多样性和性别差异性而受到广泛批评。根据 Hiring Solved 公司的一项研究，在硅谷前 25 大科技公司中，只有 19.6% 的员工是女性。②

2. 解决方案——Technovation

Technovation 是一家非营利科技组织，目标是培养女孩对科技的好奇心和技能，为她们在科技创新领域追逐梦想开辟道路（见图 3-31）。每年，Technovation 都会邀请来自不同国家的 10 岁至 18 岁的女孩，围绕她们所在社

图 3-31　参加科技创新项目的女孩

图片来源：Technovation 官方网站。

---

①　Technovation 官方网站，https://technovationchallenge.org。

②　乐学：《调查称前 25 大科技公司女性员工仅占 19.6%》，https://tech.qq.com/a/20161109/043653.htm，2016 年 11 月 9 日。

区的一个问题来寻求解决方案。女孩们组成 1~5 人的团队，在导师的支持和课程指导下，创建一个移动应用程序，并撰写一项商业计划去启动项目，将它推向市场。

3. 技术应用

项目利用信息技术，支持女性在科技领域的就业及创业。

4. 应用效果

自 2010 年推出以来，Technovation 已经帮助来自 100 个国家的两万三千多名女孩开发了移动应用程序，创立了创业公司。这些项目解决了多种多样的问题，包括食物浪费、营养、妇女安全等。在参与 Technovation 的项目之后，78% 的学生对计算机科学更感兴趣。

5. 评价

Technovation 虽然没有直接利用科技手段解决社会问题，但是通过科技赋能，激励女孩进行科技创新，缓解了性别上的数字鸿沟状况。

第九节　科技在文化保护与发展领域的应用案例

一　"数字供养人"：公众参与文化遗产保护 [1]

1. 社会问题

敦煌莫高窟文物是不可再生的，受到自然和人为双重因素的影响，石窟本体的劣化态势日趋严重且不可逆转。自 20 世纪 80 年代末开始，敦煌研究院利用数字化手段，保存敦煌壁画彩塑的珍贵资料。然而，尽管国家每年安排部分资金持续进行数字化工程，但距离全面数字化的目标还是较远。[2]

2. 解决方案——"数字供养人"

2018 年，项目由中国文物保护基金会、中国敦煌石窟保护研究基金会、腾讯

---

[1]　皮磊：《数字供养人：互联网＋文物保护的新尝试》，http://www.gongyishibao.com/html/yaowen/14165.html，2018 年 6 月 12 日。

[2]　《动动手指，做一名敦煌莫高窟"数字供养人"》，http://www.xinhuanet.com/gongyi/2018-06/08/c_129890340.htm，2018 年 6 月 8 日。

公益以及新华公益共同发起。用户在手机页面上点击创意视频，随机获得"智慧锦囊"。锦囊精选了30余幅壁画局部，标注了原解，并结合了现代人熟悉的生活场景和语言形式。同时，用户也捐赠了0.9元用于敦煌莫高窟的数字化保护（见图3-32）。腾讯旗下王者荣耀、腾讯动漫、QQ音乐等还推出了以敦煌壁画为元素的游戏、音乐、动漫等创意产品，如敦煌传统游戏探索之旅、敦煌诗巾等，扩大了项目的传播力度和范围。

图 3-32　"数字供养人"的"智慧锦囊"

图片来源：皮磊《数字供养人：互联网＋文物保护的新尝试》，http://www.gongyishibao.com/html/yaowen/14165.html，2018年6月12日。

3. 技术应用

项目利用信息技术、社交网络技术，助力文化遗产保护。

4. 应用效果

从公开资料了解，项目上线当日（2018年5月28日），创意互动H5就收获超100万点击和关注。9月，王者荣耀数字供养人H5上线两天累计曝光1.1亿人次，短短两天内拉动近 10 万人捐款。截至 2018 年 10 月，项目共撬动近 17 万人次捐款。①

5. 评价

项目关注大众的公益体验及年轻群体的表达方式，通过视频让敦煌壁画动起来，吸引更多年轻人了解敦煌的壁画故事，关注中国文物保护。

二 文化遗产守护者计划：让传统文化活起来②

1. 社会问题

截至 2018 年 7 月，我国入选世界文化遗产名录的已达 36 项，其中绝大多数的文化遗产面临着对内传承困难、对外失语的窘境。如何实现传统文化的积淀、传承和创新，这一难题需要更多人的共同努力和关注。

2. 解决方案——文化遗产守护者计划

该计划由百度公益基金会发起，用 AI 技术赋能文物保护单位、非物质文化遗产及其传承人，通过多种渠道广泛传播，让文化遗产以生动的方式为更多人所了解。中国的文化遗产借助 AR 增强现实技术让用户身临其境地体验制作过程。同时，百度整合百度 App、百度地图、百度百科、百度糯米等多方资源支持非遗。

3. 技术应用

项目利用信息技术、社交网络、AR 技术，助力传统文化传承。

4. 应用效果

截至目前，包括苗银、桃花坞年画等 8 个非遗项目都实现了 AR 技术效果（见图 3-33）。同时，文化遗产守护者计划的合作项目已达到 21 个，覆盖长江、黄河流域地区以及多个少数民族地区。

5. 评价

项目运用新技术保存了传统文化，同时通过网络平台让文化遗产活起来，吸引公众关注和参与。

---

① 《敦煌数字供养人入围行动者联盟 2018 公益盛典"年度公益创意"》，https://gongyi.ifeng.com/c/7hGUtmEKR9P，2018 年 10 月 23 日。

② 百度公益官方网站，http://gongyi.baidu.com/。

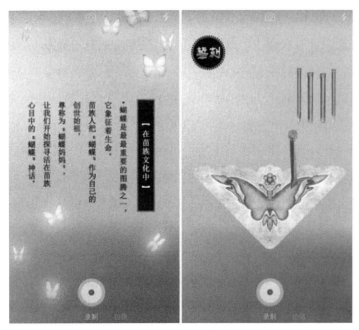

图 3-33　苗银项目的 AR 页面

图片来源：百度公益官方网站。

第十节　科技在"三农"服务领域的应用案例

一　农民偶像：YouTube 提高农技推广效率[①]

1. 社会问题

印度有 61 万个村庄，超过 6 亿的农业人口，但是大多数务农人员每天的收入还不到 2 美元。农民为了改善生计，过度使用化肥和农药来提高产量，最终反而导致土质下降，耕种成本上升，而一些先进的农业技术和农耕方法却迟迟得不到有效推广。据统计，平均每 2000 个农民才能分摊到 1 个农技员，而要见到一次农技员一般要等上半年。如何以合理的成本提高农技推广的速度和效率，这成了破解印度"三农"问题的关键。

2. 解决方案——农民偶像

非营利机构 Digital Green 在网站上开创了一个农民偶像节目。这档节目有 2600

---

① 《他把农民变网红，用 YouTube 传递农务绝招》，http://www.chinadevelopmentbrief.org.cn/news-22200.html，2018 年 11 月 15 日。

多段 8~10 分钟的视频,内容与农业有关,出场人物是真实的农民(见图 3-34)。种植高手通过视频讲述农业生产经验,如如何决定要种什么庄稼,如何保持土壤肥力,如何嫁接,如何清除杂草。Digital Green 把录制好的视频集中上传到云端数据库,并在可以联网时与地方数据库同步。各地的农技员在当地组织农民观看视频。同时,Digital Green 为农民开设专属网页,让他们传递务农经验。

图 3-34 农民偶像节目的拍摄过程

图片来源:《他把农民变网红,用 YouTube 传递农务绝招》,http://www.chinadevelopmentbrief.org.cn/news-22200.html,2018 年 11 月 15 日。

3. 技术应用

项目利用信息技术和社交网络技术,支持农业产业链发展。

4. 应用效果

Digital Green 模式把农民对农业知识技能的接受率提高了 7 倍,而成本效率则提高 10 倍。如今,该模式已经从印度扩展到了其他国家和地区。

5. 评价

农民偶像利用社交网络平台的共享特征缓解了农技人员与农民之间的供需不平衡,提高了农业技术推广的效率。

二　太阳能冰箱：提升农民收入[①]

1. 社会问题

在世界各地，大量的食物永远不会被端上餐桌，仅发展中国家的粮食损失和浪费就高达 2700 亿欧元。造成这种情况的主要原因是缺乏储存和冷却设施。在非洲，传统冷藏设备价格不菲，农民难以承受。农民辛勤劳作，却因农产品腐烂而遭受损失，或者急于在农产品保质期内低价售出，无法提高收入。

2. 解决方案——太阳能冰箱

Dysmus Kisilu 和他的团队开发了太阳能冰箱。这是一种由太阳能供电的便携式冷藏装置，用于保存易腐烂农产品。通过将内部温度控制在零下 20℃，太阳能冰箱将易腐农产品的新鲜度从 2 天延长到了 40 多天。

太阳能冰箱采用的是共享经济模式，农民可以借用或租用别人拥有的太阳能冰箱，大大降低冷藏成本（见图 3-35）。除此之外，Dysmus Kisilu 和他的团队还参与指

图 3-35　农民使用太阳能冰箱

图片来源：《太阳能冷藏：便携式冰箱应对非洲的粮食损失》，https://theindexproject.org/award/winnersandfinalists/ solar-freeze。

---

① 《太阳能冷藏：便携式冰箱应对非洲的粮食损失》，https://theindexproject.org/award/winnersandfinalists/ solar-freeze。

导和培训 300 名年轻妇女进入可再生能源领域，并向农村青年传授如何操作、维护和修理以可再生能源作为动力的设备。

3. 技术应用

项目利用能源技术，支持农业产业链发展。

4. 应用效果

太阳能冰箱已经成功地为大约 3000 名小规模农户提供了服务，农户中 80% 是女性。通过太阳能冰箱，农民在收获后的损失减少了 95%，收入增加了 150%。

5. 评价

太阳能冰箱使用廉价的清洁能源，为当地农户提供了价格可承受的冷藏方式，对于同样是小农生产的国家来说，具有借鉴价值。

三 耘镜：大数据让农业生产由"看天吃饭"转变为"知天而作"①

1. 社会问题

中国"三农"问题的核心之一，在于原有的农业生产方式落后，小生产比重居高不下。小农的生产条件简单，抵御天灾人祸的能力薄弱，靠天吃饭的特征非常明显。一旦出现天灾人祸，农民的生活水平会受到极大影响。

2. 解决方案——耘镜

北京佳格天地科技有限公司开发了农业大数据平台——耘镜，以卫星影像和气象数据为核心，利用深度学习技术，通过算法模型，来提供高效精准的农业大数据服务。用户通过台式电脑、平板电脑或手机登录耘镜系统，能实时了解或预测天气变化及农作物的生长情况，及时进行或者调整农事安排、农机调配、农药喷洒等活动（见图 3-36）。

除了能够持续监测作物长势之外，耘镜还能借助卫星遥感技术提供土地资产盘点、农业保险、区域规划、作物长势监测、产量预估、病虫害防治、滴灌方案等服务。比如，通过庞大的云端气象模型，结合实时采集的卫星气象数据，耘镜能够提供未来两周的天气预测，从而使用户规避灾害风险。

3. 技术应用

项目利用信息技术、大数据技术、人工智能、卫星遥感技术，支持农业产业链发展。

---

① 佳格天地官方网站，http://www.gagogroup.com/。

图 3-36 耘镜的主要功能

图片来源：佳格天地官方网站。

4. 应用效果

佳格天地已经利用卫星遥感技术服务了上亿亩土地，并在物流、销售、加工、视频安全管理等环节，实现了生产全流程可追溯。农业大数据为政府、金融机构、企业的决策提供辅助。[①]

5. 评价

佳格天地填补了中国农业数据的空白，基于数据提高农业管理的效率及科学性，为乡村振兴贡献力量。另外，该公司也正在探索用遥感卫星技术收集荒漠化地区的气象、土壤、海拔等信息，将这类技术用于更多荒漠化治理地区，提供更加有效且更适宜当地环境的生态修复方案。

四 Bhungroo：改善干旱状态的雨水采集技术 [②]

1. 社会问题

对于依靠季风维持生计的印度古吉拉特邦贫困农民来说，干旱是一个严重的问题。全邦降雨量有限导致在农作物种植高峰期，农民面临严重的水资源短缺问题。

---

① 筱小丫：《佳格天地：以卫星大数据助力智慧农业》，https://mp.weixin.qq.com/s/zQfuCS7GdWSltgo4mn2rTA，2018 年 2 月 2 日。

② 参见联合国气候变化框架公约官方网站对 Bhungroo 的介绍，https://unfccc.int/climate-action/momentum-for-change/women-for-results/bhungroo。

2. 解决方案——Bhungroo

为了应对此问题，奈列塔服务公司（Naireeta Services）开发了 Bhungroo 技术。Bhungroo 是一种水管理系统，它将多余的雨水注入地下并储存起来，人们在干旱时期将其抽出来使用。这个巨大的地下水库可以储存多达 4 亿升雨水。每年可以收取大约10 天的水并供应长达 7 个月的水量。

通过向地下水库添加雨水，Bhungroo 为含水层"充电"，延长了当地人每年的耕作时间。非咸水雨水与地下咸水混合后，降低了土壤中的盐沉积，增加了淡水供应量，使土壤适宜农业生产（见图 3-37）。

3. 技术应用

项目利用能源技术和水资源管理技术，支持农业产业链发展。

4. 应用效果

每一个 Bhungroo 单元都能提高 5 个家庭的土地肥力，并保证在未来 30 年内连续

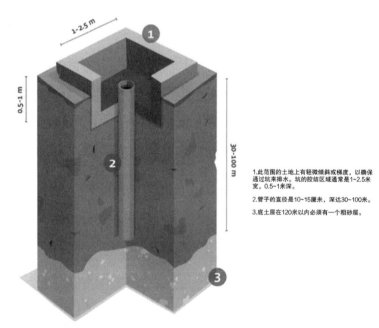

The Bhungroo

该技术是开源的，因此可以在其他地方开展。不过，Bhungroo确实有一条不容商榷的原则，那就是这项技术只能由穷人使用。

1.此范围的土地上有轻微倾斜或梯度，以确保通过坑来排水。坑的胶结区域通常是1~2.5米宽，0.5~1米深。

2.管子的直径是10~15厘米，深达30~100米。

3.底土层在120米以内必须有一个粗砂层。

图 3-37　Bhungroo 运作原理

图片来源：联合国气候变化框架公约官方网站对 Bhungroo 的介绍，https://unfccc.int/climate-action/momentum-for-change/women-for-results/bhungroo。

两季种植。它为印度超过 1.8 万名的边缘农民（超过 9.6 万名家庭成员）提供了粮食安全和可持续生计。从第一年开始，一个典型家庭的年收入从 210 美元增加到 700 美元，并在三年内实现收支平衡。古吉拉特邦生态委员会（Gujarat Ecology Commission）在该邦其他地区复制了 Bhungroo 的做法，而总部位于波士顿的 Change Agent 组织将 Bhungaroo 传播到了非洲部分地区。

5.评价

奈列塔服务公司是一家社会企业，通过优化水资源的管理方式改善了当地的生计。值得一提的是，Bhungroo 技术是开源的，可以无偿在其他地方推广。但在推广中有一项不可协商的原则，即这项技术只能由穷人使用。通过这种方式，公司保证了技术开发的初衷，并在公益领域内广泛推广此项技术。

五　GreenWave：革命性的海洋农业系统 [①]

1. 社会问题

人类过度捕捞给海洋生态系统造成毁灭性打击。早在 2006 年，《科学》上发布的一份报告显示，在过去 1000 年的时间里，29% 的海洋物种已濒临灭绝，如果目前过度捕鱼、环境污染的趋势持续发展下去，预计到 2048 年几乎不会再有海鲜留存世上。[②]2015 年，世界自然基金会发的一份报告指出，受过度捕捞、栖息地受破坏、气候变化等因素影响，全球海洋物种的种群数量在过去 40 年中减少过半。与商业或自给性捕鱼活动关系密切的海洋物种受影响程度最为严重，其中商业性渔业资源严重减少，例如金枪鱼、鲭鱼等食用鱼的种群数量下降了 74%。[③] 实现可持续渔业势在必行。

2. 解决方案——GreenWave

GreenWave 是一家非营利组织，其设计的农场旨在恢复海洋生态系统环境，缓解气候变化，为渔民创造就业机会，同时为社区提供健康的当地食物（见图 3-38）。

GreenWave 的核心是不同形状的渔网、贻贝、"袜子"，以及养殖贝类和海藻的牡

---

① 《看传统渔夫如何用 3D 海洋农场掀起农业变革巨浪！》，https://mp.weixin.qq.com/s/6AlqDfPsLfqR_RR-PbZ7ZA，2017 年 11 月 27 日。

② 江玮：《科学家称人类 42 年后可能没鱼吃 限制捕捞刻不容缓》，http://www.chinadaily.com.cn/hqbl/2006-11/06/content_725587.htm，2006 年 11 月 6 日。

③ 张淼：《世界自然基金会：海洋种群过去 40 年减半》，http://www.xinhuanet.com/world/2015-09/16/c_1116585007.htm，2015 年 9 月 16 日。

图 3-38　GreenWave 农场运作原理

图片来源：《看传统渔夫如何用 3D 海洋农场掀起农业变革巨浪!》，https://mp.weixin.qq.com/s/6AlqDfPsLfqR_RR-PbZ7ZA，2017 年 11 月 27 日。

蛎笼。每个网中都有不同的物种，漂浮在不同的深度，而整个结构都固定在海底。农场里的每个物种都经过精心挑选，以应对特定的环境挑战，例如牡蛎可以通过自然过滤来平衡氮水平，快速生长的海藻可以吸收比陆地植物多 5 倍的二氧化碳。农场通过搭建"海藻 + 贝类"共同养殖的模型，实现零投入高产出、修复生态系统、甚至改善气候变暖等多重效益。

GreenWave 农场的设计在开源的基础上与渔民分享。农场还为农民提供补助、低成本种子、免费户外装备和为期两年的培训，并承诺在五年内购买 80% 的作物。[1]

3.　技术应用

项目利用生态修复技术，支持农业产业链发展。

4.　应用效果

GreenWave 农场每年可消耗 164 千克氮，有效防止海水富营养化。海藻还可制成液态的肥料，减弱普通肥料造成的氮流失。2013 年以来，GreenWave 已帮助英格兰渔民在当地海岸线上建立了 14 个海洋农场，并计划将这一模式复制到太平洋西北沿岸。

5.　评价

GreenWave 的海洋农业系统实现了渔民生计与环境发展的平衡。GreenWave 除

---

[1]　《Greenwave：可以养活我们并帮助海洋的垂直海洋农场》，https://theindexproject.org/award/winnersandfinalists/greenwave-2017-work-winner。

了技术赋能之外，还提供培训及销售支持，实现了系统的解决方案。2016 年，联合国粮食与农业组织发布的《2016 年世界渔业与水产养殖状况》指出，中国的海洋捕捞产量位居世界第一名。对于作为水产大国的中国来说，GreenWave 农场非常有借鉴价值。

第十一节 其他应用案例

一 全城助力寻亲平台：寻找失踪人口的黄金 72 小时网络[①]

1. 社会问题

我国没有与失踪人口相关的全国性统计数据，但是从多种渠道我们可以获知失踪人口数量在逐渐增加。据 2017 年民政部发布的《中国老年人走失状况白皮书》数据，每年全国走失老人约有 50 万人，平均每天约 1370 名老人走失。2019 年，头条寻人发布的《走失人口数据报告》显示，自 2016 年 2 月至 2019 年 7 月，头条寻人累计发布了 74042 条走失者信息（不包含两岸寻亲和寻找烈士后人等特殊寻人信息），其中大约 56% 的走失者最终通过头条寻人和社会力量合作找回。[②] 如何找回走失人口成为政府及社会共同面对的问题。

由于目前我国的失踪人口问题没有统一归口管理，民政部门只能采用救助的方法帮助流浪乞讨人员找到家庭，而公安部门只解决刑事案件中涉及失踪人口的这一部分，且主要是无主死尸。各地建立的失踪人口信息网由于地域及库容量的问题，所起的作用也较为有限。

2. 解决方案——全城助力寻亲平台

2014 年，腾讯发起全城助力寻亲项目，利用 LBS 定位技术，向失踪地所在城市的 8.99 亿用户，即时推送紧急寻人消息，提供全民救援的公益平台。

2017 年后，全城助力寻亲平台与民政部、宝贝回家合作，接入全国 1900 余所救助站的走失人口信息，推出走失老人寻回功能（见图 3-39），并与稀有血型 NGO 组

---

① 《QQ 全城助力升级 2.0 版本，新增寻找走失老人与"熊猫血"功能》，http://science.china.com.cn/2017-05/25/content_9496833.htm，2017 年 5 月 25 日。

② 皮磊：《头条寻人发布"走失人口数据报告"成年人走失比例最高》，http://www.gongyishibao.com/html/gongyizixun/16989.html，2019 年 7 月 24 日。

图 3-39 全城助力寻亲平台的认领寻找老人公益项目

图片来源：《QQ 全城助力升级 2.0 版本，新增寻找走失老人与"熊猫血"功能》，http://science.china.com.cn/2017-05/25/content_9496833.htm，2017 年 5 月 25 日。

织——中国稀有血型联盟合作，开启线上寻找"熊猫血"（RH 阴性血）功能。

另外，腾讯优图实验室人脸识别技术能够实现跨年龄对比识别。

3. 技术应用

项目利用信息技术、社交网络、区块链技术、人工智能，助力公共安全和弱势群体安全。

4. 应用效果

截至 2018 年 8 月，全城助力寻亲平台共计推送走失案例 999 例，成功找回 545 人。截至 2019 年 4 月，平台已向网友推送寻找稀有血型案例 156 例，其中 153 位患者已经得到了及时救助。[①]

5. 评价

全城助力寻亲平台发挥社交平台优势，突破地域限制，解决了现有方案中无法解决的问题，实现广泛的用户触达，为寻人提供了快速且有效的方式。

以腾讯为代表的互联网企业先后利用自己的社交平台优势发起寻人项目，如今日头条的头条寻人、阿里巴巴集团的团圆系统等。

———————————

① 《科技向善，QQ 全城助力志愿者成功救助"熊猫血"患者》，https://tech.qq.com/a/20190412/006447.htm，2019 年 4 月 12 日。

二　灵析系统：开启社会组织的智慧管理之路 [①]

1. 社会问题

2008 年汶川地震之后，中国社会公益领域发展增快，社会组织的数量及涉足领域也在激增。然而，社会组织的项目、人、财务三方面管理方法比较落后。如何高效精准地管理大量利益相关方，如何提升传播与筹资成果和效能，如何从数据中洞察机构下一步发展的方向，这些问题的处理需要海量的数据搜集、筛选和分析工作，而仅依靠人工操作已经难以满足需求。

2. 解决方案——灵析系统

自 2012 年创立起，作为技术和数据解决方案提供商，灵析着力为社会组织解决筹款、传播、活动和数据管理等方面的问题，通过技术力量帮助社会组织提高管理能力和外联效率。

灵析的产品主要包括活动管理、筹款管理、传播管理及数据管理四个部分。社会组织在前三个部分中不断收集数据，而灵析系统在数据中心帮助机构快速整合数据，并进行管理和维护。另外，灵析研发的项目管理系统和资金管理系统，提高了社会组织的财务及项目管理效率（见图 3-40 ）。[②]

3. 技术应用

项目利用信息技术和互联网技术，支持社会公益行业的基础设备建设。

4. 应用效果

灵析系统已助力包括壹基金、自然之友、免费午餐基金会公募计划、阿拉善 SEE 基金会、瓷娃娃罕见病关爱中心等超过 4 万个社会组织提高效率和效能。灵析帮助社会组织持续积累公益数据，发掘数据背后的更大价值。

5. 评价

灵析系统让信息技术服务于社会组织的管理层面，为社会组织解决了数据积累问题及应用痛点。除了灵析系统之外，金数据和 Teambition 等产品都通过提供智能的数据管理系统，提高了社会组织的管理效率。

[①]　灵析官方网站，https://www.lingxi360.com/。

[②]　中国信息技术公益联盟：《2017 中国信息技术公益发展白皮书 V2.0》，https://max.book118.com/html/2019/0327/5011342200002022.shtm，2017 年 10 月 22 日。

图 3-40　灵析系统的主要功能

图片来源：灵析官方网站。

三　阳光公益联盟链：让公益资金更加透明化 ①

1. 社会问题

中国的社会力量在开展公益活动时，其公开度和透明度难以与公众信赖度相匹配，公益行动不断面临质疑。如何让公益资金以更高效、更公平、更透明的方式向公众展示，这一问题影响着社会公益行业的整体发展。

2. 解决方案——阳光公益联盟链

2017 年，中国红十字基金会、中国妇女发展基金会、中国医药卫生事业发展基金会、中国华侨公益基金会、中华少年慈善救助基金会、北京微爱公益基金会这六大基金会和北京轻松筹网络科技有限公司共同发起阳光公益链。这是国内第一个自主研发的公益联盟链，以区块链技术为依托，致力于实现公益透明。区块链是一种具有不可篡改特性的数字账簿（见图 3-41）。

通过阳光公益联盟链，公益的每一个捐赠环节均可信息同步、多方记账，任何机

---

① 中国信息技术公益联盟：《2017 中国信息技术公益发展白皮书 V2.0》，https://max.book118.com/html/2019/0327/5011342200002022.shtm，2017 年 10 月 22 日。

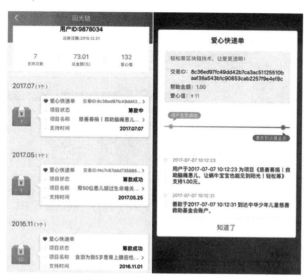

图 3-41　阳光公益链示意

图片来源：中国信息技术公益联盟《2017 中国信息技术公益发展白皮书 V2.0》，https://max.book118.com/html/2019/0327/5011342200002022.shtm，2017 年 10 月 22 日。

构或个人都无法更改，公众可以清晰地了解资金从捐赠到使用的每一个环节。

3. 技术应用

项目利用信息技术和区块链技术，支持社会公益行业的健康发展。

4. 应用效果

2018 年，北京轻松筹网络科技有限公司推出"阳光链 2.0"。目前，已有 60 余家社会组织加入其中。

5. 评价

阳光公益联盟链简化了资金溯源的步骤，使公众可以清楚看到每个环节的资金流量，极大地提高了公众对社会组织的信任度。

四　"99 公益日"：打造人人可公益的时代①

1. 社会问题

社会力量缺少专业的传播人员及宣传资金，在公益项目推广上缺少展示机会，无法激发出公众参与公益的兴趣和热情。在互联网时代，企业利用互联网的公开高效和

---

① 《迈入"理性公益"时代 2018 年 99 公益日捐款人次超 2800 万创新高》，https://www.tencent.com/zh-cn/articles/2200005.html，2018 年 9 月 9 日。

图 3-42 腾讯"99 公益日"项目展示页

图片来源：腾讯公益官方网站。

连接互动的特性将公益的影响辐射到更大范围，已成为向公众普及公益的极佳方式。

2. 解决方案——"99公益日"

2015 年 9 月 9 日是中国首个"99 公益日"。腾讯"99 公益日"主要为 9 月 7~9 日。在这三天里，腾讯公益基金会会邀请国内外众多公益项目，涉及环保、救助、关爱等各个公益类别。这些项目在腾讯公益平台上向全国数亿网民发起众筹，并通过设计小额现金捐赠、步数捐赠、声音捐赠等线上及线下场景鼓励公众参与公益。

3. 技术应用

项目利用信息技术和社交网络，提高社会公益行业的公众参与度。

4. 应用效果

2018 年 9 月 7~9 日，爱心网友通过腾讯公益平台捐出善款 8.3 亿元，超过 2000 家企业捐出 1.85 亿元，5498 个公益项目获得捐款。加上腾讯公益慈善基金会提供的 2.99 亿元配捐金额，以及 1 亿元社会组织成长基金，善款总计超过 14.14 亿元。而 2015~2017 年，腾讯公益平台每年分别筹得爱心善款 1.28 亿元、3.05 亿元、8.29 亿元。腾讯"99 公益日"已经成为我国的一项年度公益盛典。

5. 评价

虽然腾讯"99 公益日"仍有套捐之类的问题出现，但是互联网产品推动公益在最大范围内普及，让"人人公益"成为可能，使公益领域获得了向公众传播的平台及机会。

除腾讯"99 公益日"之外，阿里巴巴于 2016 年发起了全球 XIN 公益大会。与会人员也围绕"互联网公益、人人公益、公益全球化"等话题进行讨论，同时，参会组织联合淘宝网、蚂蚁森林等阿里巴巴旗下品牌推广公益项目。

　　另外，2017~2018 年，民政部已公布了 20 家互联网公开募捐信息平台，包括腾讯公益、淘宝公益、新浪微公益、美团公益、滴滴公益、水滴公益等互联网企业公益平台。这些平台可以为社会组织开展日常的网络募捐。互联网在动员公众参与公益，实现"人人公益"方面的作用已经不容忽视。

第四章
对社会公益事业发展的思考与建议

　　本章从宏观背景、微观发展及行业趋势三个维度，对中国社会公益事业的发展提出如下六方面建议。一是社会公益事业的法律法规体系逐步完善，但可操作性尚需提高；二是社会公益事业的公众参与程度提高，但社会公益意识仍需唤醒；三是社会公益事业规模扩大，但社会捐赠尚需合理分配；四是社会组织是社会公益事业主力军，但发展质量有待提高；五是社会公益事业的开放与融合已是大势所趋，但从业人员的素质亟待提高；六是，信息技术在社会公益领域的影响力逐渐增强，但其他新技术的应用仍需拓展。

在本章内容中，你将得到以下问题的答案：

▲ 社会公益事业发展的宏观法律法规体系是否已经构建？

▲ 社会公益事业的公众参与程度如何？

▲ 社会公益事业的发展规模如何？

▲ 社会公益事业是否已经适应了开放和融合的发展趋势？

▲ 社会公益领域中的科技应用水平如何？

一 社会公益事业的法律法规体系逐步完善，但可操作性尚需提高

党的十八大报告提出了新时期我国慈善事业发展的总体要求，并明确提到"完善社会救助体系，支持发展慈善事业"。2019年，党的十九届四中全会审议通过了《中共中央关于坚持和完善中国特色社会主义制度、推进国家治理体系和治理能力现代化若干重大问题的决定》（以下简称《决定》）。《决定》提到，"要创新公共服务提供方式，鼓励支持社会力量兴办公益事业，满足人民多层次多样化需求，使改革成果更多更公平惠及全体人民"。社会公益事业已经成为国家治理中的重要部分，而它的发展离不开法律法规体系的建立。从前文所提十大细分公益领域的发展背景中，我们可以看到，每个领域的发展轨迹都和该领域相关的关键法律演变有密切关系。而回顾社会公益事业的行业发展亦是如此，行业相关的法律法规体系也经历了从缺失到逐步完善的过程。

2016年之前，中国社会公益事业的法律法规体系以《中国公益事业捐赠法》为核心，包括《社会团体登记管理条例》《民办非企业单位登记管理暂行条例》《基金会管理条例》三大登记管理条例。行业的税收优惠零散见于《中华人民共和国企业所得税法》《中华人民共和国个人所得税法》《财政部关于企业公益性捐赠股权有关财产问题的通知》等。但是，慈善基本法、募捐、志愿服务、信息信用等方面的法律法规缺位。《慈善法》颁布之后，围绕该法颁布和修订法律的进程加快，推动了我国社会公益事业法律法规体系进一步完善。目前，中央层面已经形成了以慈善法为核心，包括主体制度、行为规范、监管制度及激励制度四个部分的新的社会公益事业法律法规体系（见图4-1）。而地方层面的社会公益领域立法往往先于国家层面。广东省在2012年颁布了《广州市募捐条例》，江苏省于2010年颁布了《江苏省慈善事业促进条例》，这些立法较早的省市，也是社会公益事业走在前列的地区。慈善法颁布之后，大多数省市制定了地方基本法规，如《北京市促进慈善事业若干规定》《安徽省实施〈中华人民共和国慈善法〉办法》等。

中国社会公益事业的法律法规体系已经初步搭建完成，但是仍有不完备之处，表现在以下两个方面。第一个方面是尚需继续填补法律空白。2017年以来，我国相继正式出台了《慈善信托管理办法》《志愿服务管理条例》《慈善组织信息公开办法》《慈

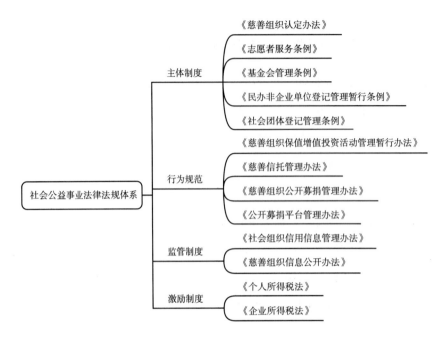

图 4-1 社会公益事业法律体系及主要法律法规

善组织保值增值投资活动管理暂行办法》《社会组织信用信息管理办法》等法律法规，逐渐完善了《慈善法》中的原则性规定。但是社会公益领域存在税收优惠政策缺乏相应的配套措施，慈善组织认定制度方面的规定亟须细化等问题。第二个方面是加快修订旧法，与《慈善法》做好衔接。《慈善法》出台后，有些规定与原有法律法规不一致，因而旧法需要修订。但是目前修订速度尚难以跟上社会公益事业的发展。如三大社会组织管理登记条例的修订尚未完成，导致很多社会力量对成立社会组织持观望态度。因此，我国加快具体法律执行细则的制定，增强相应法律的可操作性，做好新旧法的衔接势在必行。

二 社会公益事业的公众参与程度提高，但社会公益意识仍需唤醒

各个社会公益事业领域中的社会组织的使命在于解决与公众密切相关的议题，如教育、环保、性别、救灾等，公众参与对社会公益事业的发展起着重要作用。几乎每个社会公益组织都希望最大范围地推动公众参与，以此推动议题的解决进程。推动公众参与已经成为社会力量的主要工作渠道。公众参与社会公益事业的程度有不同层级，从观望、认同跟随、支持和发声、贡献力量、成为主人翁，到变成该领域的

领袖。自 2008 年开始,我国公众参与社会公益事业的程度已经显著提高。根据《中国慈善发展报告(2019)》中的数据,2018 年度的中国志愿者总量约为 1.98 亿人,比 2017 年增加 4003 万人,增长率为 25%,其中活跃志愿者在 2018 年度贡献志愿服务时间总计为 21.97 亿小时,比 2017 年度增加 4 亿小时,增长率为 22%。2018 年度的中国志愿者贡献总价值为 823.64 亿元,与 2017 年相比,增长超过 50%。[①] 尤其是互联网使公众参与社会公益更加便捷,如前章所提及的腾讯 "99 公益日" 和蚂蚁森林等案例为公众提供了积分、运动、消费等极具生活场景的参与方式。

然而社会公益意识仍需唤醒。社会公益意识是参与者对社会公益事业的认识水平及自觉参与程度,至少应包括两个层面。第一个层面是参与者对社会公益的认识水平,如什么是社会公益,谁应该参与社会公益,以及为什么参与社会公益。第二个层面是参与者自愿参与社会公益的水平,如是否愿意参与社会公益,是否参与了社会公益,是否经常参与社会公益,这类与行为有关的表现。

社会公益事业本质上是追求社会公共事业和社会福利的事业,强调互益或公益。但自 2008 年以来,社会公益领域中频频曝出负面消息,如贪污和挪用社会捐款、诈捐、骗捐、套捐等事件。这些以社会公益为噱头的行为体现了一些人对社会公益的认知错位,社会公益的价值观发生偏移甚至扭曲。

我国公众自愿参与公益事业的热情虽有所提高,但与其他国家相比,参与程度仍处于较低水平。2018 年,英国慈善援助基金会(CAF)发布的全球慷慨指数显示,中国国民的捐赠意愿指数为 17%,在全球 144 个主要国家中排名第 142 位。[②] 2017 年,人民智库发布的《中国公众的公益观调查报告(2017)》也有相似表述。这项报告提到我国公众参与公益活动的意愿强烈,但是实际参与行为偏少。[③]

在社会公益事业日趋发展的今天,重新审视社会公益的使命,通过弘扬广泛的社会公益文化来唤醒公众的社会公益意识格外重要。2018 年,浙江敦和慈善基金会和中国慈善联合会联合举办中国慈善文化论坛,与会人士提到,国家及社会对公益文化的

[①] 翟雁、辛华、张杨:《2018 年中国志愿服务发展指数报告》,载杨团主编《中国慈善发展报告(2019)》,社会科学文献出版社,2019,第 49~87 页。

[②] Charities Aid Foundation. *CAF World Giving Index 2018*.https://www.cafonline.org/docs/default-source/about-us-publications/caf_wgi2018_report_webnopw_2379a_261018.pdf.

[③] 黄智宽、郭尧、石晶:《中国公众的公益观调查报告(2017)》,《人民论坛》2017 年第 6 期,第 60 页。

塑造都负有责任。塑造社会公益文化可以从三个方面入手。第一个方面是开展文化教育，改变该领域"重实践轻文化"的教育方式，重视有关社会公益文化的知识普及，树立正确的社会公益价值观。例如，浙江敦和慈善基金会开展了"敦和·善识计划"，促成高校开设社会公益方向的选修课，加深大学生对社会公益的理解和认知。第二个方面是打造全社会的公益氛围，开展各种面向公众的社会公益活动，如腾讯"99公益日"和"95公益周"，以及每年9月15日的"中华慈善日"等活动，以此让公众了解并参与社会公益。第三个方面是推动社会公益文化的体系化研究。2018年，中国公益圈的"MeToo"运动（反性骚扰运动）推动了行业内部的伦理建设，很多社会公益组织着手推动行业伦理手册的制定，实现行业内部的自我约束。

三 社会公益事业规模扩大，但社会捐赠尚需合理分配

社会公益事业规模的衡量指标主要包括社会捐赠的数额以及社会公益覆盖的领域范围。在社会捐赠方面，我国虽然早已经制定了《公益事业捐赠法》，但是此法仅适用于被动接受捐赠的情况。主动向社会募捐的主体长期局限于极少数公募基金会及红十字会等组织。随着互联网公益的发展，公募资格逐渐放开。截至2018年9月，我国具有公募资格的慈善组织已达1293家，约占已认定慈善组织的27%，此外，20个慈善组织公开了互联网募捐信息平台。[①] 这些促成了社会捐赠数额的增长。

社会捐赠主要来源于企业和个人。企业捐赠占据较大比例，而自然人的社会捐赠也占据越来越重要的位置。《中国捐赠百杰榜》从2011年开始连续7年观察中国大额捐赠的变化，中国百杰捐赠总额在2011年仅为122亿元，而到2016年，总额达到379亿元，涨幅较大。[②] 自互联网募捐平台开放之后，公众小额捐款的金额也逐年上涨。仅以"99公益日"为例，在2015年发起之初，公众捐款数额为1.3亿元，而到2018年已达8.3亿元。

如图4-2所示，相较于2017年及之前几年持续增长的态势，2018年的社会捐赠

① 罗争光：《全国登记认定慈善组织达4774个，其中1293个具有公募资格》，http://news.xmnn.cn/xmnn/2018/09/05/100420891.shtml，2018年9月5日。
② 《6年持续观察，看中国大额捐赠趋势》，http://www.chinadevelopmentbrief.org.cn/news-19248.html，2017年2月20日。

总额有所下降。下降的部分原因是占据物资捐赠比例较大的医疗捐赠受到我国药价基准制度影响，捐赠折价下降。并且，2018 年新成立的社会组织数量下降。[①]

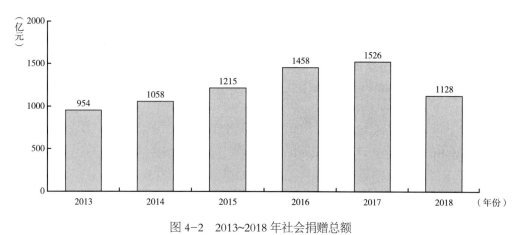

图 4-2　2013~2018 年社会捐赠总额

资料来源：宋宗合《2017~2018 年度中国慈善捐赠报告》，载杨团主编《中国慈善发展报告（2019）》，社会科学文献出版社，2019，第 32 页。

　　在覆盖领域方面，政府在各个社会公益领域都出台了鼓励社会力量参与公共服务的法规或政策纲要。[②] 社会公益事业基本覆盖了全部的公共服务领域。然而，目前社会捐赠的流向仍比较集中。其一，服务领域集中。据《中国慈善发展报告（2018）》统计，社会捐赠集中分布在教育（30.44%）、医疗健康（26.05%）及扶贫（21.01%）三个领域，数额已经占到了总额的 77.5%。[③] 这种集中倾向已经被反复印证。国双数据中心 2019 年发布的《2018~2019 中国慈善公益发展报告》显示，教育、扶贫济困、医疗救助是社会组织集中的服务领域（见图 4-3）。《中国捐赠百杰榜（2018）》数据显示，资金主要流向教育（金额占 37%，捐赠笔数占 45%）和扶贫（金额占 20%，捐赠笔数占 29%），而流向环保和科技创新等领域资金较少。[④] 2019 年，《福布斯》发布的"中国慈善榜"显示，教育和扶贫是企业家及企业捐赠的两个主要方向（分别为48.57% 和 33.57%），其中教育更是占据了近一半份额。其二，接受捐赠的主体类型集

---

　　① 　宋宗合：《2017~2018 年度中国慈善捐赠报告》，载杨团主编《中国慈善发展报告（2019）》，社会科学文献出版社，2019，第 30~48 页。

　　② 　相关政策规划第二章中皆有涉及。

　　③ 　宋宗合：《2016~2017 年度中国慈善捐赠报告》，载杨团主编《中国慈善发展报告（2018）》，社会科学文献出版社，2018，第 31 页。

　　④ 　王祖敏：《2018 年中国捐赠百杰榜发布》，http://www.chinanews.com/cj/2019/01-17/8732180.shtml，2019 年 1 月 17 日。

中。我国社会公益事业长期以来以政府为主导，扶持了大批依托政府部门建立起来的社会组织，如慈善会系统、中华环境保护基金会、中国红十字会、中国儿童基金会、中国青少年发展基金会等。这些社会组织在创立之初或运行过程中由政府给予大量财政资金支持，在人事及项目安排上与政府部门有千丝万缕的关系。政府的支持使这些社会组织获得了资源募集的优势。另外，政府介入为它们带来近乎垄断的地位，削弱了其他社会组织的发展。虽然此类社会组织正在逐渐向市场转型，但是资源垄断的局面仍然没有得到彻底改变。社会捐赠流向集中在基金会系统、慈善会系统以及除民政部门以外的政府部门等具有官方色彩的社会组织（见图4-4）。

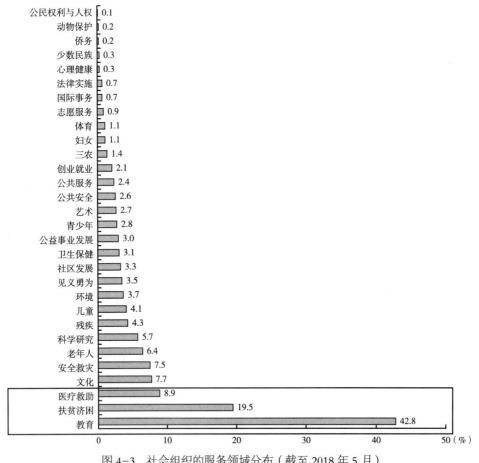

图4-3　社会组织的服务领域分布（截至2018年5月）

资料来源：国双数据中心《2018~2019中国慈善公益发展报告》，2018，第9页。

社会捐赠的分布如此集中，限制了社会公益领域的均衡发展，更会造成越集中的地方发展越快，其他地方得不到发展的恶性循环。改善这种局面的措施有如下三种。首先，政府要理清自己在社会公益事业中的角色。政府应以采取激励和引导措施、制定法律法规制度、搭建监督保障体系为主要手段来对社会公益事业进行宏观调控，尽量降低在具体社会公益工作中的干涉或参与程度，营造各主体公平发展的外部环境。其次，基金会作为资源型的社会组织应以资助其他社会组织为首要任务，而不是在拥有充足社会捐赠的同时提供社会公益服务，挤压其他社会组织的生存空间。上下游社会组织之间应各司其职。再次，社会组织本身也应针对自身的公共议题加强倡导，提

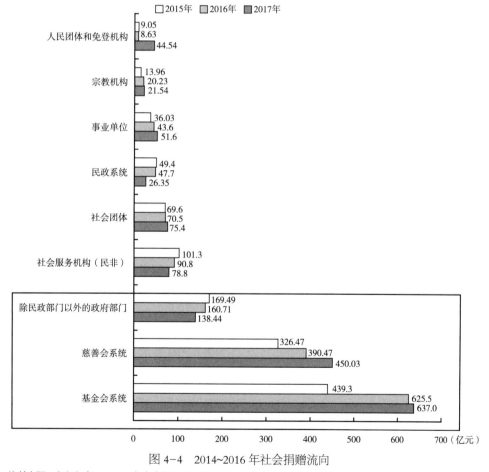

图 4-4　2014~2016 年社会捐赠流向

资料来源：宋宗合《2015~2016 年度中国慈善捐赠报告》，载杨团主编《中国慈善发展报告（2017）》，社会科学文献出版社，2017，第 16 页；宋宗合《2016~2017 年度中国慈善捐赠报告》，载杨团主编《中国慈善发展报告（2018）》，社会科学文献出版社，2018，第 30 页；宋宗合《2017~2018 年度中国慈善捐赠报告》，载杨团主编《中国慈善发展报告（2019）》，社会科学文献出版社，2019，第 37 页。

升自身影响力，尤其是尚未或极少被公众关注的领域中的社会组织。本质上，加强倡导就是通过各种方式动员更多利益相关方参与其所倡导的公共议题，利益相关方包括商业伙伴、政府机构、普通志愿者、其他同业伙伴等。如从事老人临终关怀的社会公益组织十方缘，通过为其他同业伙伴提供培训交流的方式来扩大自身影响，同时与其他同业伙伴共同发起行业组织，提高关注度。目前，南都公益基金会已经开发了中国好公益平台以助力社会组织公益项目规模化，提升影响力。

四　社会组织是社会公益事业主力军，但发展质量有待提高

2008 年被称为"民间公益元年"，之后，社会组织的发展逐渐成为中国社会公益事业中的重要组成部分。《2017 年社会服务统计公报》显示，自 2010 年开始，社会组织总量逐年上升[①]，至 2018 年年底达 81.6 万个（见图 4-5）。

社会组织发展是衡量一个国家社会公益事业发达程度的重要指标之一。然而，我国社会组织内部治理水平较低的状况直接限制了其发展水平。内部治理是一套复杂的决策管理体系。参考民政部社会组织管理局发布的社会组织评估指标，内部治理水平主要涉及社会组织在监理事制度、财务资产管理制度、人事管理制度三个方面的表现。[②] 其中财务资产管理在过去十年的发展过程中问题频发，格外受到公众关注。《中国公众的公益观调查报告（2017）》[③]及《我国公民慈善意识调查分析》[④]均提及，受访者将社会组织的公信度或信息透明度视为影响其参与社会公益事业的最重要因素。"郭美美"事件中的财务不透明、"黑土麦田"事件中的财务混乱不清、中华爱国工程联合会的违法敛财等都招致公众对社会公益事业的质疑。由于在财务资源管理制度上的不完善，有些社会组织已经背离了其服务社会公益的职责。另外，由于理事、监事等制度不健全，社会组织内部常出现"一言堂""理事不理事""董事不懂事""监事不监事"等现象，社会组织的创始人或主要领导人由于权力膨胀而恣意妄为。如"MeToo"运动就曝出多家著名的社会组织领导人利用职务之便对女性性骚扰。这些管理人的不诚信行为也造成了社会组织公信力的急剧下降。

① 　民政部：《2017 年社会服务统计公报》，http://www.mca.gov.cn/article/sj/tjgb/201808/20180800010446.shtml。

② 　中国社会组织公共服务平台：《社会组织评估申报指引》，http://www.chinanpo.gov.cn/3988/122170/pgindex.html。

③ 　黄智宽、郭尧、石晶：《中国公众的公益观调查报告（2017）》，《人民论坛》2017 年第 6 期，第 61 页。

④ 　王琳欢、崔亚超、尹玲馨等：《我国公民慈善意识调查分析》，《浙江伦理学论坛》2017 年第 00 期，第 232 页。

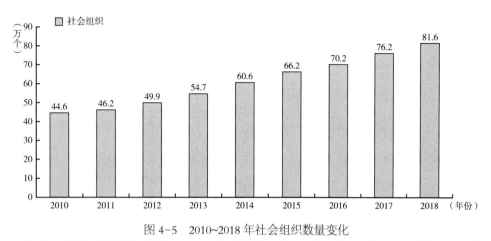

图 4-5 2010~2018 年社会组织数量变化

资料来源：蔡礼强《严格监管与双轮驱动：社会组织高质量发展的转型之路》，载《中国社会组织发展报告（2019）》，社会科学文献出版社，2019，第 3 页。

近几年，社会组织已在内部治理上做出改变。在信息公开上，绝大多数社会组织尤其是具有公开募捐资格的社会组织特别重视在网站上展示其社会捐赠的来源、去向和规章制度等资料。但是从整体上来看，国内的社会组织仍然以重实践轻管理为主要发展特征。很多社会组织的领导人属于实干派，却非管理能手，导致很多机构的生命周期随着创始人的离开而结束。如何提高社会组织的发展质量，这是需要提上日程的重要课题。

在提升社会组织的内部治理水平上，英国制定的《慈善机构管理守则》[1]非常值得借鉴。该《守则》的开章就提到高质量的治理是慈善成功的基础（Good governance in charities is fundamental to their success）。一个高质量的社会组织治理应该至少符合以下七个原则：其一，董事会或理事会需要了解该社会组织的使命，并努力保证该使命得到有效和可持续地实现；其二，每个社会组织都应该有一个有效的董事会或理事会，它们可以为实现社会组织的使命提供战略性规划和领导；其三，董事会或理事会成员必须要秉持诚信，清楚认识到公众对社会组织信任的重要性，不应做出任何伤害此信任的不诚信行为；其四，董事会或理事会的决策过程必须在信息充分且及时的基础上，建立合理的授权制度、风险管控制度及监测制度；其五，董事会或理事会应该充分利用其经验、背景和知识做出明智决定；其六，董事会或理事会的成员背景应尽量多元化，并在决策过程中接受多元化的意见；其七，董事会或理事会应领导社会组织

---

① 《慈善机构管理守则》，https://www.charitygovernancecode.org/en。

保持公开、透明和可问责。这些原则旨在促使社会组织建立一个健全的治理结构。如果没有高效、负责以及自律的内部治理结构，任何从此结构中诞生的机构制度都不会将该社会组织引向成功。

五 社会公益事业的开放与融合已是大势所趋，但从业人员的素质亟待提高

开放使社会组织、企业、政府、自然人通过各种方式，以更多元的角色参与社会公益领域。利益相关方的关系或互动更加复杂。

在早期，社会公益领域中利益相关方的关系比较单一。捐赠方、服务提供方及受益方之中服务提供方占据相对主导地位，受益方通常与以贫困、贫穷、特困等词来界定的受助人群挂钩。在三者关系中，受益方相对被动地接受服务，话语权较弱。捐赠方的影响力逐渐增强，对服务提供方提出了更高要求。应捐赠方的要求，服务提供方不仅要满足受益方的需求，实现服务效果，还需让项目具有行业带动及示范效应，如通过公众活动、志愿者活动、政策倡导等方式扩大机构或项目的影响。另外，在有些项目中，受益方也显然已经不再是被动接受服务的受助者，而是社会公益服务的购买者。在社区建设领域中，一些机构在城市社区开展公共空间运营服务，目标是更加便利城市社区的居民生活，打造社区治理的环境。环境保护领域中的自然教育机构从服务对象的需求出发来开发课程，并注重听取需求方的意见和反馈，以此逐渐改善服务质量。最后，除了原本的三者关系发生变化之外，研究、监督、评估等众多第三方机构加入，使社会公益领域之复杂局面前所未有。

利益相关方关系的变化及更多利益相关方的参与，要求社会公益项目经得住各方考验，这对从业人员的项目设计及管理能力提出了更高要求。有些社会组织在项目设计上存在较大漏洞，对自身项目打磨不足而导致捐赠方无法评估项目的有效性。有些社会公益组织的服务意识较弱，不能正确看待与受益方的关系变化，不注重收集受益方的需求及反馈。诸如此类的问题对社会公益组织的筹资能力产生负面影响。

此外，融合让社会公益领域打破壁垒，积极寻求跨行业合作。在第二章所列举的各个社会公益领域中，我们几乎都可以看到跨行业合作的案例。在教育领域中，歌路营慈善基金会融合了艺术手段，开发了青少年参与艺术教育课程。在环境保护领域，

公众环境研究中心利用互联网大数据开展环境质量监测。在助残领域，北京市朝阳区金羽翼残障儿童艺术康复服务中心利用艺术进行康复服务等。跨行业的合作覆盖了科技、艺术、心理、新闻出版、法律、建筑、医学、金融等各行各业。不同行业以其不同的工作方法为社会公益领域提供创新的工作模式，携手共同解决社会公益领域所面临的挑战。

行业之间的渗透对从业者提出了更高要求。在传统的项目设计及管理能力之外，社会公益组织需要更多具有跨界思维及技能的从业人员。根据《中国发展简报》发布的《中国公益组织人才供需发展报告（2016）》，社会公益领域主要招聘岗位已多达7项，包括筹款、传播与媒体运营、财务管理、项目管理、IT支持、监测评估、研究咨询等各类岗位。[①] 其中在筹款岗位中，有些社会组织还会专设与捐赠人维护相关的岗位。上海联劝基金会专设捐赠人维护岗和志愿者管理岗，中国扶贫基金会设品牌传播部和信息技术部等。目前，有很多具有专业技术的社会公益从业人员均为志愿者或兼职人员，正式从业人员偏少。仅以社会公益领域中互联网技术从业人员为例，2018年，深圳市图鸥公益事业发展中心发布的《中国公益组织互联网使用与传播能力第六次调研报告》显示，社会组织的技术支持人员主要是兼职人员，因而缺少专业人员仍然是社会组织使用互联网技术的限制因素。[②]

在上述背景下，我们应当关注如何让社会公益事业从业者的能力更加符合开放和融合的趋势。如今，我国有大量公益从业人员的人才培养项目。在学历教育方面，清华大学公共管理学院、北京大学光华管理学院、北京师范大学珠海分校等都设立了与社会公益事业相关的专业。在非学历教育方面，中国慈善联合会启动了中国公益人才培养计划，银杏基金会启动了银杏计划，开设了益修学院等。这些教育计划不仅包括常规的项目管理技能，还包括如商业思维、品牌营销、财务管理、市场运营、新媒体传播、筹款、志愿者管理、政府关系、信息管理等更加多元或跨界的技能培训。社会公益从业人员应积极应对趋势变化，改善自身的知识结构。

---

① 李长文、张耿瑞：《中国公益组织人才供需发展报告2016》，http://www.chinadevelopmentbrief.org.cn/news-19560.html，2017年5月22日。

② 《中国公益组织互联网使用与传播能力第六次调研报告》，http://www.chinadevelopmentbrief.org.cn/news-21707.html，2018年8月1日。

六 信息技术在社会公益领域的影响力逐渐增强，但其他新技术的应用仍需拓展

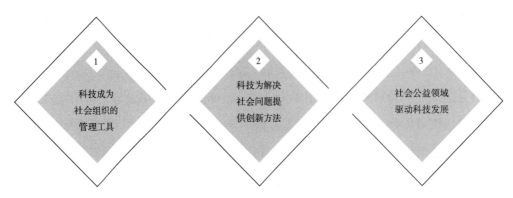

图 4-6 科技在社会公益领域中的三个应用场景

科技正在大规模改变各个行业，而在公益领域亦是如此。综合本书所举案例，科技在社会公益领域中的应用场景主要有三种（见图 4-6）。其一，科技成为社会组织的管理工具。在这个场景中，科技是社会组织实现高效且便捷的内部管理的工具。其中，互联网在社会公益领域中的应用是常见的场景，如互联网成为社会组织传播、筹款及组织管理的工具。如今，大多数社会组织将新媒体作为自身的传播工具，或通过互联网开展公众筹款，或利用财务软件及 OA 系统更高效地组织管理等。在前章的案例中，灵析系统、腾讯"99 公益日"和"95 公益周"等都可视为此类应用。其二，科技为社会问题的解决提供创新方法。科技的创新方法解决了传统方法需要耗费大量人力和物力或无法解决的问题，提升社会公益项目的完成质量及效率。以无人机及卫星遥感等在社会公益领域中的应用为例，在无人机应用之前，从业人员采集数据受到人力和体能诸多因素限制。无人机则极大拓展了数据采集的范围，提升了公益项目的专业度和精准度。其三，社会公益领域驱动科技发展。社会领域中蕴含大量有待解决的问题，而社会组织能及时发现这些问题，但往往因为专业、资源及技术等限制难以提供合理的解决方案。这就为科技提供了广泛的应用场景。解决社会问题的需求驱动了新的科技产品的诞生。科技融入了公益理念，公益推动了科技的进步。如Thoughtworks 一直致力于用科技促进社会和经济公正。2015 年，针对留守儿童的心理问题，Thoughtworks 的工程师设计了一款名叫"关爱的钮扣"的产品。该产品是一

款小巧的可穿戴设备，是具备数据传送功能的物联网装置。通过小纽扣，孩子可以通过微信向父母发送留言并及时得到父母的反馈。Thoughtworks 通过与关爱留守儿童的社会组织合作来扩大该产品的使用范围。除了 Thoughtworks 之外，很多大型的科技公司，如腾讯、微软等，都要求员工以社会问题为导向进行研发工作。科技已经逐渐将公益领域作为推动自身发展的重要场景之一。设置无障碍 AI 入口的社交平台、人脸识别技术支持的防走失平台等都是驱动科技发展的例子。科技向善的理念已成为众多科技型企业的主流价值。社会公益领域也在逐渐提高吸纳科技的速度，解决方案的技术含量越来越高。

在本书第三章所举的 40 个案例中，超过一半的案例应用了信息技术。信息技术为社会公益领域带来革新已经成为无可争议的事实。支付宝、蔚蓝地图、佳格天地、蚂蚁森林等通过互联网实现了社会公益服务的网络化、数据化、数字化及立体化，更有效地推动社会问题的解决。信息技术之所以能够在社会公益领域中得到如此广泛的应用，得益于该类技术具有高度开源性，可以用较低成本向公众推广。例如，公共卫生领域中的 Peek Retina 便携眼科诊所，使得使用者只需要配置一部手机即可。这一特点符合公益场景中的使用者希望以相对廉价的成本获取优质服务的特点。然而，囿于部分自动化与先进制造技术、生物医疗技术以及能源技术等研发及推广成本较高，这些科技在社会公益领域中的应用范围尚十分有限。例如，帮助残疾人上学的代替型机器人，由于制造成本高，价格昂贵，所以难获普及。

科技在公益中的价值绝不应止步于此。养老、公共卫生等领域中有大量未解决的问题等待各类型科技的介入或支持。在第三章的案例中，国外的科技应用案例已经在公益事业领域进行了更广泛的探索。结合本书中的 40 个案例，针对科技在社会公益领域中拓展应用范围的问题，有四种方法可供参考。第一种方法是开发科技产品的简易版本。例如，手动的纸质离心机 Paperfuge，基于改良离心机最核心的技术，成为成本较低的离心机替代品。Paperfuge 只需要纸盘、拉绳和两个手柄，制作成本极低，因此也得到了广泛推广。第二种方法是为特定主体提供免费或低价的使用机会。这种方式通常适用于商业企业用其商业收入支撑公益成本。如对话软件 Ava 设定不同的收费标准，但对特殊人群免费开放。第三种是与社会组织合作研发和推广。如 Oxsight 与医院、盲人学校、政府、保险公司等机构寻求合作以进行推广，安全分娩的太阳能手提箱 Solar Suitcases 与超过 25 个非政府组织合作推广应用。科技企业与社会组织合作是常用的一种方式，原因在于社会组织最接近服务对象，可以更好地帮助科技企业精准了解群体需求并协助其推广和应用。第四种是寻找公益投资。第一章已经提及，社会影响力投资、政府购买、公益创投、PPP 模式等都可以为公益领域的科技创新提供资金支持。很多具有社会使命的科技企业已有成功先例，如 AED 救命地图利用这些投资开发或更新科技产品，并不以营利为目的来向公益领域进行推广。以上拓展方式都将有助于科技在公益领域中实现更大价值。

附　录

附录一　社会公益领域大事记（1978~2019 年）

1978 年

5 月，中华人民共和国民政部正式开始办公。

1979 年

4 月，中国成立第一家全国性环保组织——中国环境科学学会。

1980 年

世界自然基金会（WWF）在中国开始大熊猫及其栖息地保护的工作，成为第一个受中国政府邀请来华开展工作的国际非政府组织。

1981 年

7 月，中国成立第一家全国性基金会——中国儿童少年基金会。

1982 年

12 月，《中华人民共和国宪法》明确规定了公民结社权。

1986 年

4 月,《中华人民共和国民法通则》明确规定社会团体法人是四类法人之一。

1988 年

1 月,福特基金会在中国设立办事处,成为第一个被中国政府允许在中国设立办事机构的国际非政府组织。

9 月,第一部专门规范中国民间组织登记管理的行政法规《基金会管理办法》发布。

1989 年

10 月,国务院通过《社会团体登记管理条例》。

10 月,中国青少年发展基金会发起"希望工程"。

1994 年

2 月,《人民日报》发表社论《为慈善正名》,让"慈善"公开重返政治舞台和公众视野。

3 月,中国第一家由民间发起的正式登记注册的全国性民间环保组织中国文化书院·绿色文化分院("自然之友"前身)成立。

4 月,全国第一个综合性慈善机构中华慈善总会成立。

1995 年

9 月,联合国第四次世界妇女大会在北京举办。"NGO"进入中国公众话语。

1998 年

国务院进行机构改革,民政部的机构设置进行调整,社团团体和民办非企业单位管理司更名为民间组织管理局。

9 月，国务院第 8 次常务会议通过《社会团体登记管理条例》以及《民办非企业单位登记管理暂行条例》。

1999 年

6 月，第九届全国人民代表大会常务委员会第十次会议通过了《中华人民共和国公益事业捐赠法》，这是慈善事业方面的第一部法律。

2001 年

4 月，第九届全国人民代表大会常务委员会第二十一次会议通过《中华人民共和国信托法》，该法规定了公益信托的性质、范围和批准方式。

2004 年

2 月，国务院第 39 次常务会议通过了《基金会管理条例》。

9 月，中国共产党第十六届中央委员会第四次全体会议通过了《中共中央关于加强党的执政能力建设的决定》，提出"健全社会保险、社会救助、社会福利和慈善事业相衔接的社会保障体系，构建社会主义和谐社会"的目标。这是中华人民共和国成立以后慈善事业第一次被写入中共中央文件。

2005 年

3 月，第十届全国人民代表大会第三次会议的《政府工作报告》首次出现了"支持发展慈善事业"的表述。这是慈善事业第一次被写入政府工作报告。

2007 年

6 月，中国第一家由互联网企业发起成立的基金会腾讯公益慈善基金会成立。（2015 年 9 月 9 日，腾讯公益慈善基金会联合众多机构和名人明星共同发起中国首个互联网公益日腾讯"99 公益日"。）

2008 年

5 月，"5·12" 汶川地震激发了中国社会各界空前的慈善捐助热潮，这一年被称为"中国民间公益元年"。当年，中国慈善事业捐赠总额为 1070 亿元人民币，其中个人捐赠首次超过企业捐赠。

2010 年

4 月，青海省玉树县发生 7.1 级大地震。《青海玉树地震抗震救灾捐赠资金管理使用实施办法》要求所有渠道募得善款须全部汇缴到民政部，由民政部拨付青海省地方政府统筹使用。

2012 年

中央财政安排 2 亿元专项资金，用于支持社会组织参与社会服务。这是中央政府首次通过建立公共财政资助机制加强对社会组织的培育和扶持。

8 月，《关于修改〈中华人民共和国民事诉讼法〉的决定》首次在法律上确立公益诉讼制度，明确将社会组织作为公益诉讼主体之一。

2013 年

2 月，《国务院机构改革和职能转变方案》对改革社会组织管理制度做出重大部署，主要任务包括，推进行业协会商会与行政机关脱钩，对行业协会商会类、科技类、公益慈善类、城乡社区服务类社会组织实行直接登记，完善相关法律法规，健全社会组织管理制度，以及推动社会组织完善内部治理结构。

11 月，《中共中央关于全面深化改革若干重大问题的决定》设专章强调激发社会组织活力。

2014 年

10 月，《中共中央关于全面推进依法治国若干重大问题的决定》明确提出要"加快保障和改善民生、推进社会治理体制创新法律制度建设"，要完善慈善等方面的法律法规，"加强社会组织立法，规范和引导各类社会组织健康发展"。

2016 年

3 月，《中华人民共和国慈善法》颁布，并于同年 9 月 1 日实行。这是中国第一部国家层面基础性、综合性慈善法律。

8 月，国家民间组织管理局更名为国家社会组织管理局。

2017 年

3 月，《中华人民共和国民法总则》将法人分为营利法人、非营利法人、特别法人，其中非营利法人包括事业单位、社会团体、基金会、社会服务机构等。

2018 年

5 月，《关于在社会组织章程增加党的建设和社会主义核心价值观有关内容的通知》要求社会组织将党的建设和社会主义核心价值观相关内容写入章程。

7 月，多起慈善界知名人士涉嫌性骚扰事件陆续曝光，引起中国慈善界关于行业伦理以及性别友好机制建设的大讨论。

同年，《中华人民共和国慈善法》配套体系进一步细化和深化。

2019 年

2 月，民政部组建慈善事业促进和社会工作司。

附录二 社会公益领域主要法律法规简介

一 与行业相关的主要法律法规（见图1）

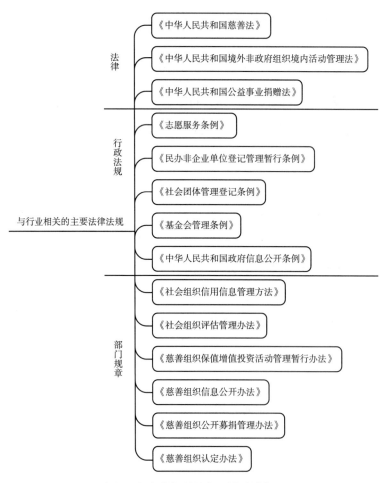

图1 与行业相关的主要法律法规

1.《中华人民共和国慈善法》

2016年9月，《中华人民共和国慈善法》正式施行。该法旨在发展慈善事业，弘扬慈善文化，规范慈善活动，保护慈善组织、捐赠人、志愿者、受益人等慈善活动参与者的合法权益，是我国社会公益领域的基础性、综合性法律。内容涉及慈善组织、慈善募捐、慈善捐赠、慈善信托、慈善财产、慈善服务、信息公开、慈善促进措施、监督管理、法律责任等。

2.《中华人民共和国境外非政府组织境内活动管理法》

2017 年 1 月，《中华人民共和国境外非政府组织境内活动管理法》施行。该法旨在规范和引导境外非政府组织在中国境内的活动，保障其合法权益，促进交流与合作。内容涉及境外非政府组织的登记和备案、活动规范、便利措施、监督管理、法律责任等。

3.《中华人民共和国公益事业捐赠法》

1999 年 9 月，《中华人民共和国公益事业捐赠法》正式施行。该法旨在鼓励捐赠，规范捐赠和受赠行为，保护捐赠人、受赠人和受益人的合法权益，促进公益事业的发展。内容涉及捐赠和受捐行为的规范，捐赠财产的使用和管理，优惠措施以及法律责任等。

4.《志愿服务条例》

2017 年 12 月，《志愿服务条例》正式施行。该法旨在保障志愿者、志愿服务组织、志愿服务对象的合法权益，鼓励和规范志愿服务，发展志愿服务事业，培育和践行社会主义核心价值观，促进社会文明进步。内容涉及志愿者和志愿服务组织定义、志愿服务活动范围、促进措施、法律责任等。

5.《民办非企业单位登记管理暂行条例》

1998 年 10 月，《民办非企业单位登记管理暂行条例》正式施行。该法旨在规范民办非企业单位的登记管理，保障民办非企业单位的合法权益。内容涉及民办非企业单位的管理管辖、登记、监督管理、罚则等。

6.《社会团体管理登记条例》

1998 年 10 月，《社会团体管理登记条例》正式施行，2016 年修订。该法旨在保障公民的结社自由，维护社会团体的合法权益，加强对社会团体的登记管理。内容涉及社会团体的管理管辖、成立登记、变更登记及注销登记、监督管理、罚则等。

7.《基金会管理条例》

2004 年 6 月，《基金会管理条例》正式施行。该法旨在规范基金会的组织和活动，维护基金会、捐赠人和受益人的合法权益，促进社会力量参与公益事业。内容涉及基金会的设立、变更和注销，基金会的组织机构，财产的管理和使用，对基金会的监督管理，以及基金会的法律责任等。

8.《中华人民共和国政府信息公开条例》

2008 年 5 月，《中华人民共和国政府信息公开条例》正式施行，2019 年修订。该法旨在保障公民、法人和其他组织依法获取政府信息，提高政府工作的透明度，促进依法行政，充分发挥政府信息对人民群众生产、生活和经济社会活动的服务作用。内容涉及信息公开范围、公开的方式与程序、监督和保障等。

9.《社会组织信用信息管理办法》

2018 年 1 月，《社会组织信用信息管理办法》正式施行。该法旨在加强社会组织信用信息管理，推进社会组织信用体系建设，促进社会组织健康有序发展。该法要求有关部门设立社会组织活动异常名录和严重违法失信名单制度，并制定激励或惩戒措施。

10.《社会组织评估管理办法》

2011 年 3 月，《社会组织评估管理办法》正式施行。该法旨在规范社会组织评估工作。内容涉及评估对象和内容、评估机构和职责、评估程序和方法、回避和复核、评估等级管理等。

11.《慈善组织保值增值投资活动管理暂行办法》

2019 年 1 月，《慈善组织保值增值投资活动管理暂行办法》正式施行。该法旨在规范慈善组织的投资活动，防范慈善财产运用风险，促进慈善组织持续健康发展。该法规定慈善组织可以以面向社会开展慈善活动为宗旨，充分、高效运用慈善财产，可以在确保年度慈善活动支出符合法定要求和捐赠财产及时足额拨付的前提下，开展投资活动。同时，该法规定了投资活动的范围，以及相应的法律责任等。

12.《慈善组织信息公开办法》

2018 年 9 月，《慈善组织信息公开办法》正式施行。该法旨在规范慈善组织的信息公开行为，保护捐赠人、志愿者、受益人等慈善活动参与者的合法权益，维护社会公众的知情权，促进慈善事业发展。内容涉及慈善组织的公开主体、公开程序、内容及法律责任等。

13.《慈善组织公开募捐管理办法》

2016 年 9 月,《慈善组织公开募捐管理办法》正式施行。该法旨在规范慈善组织开展公开募捐行为。内容涉及申请公开募捐的社会组织的资格、公开募捐的程序、法律责任等。

14.《慈善组织认定办法》

2016 年 9 月,《慈善组织认定办法》正式施行。该法旨在规范慈善组织认定工作。内容涉及慈善组织的资格条件、认定程序及法律责任等。

二 与教育发展相关的主要法律法规（见图2）

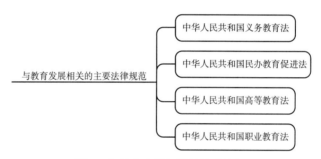

图 2 与教育发展相关的法律法规

1.《中华人民共和国义务教育法》

1986 年 7 月,《中华人民共和国义务教育法》正式施行,2018 年修订。该法旨在保障适龄儿童和青少年接受义务教育的权利,保证义务教育的实施,提高全民族素质。内容涉及接受义务教育的学生范围、学校及教师职责、教育教学内容、经费保障、法律责任等。

2.《中华人民共和国民办教育促进法》

2003 年 9 月,《中华人民共和国民办教育促进法》正式施行,2016 年修订。该法旨在实施科教兴国战略,促进民办教育事业的健康发展,维护民办学校和受教育者的合法权益。内容涉及民办教育机构的设立、学校的组织与活动、教师与受教者的权利与义务、学校资产与财务管理、管理与监督、扶持与奖励、变更与终止、法律责任等。

3. 《中华人民共和国高等教育法》

1999 年 1 月，《中华人民共和国高等教育法》正式施行，2018 年修订。该法旨在发展高等教育事业，实施科教兴国战略，促进社会主义精神文明建设。内容涉及高等教育基本制度、高等学校的设立、高等学校的组织和活动、高等学校教师和其他教育工作者的职责、高等学校的学生的权利与义务、高等教育投入和条件保障等。

4. 《中华人民共和国职业教育法》

1996 年 9 月，《中华人民共和国职业教育法》正式施行。该法旨在实施科教兴国战略，发展职业教育，提高劳动者素质，促进社会主义现代化建设。内容涉及职业教育体系、职业教育的实施、职业教育的保障条件等。

三 与环境保护相关的主要法律法规（见图 3）

1. 《中华人民共和国环境保护法》

1989 年 12 月，《中华人民共和国环境保护法》正式施行，2014 年修订。该法旨在保护和改善环境，防治污染和其他公害，保障公众健康，推进生态文明建设，促进经济社会可持续发展。内容涉及环境的监督管理、保护和改善，防治污染和其他公害，信息公开和公众参与，以及法律责任等。

2. 《中华人民共和国海洋环境保护法》

1983 年 3 月，《中华人民共和国海洋环境保护法》正式施行，2017 年第四次修订。该法旨在保护和改善海洋环境，保护海洋资源，防治污染损害，维护生态平衡，保障人体健康，促进经济和社会可持续发展。内容涉及海洋环境监督管理、海洋生态保护、防治陆源污染物对海洋环境的污染损害、防治海岸工程建设项目对海洋环境的污染损害、防治海洋工程建设项目对海洋环境的污染损害、防治倾倒废弃物对海洋环境的污染损害、防治船舶及有关作业活动对海洋环境的污染损害、法律责任等。

3. 《中华人民共和国水法》

1988 年 7 月，《中华人民共和国水法》正式施行，2016 年第三次修订。该法旨在合理开发、利用、节约和保护水资源，防治水害，实现水资源可持续利用。内容涉及水资源规划、水资源开发利用、水资源、水域和水工程的保护、水资源配置和节约使用、水事纠纷处理与执法监督检查、法律责任等。

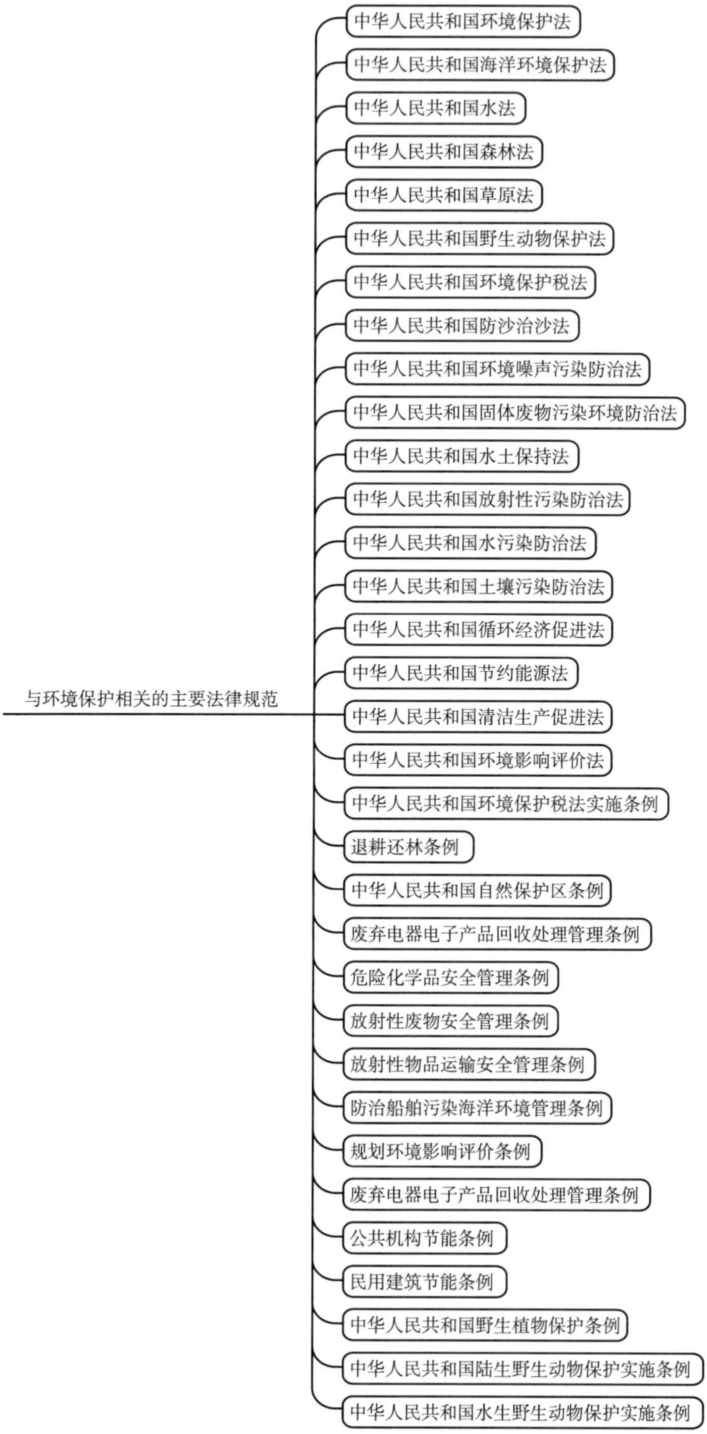

与环境保护相关的主要法律规范

- 中华人民共和国环境保护法
- 中华人民共和国海洋环境保护法
- 中华人民共和国水法
- 中华人民共和国森林法
- 中华人民共和国草原法
- 中华人民共和国野生动物保护法
- 中华人民共和国环境保护税法
- 中华人民共和国防沙治沙法
- 中华人民共和国环境噪声污染防治法
- 中华人民共和国固体废物污染环境防治法
- 中华人民共和国水土保持法
- 中华人民共和国放射性污染防治法
- 中华人民共和国水污染防治法
- 中华人民共和国土壤污染防治法
- 中华人民共和国循环经济促进法
- 中华人民共和国节约能源法
- 中华人民共和国清洁生产促进法
- 中华人民共和国环境影响评价法
- 中华人民共和国环境保护税法实施条例
- 退耕还林条例
- 中华人民共和国自然保护区条例
- 废弃电器电子产品回收处理管理条例
- 危险化学品安全管理条例
- 放射性废物安全管理条例
- 放射性物品运输安全管理条例
- 防治船舶污染海洋环境管理条例
- 规划环境影响评价条例
- 废弃电器电子产品回收处理管理条例
- 公共机构节能条例
- 民用建筑节能条例
- 中华人民共和国野生植物保护条例
- 中华人民共和国陆生野生动物保护实施条例
- 中华人民共和国水生野生动物保护实施条例

图 3 与环境保护相关的主要法律法规

4.《中华人民共和国森林法》

1985 年 1 月,《中华人民共和国森林法》正式施行,2019 年第三次修订。该法旨在践行绿水青山就是金山银山的理念,保护、培育和合理利用森林资源,加快国土绿化,保障森林生态安全,建设生态文明,实现人与自然和谐共生。内容涉及森林权属、发展规划、森林保护、造林绿化、经营管理、监督检查、法律责任等。

5.《中华人民共和国草原法》

1985 年 10 月,《中华人民共和国草原法》正式施行,2019 年第三次修订。该法旨在保护、建设和合理利用草原,改善生态环境,维护生物多样性,发展现代畜牧业,促进经济和社会可持续发展。内容涉及草原权属、规划、建设、利用、保护、监督检查、法律责任等。

6.《中华人民共和国野生动物保护法》

1989 年 3 月,《中华人民共和国野生动物保护法》正式施行,2018 年第三次修订。该法旨在保护野生动物,拯救珍贵、濒危野生动物,维护生物多样性和生态平衡,推进生态文明建设。内容涉及野生动物及其栖息地保护、野生动物管理、法律责任等。

7.《中华人民共和国环境保护税法》

2018 年 1 月,《中华人民共和国环境保护税法》正式施行,2018 年修订。该法旨在保护和改善环境,减少污染物排放,推进生态文明建设。内容涉及计税依据和应纳税额、税收减免、征收管理等。

8.《中华人民共和国防沙治沙法》

2002 年 1 月,《中华人民共和国防沙治沙法》正式施行,2018 年修订。该法旨在预防土地沙化,治理沙化土地,维护生态安全,促进经济和社会的可持续发展。内容涉及防沙治沙规划、土地沙化的预防、沙化土地的治理、保障措施、法律责任等。

9.《中华人民共和国环境噪声污染防治法》

1997 年 3 月,《中华人民共和国环境噪声污染防治法》正式施行,2018 年修订。该法旨在防治环境噪声污染,保护和改善生活环境,保障人体健康,促进经济和社会发展。内容涉及环境噪声污染防治的监督管理、工业噪声污染防治、建筑施工噪声污染防治、交通运输噪声污染防治、社会生活噪声污染防治、法律责任等。

10.《中华人民共和国固体废物污染环境防治法》

1996 年 4 月，《中华人民共和国固体废物污染环境防治法》正式施行，2016 年第四次修订。该法旨在防治固体废物污染环境，保障人体健康，维护生态安全，促进经济社会可持续发展。内容涉及固体废物污染环境防治的监督管理、固体废物污染环境的防治、工业固体废物污染环境的防治、危险废物污染环境防治的特别规定、法律责任等。

11.《中华人民共和国水土保持法》

1991 年 6 月，《中华人民共和国水土保持法》正式施行，2010 年第二次修订。该法旨在预防和治理水土流失，保护和合理利用水土资源，减轻水、旱、风沙灾害，改善生态环境，保障经济社会可持续发展。内容涉及规划、预防、治理、监测和监督、法律责任等。

12.《中华人民共和国放射性污染防治法》

2003 年 10 月，《中华人民共和国放射性污染防治法》正式施行。该法旨在防治放射性污染，保护环境，保障人体健康，促进核能、核技术的开发与和平利用。内容涉及放射性污染防治的监督管理、核设施的放射性污染防治、核技术利用的放射性污染防治、铀（钍）矿和伴生放射性矿开发利用的放射性污染防治、放射性废物管理、法律责任等。

13.《中华人民共和国水污染防治法》

1984 年 11 月，《中华人民共和国水污染防治法》正式施行，2017 年第三次修订。该法旨在保护和改善环境，防治水污染，保护水生态，保障饮用水安全，维护公众健康，推进生态文明建设，促进经济社会可持续发展。内容涉及水污染防治的标准和规划、水污染防治的监督管理、水污染防治措施、工业水污染防治、城镇水污染防治、农业和农村水污染防治、船舶水污染防治、饮用水水源和其他特殊水体保护、水污染事故处置、法律责任等。

14.《中华人民共和国土壤污染防治法》

2019 年 1 月，《中华人民共和国土壤污染防治法》正式施行。该法旨在保护和改善生态环境，防治土壤污染，保障公众健康，推动土壤资源永续利用，推进生态文明建设，促进经济社会可持续发展。内容涉及规划、标准、普查和监测、预防和保护、风险管控和修复、农用地、建设用地、保障和监督、法律责任等。

15.《中华人民共和国循环经济促进法》

2009 年 1 月，《中华人民共和国循环经济促进法》正式施行，2018 年修订。该法旨在促进循环经济发展，提高资源利用效率，保护和改善环境，实现可持续发展。内容涉及基本管理制度、减量化、再利用和资源化、激励措施、法律责任等。

16.《中华人民共和国节约能源法》

1998 年 1 月，《中华人民共和国节约能源法》正式施行，2018 年第三次修订。该法旨在推动全社会节约能源，提高能源利用效率，保护和改善环境，促进经济社会全面协调可持续发展。内容涉及节能管理、合理使用与节约能源、工业节能、建筑节能、交通运输节能、公共机构节能、重点用能单位节能、节能技术进步、激励措施、法律责任等。

17.《中华人民共和国清洁生产促进法》

2003 年 1 月，《中华人民共和国清洁生产促进法》正式施行，2012 年修订。该法旨在促进清洁生产，提高资源利用效率，减少和避免污染物的产生，保护和改善环境，保障人体健康，促进经济与社会可持续发展。内容涉及清洁生产的推行、清洁生产的实施、鼓励措施、法律责任等。

18.《中华人民共和国环境影响评价法》

2003 年 9 月，《中华人民共和国环境影响评价法》正式施行，2018 年第二次修订。该法旨在实施可持续发展战略，预防规划和建设项目实施后对环境造成的不良影响，促进经济、社会和环境的协调发展。内容涉及规划的环境影响评价、建设项目的环境影响评价、法律责任等。

19.《中华人民共和国环境保护税法实施条例》

2018 年 1 月，《中华人民共和国环境保护税法实施条例》正式施行。该法对计税依据、税收减免、征收管理做了进一步规定。

20.《退耕还林条例》

2003 年 1 月，《退耕还林条例》正式施行。该法旨在规范退耕还林活动，保护退耕还林者的合法权益，巩固退耕还林成果，优化农村产业结构，改善生态环境。内容涉及规划计划、验收、补助、保障措施、法律责任等内容。

21.《中华人民共和国自然保护区条例》

1994 年 12 月,《中华人民共和国自然保护区条例》正式施行,2017 年修订。该法旨在加强自然保护区的建设和管理,保护自然环境和自然资源。内容涉及自然保护区的建设、自然保护区的管理、法律责任等。

22.《废弃电器电子产品回收处理管理条例》

2011 年 1 月,《废弃电器电子产品回收处理管理条例》正式施行,2019 年修订。该法旨在规范废弃电器电子产品的回收处理活动,促进资源综合利用和循环经济发展,保护环境,保障人体健康。内容涉及相关方责任、监督管理、法律责任等。

23.《危险化学品安全管理条例》

2002 年 3 月,《危险化学品安全管理条例》正式施行,2013 年第二次修订。该法旨在加强危险化学品的安全管理,预防和减少危险化学品事故,保障人民群众生命财产安全,保护环境。内容涉及生产、储存安全、使用安全、经营安全、运输安全、危险化学品登记与事故应急救援、法律责任等。

24.《放射性废物安全管理条例》

2013 年 3 月,《放射性废物安全管理条例》正式施行。该法旨在加强对放射性废物的安全管理,保护环境,保障人体健康。内容涉及放射性废物的处理和贮存、放射性废物的处置、监督管理、法律责任等。

25.《放射性物品运输安全管理条例》

2010 年 1 月,《放射性物品运输安全管理条例》正式施行。该法旨在加强对放射性物品运输的安全管理,保障人体健康,保护环境,促进核能、核技术的开发与和平利用。内容涉及放射性物品运输容器的设计、放射性物品运输容器的制造与使用、放射性物品的运输、监督检查、法律责任等。

26.《防治船舶污染海洋环境管理条例》

2010 年 3 月,《防治船舶污染海洋环境管理条例》正式施行,2017 年第五次修订。该法旨在防治船舶及其有关作业活动污染海洋环境。内容涉及防止船舶及其有关作业活动、船舶污染物的排放和接收、船舶有关作业活动的污染防治、船舶污染事故应急处置、船舶污染事故调查处理、船舶污染事故损害赔偿、法律责任等。

27. 《规划环境影响评价条例》

2009 年 10 月，《规划环境影响评价条例》正式施行。该法旨在加强对规划的环境影响评价工作，提高规划的科学性，从源头预防环境污染和生态破坏，促进经济、社会和环境的全面协调可持续发展。内容涉及评价、审查、跟踪评价、法律责任等。

28. 《废弃电器电子产品回收处理管理条例》

2011 年 1 月，《废弃电器电子产品回收处理管理条例》正式施行。该法旨在规范废弃电器电子产品的回收处理活动，促进资源综合利用和循环经济发展，保护环境，保障人体健康。内容涉及相关方责任、监督管理、法律责任等。

29. 《公共机构节能条例》

2008 年 10 月，《公共机构节能条例》正式施行，2017 年修订。该法旨在推动公共机构节能，提高公共机构能源利用效率，发挥公共机构在全社会节能中的表率作用。内容涉及节能规划、节能管理、节能措施、监督和保障等。

30. 《民用建筑节能条例》

2008 年 10 月，《民用建筑节能条例》正式施行。该法旨在加强民用建筑节能管理，降低民用建筑使用过程中的能源消耗，提高能源利用效率。内容涉及新建建筑节能、既有建筑节能、建筑用能系统运行节能、法律责任等。

31. 《中华人民共和国野生植物保护条例》

1997 年 1 月，《中华人民共和国野生植物保护条例》正式施行。该法旨在保护、发展和合理利用野生植物资源，保护生物多样性，维护生态平衡。内容涉及野生植物保护、野生植物管理、法律责任等。

32. 《中华人民共和国陆生野生动物保护实施条例》

1992 年 3 月，《中华人民共和国陆生野生动物保护实施条例》正式施行，2016 年第二次修订。该法内容涉及野生动物保护、野生动物猎捕管理、野生动物驯养繁殖管理、野生动物经营利用管理、奖励和惩罚等。

33. 《中华人民共和国水生野生动物保护实施条例》

1993 年 10 月，《中华人民共和国水生野生动物保护实施条例》正式施行，2013 年第二次修订。该法内容涉及水生野生动物保护、水生野生动物管理、奖励和惩罚等。

四 与助残相关的主要法律法规（见图4）

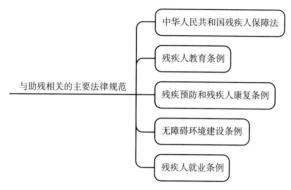

图 4　与助残相关的主要法律法规

1.《中华人民共和国残疾人保障法》

1991年5月，《中华人民共和国残疾人保障法》正式施行，2018年第二次修订。该法旨在维护残疾人的合法权益，发展残疾人事业，保障残疾人平等地充分参与社会生活，共享社会物质文化成果。内容涉及残疾人康复、教育、劳动就业、文化生活、社会保障、无障碍环境、法律责任等。

2.《残疾人教育条例》

1994年8月，《残疾人教育条例》正式施行，2017年第二次修订。该法旨在保障残疾人受教育的权利，发展残疾人教育事业。内容涉及残疾人义务教育、职业教育、学前教育、普通高级中等以上教育及继续教育、教师、条件保障、法律责任等。

3.《残疾预防和残疾人康复条例》

2017年7月，《残疾预防和残疾人康复条例》正式施行。该法旨在预防残疾的发生，减轻残疾程度，发展残疾预防和残疾人康复事业。内容涉及残疾预防、康复服务、保障措施、法律责任等。

4.《无障碍环境建设条例》

2012年8月，《无障碍环境建设条例》正式施行。该法旨在创造无障碍环境，保障残疾人平等参与社会生活。内容涉及无障碍设施建设、无障碍信息交流、无障碍社区服务、法律责任等。

5. 《残疾人就业条例》

2007 年 5 月，《残疾人就业条例》正式施行。该法旨在促进残疾人就业，保障残疾人的劳动权利。内容涉及用人单位责任、保障措施、就业服务、法律责任等。

五 与养老相关的主要法律法规（见图 5）

图 5 与养老相关的主要法律法规

1. 《中华人民共和国老年人权益保障法》

1996 年 10 月，《中华人民共和国老年人权益保障法》正式施行，2018 年第四次修订。该法旨在保障老年人合法权益，发展养老事业，弘扬中华民族敬老、养老、助老的美德。内容涉及老年人的家庭赡养与抚养、社会保障、社会服务、社会优待、宜居环境、参与社会发展、法律责任等。

2. 《养老机构管理办法》

2013 年 7 月，《养老机构管理办法》正式施行。该法旨在规范养老机构管理，促进养老事业健康发展。内容涉及养老机构服务内容、内部管理、监督检查、法律责任等。

六 与安全救灾相关的主要法律法规（见图 6）

1. 《中华人民共和国气象法》

2000 年 1 月，《中华人民共和国气象法》正式施行，2016 年第三次修订。该法旨在发展气象事业，规范气象工作，准确及时地发布气象预报，防御气象灾害，合理开发利用和保护气候资源，为经济建设、国防建设、社会发展和人民生活提供气象服务。内容涉及气象设施的建设与管理、气象探测、气象预报与灾害性天气警报、气象灾害防御、气候资源开发利用和保护、法律责任等。

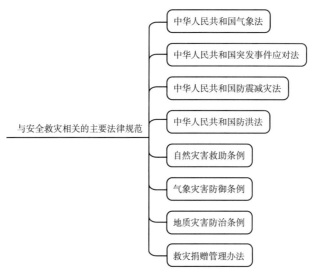

图 6　与安全救灾相关的主要法律法规

2.《中华人民共和国突发事件应对法》

2007 年 11 月,《中华人民共和国突发事件应对法》正式施行。该法旨在预防和减少突发事件的发生,控制、减轻和消除突发事件引起的严重社会危害,规范突发事件应对活动,保护人民生命财产安全,维护国家安全、公共安全、环境安全和社会秩序。内容涉及预防与应急准备、监测与预警、应急处置与救援、事后恢复与重建、法律责任等。

3.《中华人民共和国防震减灾法》

1998 年 3 月,《中华人民共和国防震减灾法》正式施行,2008 年修订。该法旨在防御和减轻地震灾害,保护人民生命和财产安全,促进经济社会的可持续发展。内容涉及防震减灾规划、地震监测预报、地震灾害预防、地震应急救援、地震灾后过渡性安置和恢复重建、监督管理、法律责任等。

4.《中华人民共和国防洪法》

1998 年 1 月,《中华人民共和国防洪法》正式施行,2016 年第三次修订。该法旨在防治洪水,防御、减轻洪涝灾害,维护人民的生命和财产安全,保障社会主义现代化建设顺利进行。内容涉及防洪规划、治理与防护、防洪区和防洪工程设施的管理、防汛抗洪、保障措施、法律责任等。

5.《自然灾害救助条例》

2010年9月,《自然灾害救助条例》正式施行。该法旨在规范自然灾害救助工作,保障受灾人员基本生活。内容涉及救助准备、应急救助、灾后救助、救助款物管理、法律责任等。

6.《气象灾害防御条例》

2010年4月,《气象灾害防御条例》正式施行,2017年修订。该法旨在加强气象灾害的防御,避免、减轻气象灾害造成的损失,保障人民生命财产安全。内容涉及预防、监测、预报和预警、应急处置、法律责任等。

7.《地质灾害防治条例》

2004年3月,《地址灾害防治条例》正式施行。该法旨在防治地质灾害,避免和减轻地质灾害造成的损失,维护人民生命和财产安全,促进经济和社会的可持续发展。内容涉及地质灾害防治规划、地质灾害预防、地质灾害应急、地质灾害治理、法律责任等。

8.《救灾捐赠管理办法》

2008年4月,《救灾捐赠管理办法》正式施行。该法旨在规范救灾捐赠活动,加强救灾捐赠款物的管理,保护捐赠人、救灾捐赠受赠人和灾区受益人的合法权益。内容涉及组织捐赠与募捐、接受捐赠、境外救灾捐赠、救灾捐赠款物的管理和使用、法律责任等。

七 与公共卫生相关的主要法律法规(见图7)

1.《中华人民共和国职业病防治法》

2002年5月,《中华人民共和国职业病防治法》正式施行,2018年第四次修订。该法旨在预防、控制和消除职业病危害,防治职业病,保护劳动者健康及其相关权益,促进经济社会发展。内容涉及前期预防、劳动过程中的防护与管理、职业病诊断与职业病病人保障、监督检查、法律责任等。

2.《中华人民共和国精神卫生法》

2013年5月,《中华人民共和国精神卫生法》正式施行,2018年修订。该法旨在发展精神卫生事业,规范精神卫生服务,维护精神障碍患者的合法权益。内容涉及心

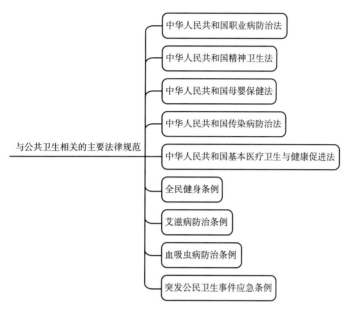

与公共卫生相关的主要法律规范 ──
- 中华人民共和国职业病防治法
- 中华人民共和国精神卫生法
- 中华人民共和国母婴保健法
- 中华人民共和国传染病防治法
- 中华人民共和国基本医疗卫生与健康促进法
- 全民健身条例
- 艾滋病防治条例
- 血吸虫病防治条例
- 突发公民卫生事件应急条例

图 7　与公共卫生相关的主要法律规范

理健康促进和精神障碍预防、精神障碍的诊断和治疗、精神障碍的康复、保障措施、法律责任等。

3. 《中华人民共和国母婴保健法》

1995 年 6 月，《中华人民共和国母婴保健法》正式施行，2017 年第二次修订。该法旨在保障母亲和婴儿健康，提高出生人口素质。内容涉及婚前保健、孕产期保健、技术鉴定、行政管理、法律责任等。

4. 《中华人民共和国传染病防治法》

1989 年 9 月，《中华人民共和国传染病防治法》正式施行，2013 年第二次修订。该法旨在预防、控制和消除传染病的发生与流行，保障人体健康和公共卫生。内容涉及传染病预防、疫情报告、通报和公布、疫情控制、医疗救治、监督管理、保障措施、法律责任等。

5. 《中华人民共和国基本医疗卫生与健康促进法》

2020 年 6 月，《中华人民共和国基本医疗卫生与健康促进法》正式施行。该法旨在发展医疗卫生与健康事业，保障公民享有基本医疗卫生服务，提高公民健康水平，推进健康中国建设。内容涉及基本医疗卫生服务、医疗卫生机构、医疗卫生人员、药品供应保障、健康促进、资金保障、监督管理、法律责任等。

6.《全民健身条例》

2009年10月,《全民健身条例》正式施行。该法旨在促进全民健身活动的开展,保障公民在全民健身活动中的合法权益,提高公民身体素质。内容涉及全民健身计划、全民健身保障、法律责任等。

7.《艾滋病防治条例》

2006年3月,《艾滋病防治条例》正式施行,2019年修订。该法旨在预防、控制艾滋病的发生与流行,保障人体健康和公共卫生。内容涉及艾滋病宣传教育、预防与控制、治疗与救助、保障措施、法律责任等。

8.《血吸虫病防治条例》

2006年5月,《血吸虫病防治条例》正式施行。该法旨在预防、控制和消灭血吸虫病,保障人体健康、动物健康和公共卫生,促进经济社会发展。内容涉及血吸虫病的预防、疫情控制、保障措施、监督管理、法律责任等。

9.《突发公共卫生事件应急条例》

2003年5月,《突发公共卫生事件应急条例》正式施行,2011年修订。该法旨在有效预防、及时控制和消除突发公共卫生事件的危害,保障公众身体健康与生命安全,维护正常的社会秩序。内容涉及预防与应急准备、报告与信息发布、应急处理、法律责任等。

八 与性别平等相关的主要法律法规(见图8)

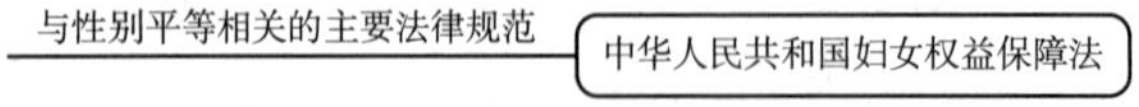

与性别平等相关的主要法律规范 —— 中华人民共和国妇女权益保障法

图8 与性别平等相关的主要法律法规

1.《中华人民共和国妇女权益保障法》

1992年10月,《中华人民共和国妇女权益保障法》正式施行,2018年第三次修订。该法旨在保障妇女的合法权益,促进男女平等,充分发挥妇女在社会主义现代化建设中的作用。内容涉及妇女的政治权利、文化教育权益、劳动和社会保障权益、财产权益、人身权利、婚姻家庭权益、法律责任等。

九　与文化保护与发展相关的主要法律法规（见图9）

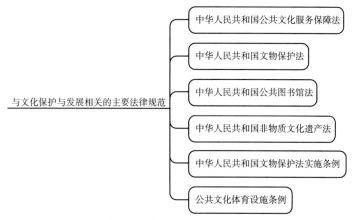

图 9　与文化保护与发展相关的主要法律法规

1.《中华人民共和国公共文化服务保障法》

2017 年 3 月，《中华人民共和国公共文化服务保障法》正式施行。该法旨在加强公共文化服务体系建设，丰富人民群众精神文化生活，传承中华优秀传统文化，弘扬社会主义核心价值观，增强文化自信，促进中国特色社会主义文化繁荣发展，提高全民族文明素质。内容涉及公共文化设施建设与管理、公共文化服务提供、保障措施、法律责任等。

2.《中华人民共和国文物保护法》

1982 年 11 月，《中华人民共和国文物保护法》正式施行，2017 年第六次修订。该法旨在加强对文物的保护，继承中华民族优秀的历史文化遗产，促进科学研究工作，进行爱国主义和革命传统教育，建设社会主义精神文明和物质文明。内容涉及不可移动文物、考古发掘、馆藏文物、民间收藏文物、文物出境进境、法律责任等。

3.《中华人民共和国公共图书馆法》

2018 年 1 月，《中华人民共和国公共图书馆法》正式施行，2018 年修订。该法旨在促进公共图书馆事业发展，发挥公共图书馆功能，保障公民基本文化权益，提高公民科学文化素质和社会文明程度，传承人类文明，坚定文化自信。内容涉及公共图书馆的设立、运行、服务、法律责任等。

4.《中华人民共和国非物质文化遗产法》

2011年6月,《中华人民共和国非物质文化遗产法》正式施行。该法旨在继承和弘扬中华民族优秀传统文化,促进社会主义精神文明建设,加强非物质文化遗产保护、保存工作。内容涉及非物质文化遗产的调查、非物质文化遗产代表性项目名录、非物质文化遗产的传承与传播、法律责任等。

5.《中华人民共和国文物保护法实施条例》

2003年7月,《中华人民共和国文物保护法实施条例》正式施行,2017年第三次修订。该法旨在落实《中华人民共和国文物保护法》。内容涉及不可移动文物、考古发掘、馆藏文物、民间收藏文物、文物出境进境、法律责任等。

6.《公共文化体育设施条例》

2003年8月,《公共文化体育设施条例》正式施行。该法旨在促进公共文化体育设施的建设,加强对公共文化体育设施的管理和保护,充分发挥公共文化体育设施的功能,繁荣文化体育事业,满足人民群众开展文化体育活动的基本需求。内容涉及规划和建设、使用和服务、管理和保护、法律责任等。

十 与"三农"服务相关的主要法律法规(见图10)

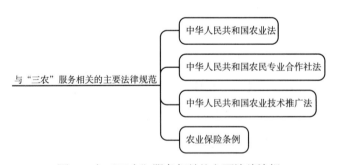

图10 与"三农"服务相关的主要法律法规

1.《中华人民共和国农业法》

1993年7月,《中华人民共和国农业法》正式施行,2012年第三次修订。该法旨在巩固和加强农业在国民经济中的基础地位,深化农村改革,发展农业生产力,推进农业现代化,维护农民和农业生产经营组织的合法权益,增加农民收入,提高农民科学文化素质，促进农业和农村经济的持续、稳定、健康发展，实现全面建成小康社会的目标。内容涉及农业生产经营体制、农业生产、农产品流通与加工、粮食安全、农业投入与支持保护、农业科技与农业教育、农业资源与农业环境保护、农民权益保护、农村经济发展、执法监督、法律责任等。

2.《中华人民共和国农民专业合作社法》

2007年7月，《中华人民共和国农民专业合作社法》正式施行，2017年修订。该法旨在规范农民专业合作社的组织和行为，鼓励、支持、引导农民专业合作社的发展，保护农民专业合作社及其成员的合法权益，推进农业农村现代化。内容涉及农民专业合作社的设立和登记、成员、组织机构、财务管理、合并、分立、解散和清算、农业专业合作社联合社、扶持措施、法律责任等。

3.《中华人民共和国农业技术推广法》

1993年7月，《中华人民共和国农业技术推广法》正式施行，2012年修订。该法旨在加强农业技术推广工作，促使农业科研成果和实用技术尽快应用于农业生产，增强科技支撑保障能力，促进农业和农村经济可持续发展，实现农业现代化。内容涉及农业技术推广体系、农业技术的推广与应用、农业技术推广的保障措施、法律责任等。

4.《农业保险条例》

2013年3月，《农业保险条例》正式施行，2016年修订。该法旨在规范农业保险活动，保护农业保险活动当事人的合法权益，提高农业生产抗风险能力，促进农业保险事业健康发展。内容涉及农业保险合同、经营规则、法律责任等。

附录三　社会公益组织名录①

A

1. 安利公益基金会

工作领域：教育发展

官方网站：

http://www.amwayfoundation.org/

2. 爱佑慈善基金会

工作领域：儿童福利、儿童医疗、公益创投

官方网站：

http://www.ayfoundation.org/

3. 阿里巴巴公益基金会

工作领域：环境保护、弱势群体创业和就业、救灾

官方网站：

http://www.alijijinhui.org/

4. 爱德基金会

工作领域：教育发展、公共卫生、安全救灾、社区建设

官方网站：

http://www.amity.org.cn/

B

5. 北京桂馨慈善基金会

工作领域：教育发展、农村发展

官方网站：

http://www.mail.greenandshine.org/

6. 北京歌路营慈善基金会

工作领域：教育发展、农村发展

官方网站：

http://www.growinghome.org.cn/

7. 北京天下溪教育咨询中心

工作领域：教育发展、环境保护、农村发展

官方网站：

http://www.xtjc.org/

8. 北京美新路公益基金会

工作领域：教育发展、养老

官方网站：

http://www.newpathfound.org/

---

① 本名录于2019年10月31日整理。此部分社会公益组织名录主要包括第二章案例中提及的一些组织，并补充部分影响较大且具有代表性的组织。名录中大部分的社会组织有多个工作领域，本书仅列出其主要工作领域。

9. 北京市西部阳光农村发展基金会

工作领域：教育发展、农村发展

官方网站：

http://www.westsa.org/

10. 北京为华而教公益发展中心

工作领域：教育发展

官方网站：

http://www.21tfc.org/

11. 北京益微青年公益发展中心

工作领域：教育发展

官方网站：

http://www.yiweiqingnian.org/

12. 北京蒲公英公益发展中心

工作领域：教育发展、环境保护

官方网站：暂无

13. 北京市朝阳区自然之友环境研究所

工作领域：环境保护、教育发展

官方网站：

http://www.fon.org.cn/

14. 北京顺义区磐之石环境与能源研究中心

工作领域：环境保护

官方网站：

http://www.reei.org.cn/

15. 北京市朝阳区公众环境研究中心

工作领域：环境保护

官方网站：

http://www.ipe.org.cn/

16. 北京海淀区山水自然保护中心

工作领域：环境保护

官方网站：

http://www.shanshui.org/

17. 北京市企业家环保基金会

工作领域：环境保护

官方网站：

http://www.see.org.cn/

18. 北京市丰台区利智康复中心

工作领域：助残

官方网站：暂无

19. 北京市红丹丹视障文化服务中心

工作领域：助残

官方网站：

http://www.hongdandan.org/

20. 北京市朝阳区金羽翼残障儿童艺术康复服务中心

工作领域：助残

官方网站：

http://www.goldenwings.org.cn/

21. 北京瓷娃娃罕见病关爱中心

工作领域：助残

官方网站：

http://www.chinadolls.org.cn/

22. 北京病痛挑战公益基金会

工作领域：助残

官方网站：

http://www.chinaicf.org/

23. 北京市丰台区馨翼教育中心

工作领域：助残

官方网站：

http://www.xingguanglu.com/

24. 北京春苗慈善基金会

工作领域：助残、公共卫生

官方网站：

http://www.cmjjh.org/

25. 北京市海淀区融爱融乐心智障碍者家庭支持中心

工作领域：助残

官方网站：暂无

26. 北京市石景山区乐龄老年社会工作服务中心

工作领域：养老、助残

官方网站：

http://www.leling.org.cn/

27. 北京十方缘老人心灵呵护中心

工作领域：养老、助残

官方网站：暂无

28. 北京东城区平安星减防灾教育中心

工作领域：安全救灾

官方网站：暂无

29. 北京新阳光慈善基金会

工作领域：公共卫生

官方网站：

http://www.isun.org/

30. 北京生命绿洲公益服务中心

工作领域：公共卫生

官方网站：

https://www.ilvzhou.com/

31. 北京红枫妇女心理咨询服务中心

工作领域：性别平等

官方网站：

http://www.maple.org.cn/

32. 北京市东城区源众家庭与社区发展服务中心

工作领域：性别平等

官方网站：暂无

33. 北京荷风艺术基金会

工作领域：文化保护与发展

官方网站：

http://www.hefengart.org.cn/

34. 北京农禾之家咨询服务中心

工作领域：农村发展、社区建设

官方网站：

http://www.nhzj.org.cn/

35. 北京市协作者社会工作发展中心

工作领域：社区建设

官方网站：

http://www.facilitator.org.cn/

36. 北京合一绿色公益基金会

工作领域：社区建设、环境保护

官方网站：

http://www.hyi.org.cn/

37. 北京市书院中国文化发展基金会

工作领域：文化保护与发展

官方网站：

http://www.shuyuanchina.org/

38. 北京百度公益基金会

工作领域：公益行业支持

官方网站：

http://www.gongyi.baidu.com/

39. 北京市朝阳区永续全球环境研究所

工作领域：环境保护

官方网站：

http://www.geichina.org/

40. 北京巧女公益基金会

工作领域：环境保护

官方网站：

http://www.qnfoundation.org.cn/

41. 北京长照公益基金会

工作领域：养老、助残

官方网站：

http://www.chinalongtermcare.cn/

42. 北京市东城区耆乐融长者关爱中心

工作领域：养老、助残

官方网站：

http://www.qlrr.org/

43. 北京富平学校

工作领域：农村发展、性别平等

官方网站：

http://www.fdi.ngo.cn/

44. 北京爱力重症肌无力罕见病关爱中心

工作领域：助残

官方网站：

http://www.ailimg.org/

45. 北京惠泽人公益发展中心

工作领域：公益行业支持

官方网站：
http://www.huizeren.lefengxian.com/

46. 北京星星雨教育研究所

工作领域：助残

官方网站：
http://www.guduzh.org.cn/

47. 北京市海淀区康纳洲孤独症家庭支援中心

工作领域：助残

官方网站：
http://www.cafsn.cn

48. 北京蓬蒿剧场

工作领域：文化保护与发展

官方网站：暂无

49. 北京三知困难儿童救助服务中心（新公民计划）

工作领域：教育发展

官方网站：
http://www.xingongmin.org.cn/

50. 北京同志中心

工作领域：性别平等

官方网站：
http://www.bjlgbtcenter.org.cn/

C

51. 成都朗力养老产业发展有限公司

工作领域：助残、养老

官方网站：
http://www.cdlangli.com/

52. 成都益多公益服务中心

工作领域：助残、养老

官方网站：
http://www.idoo.org.cn/

53. 重庆市渝中区巴渝公益事业发展中心

工作领域：文化保护与发展

官方网站：暂无

54. 成都根与芽环境文化交流中心

工作领域：环境保护、社区建设

官方网站：
http://www.cdgyy.org/

55. 成都城市河流研究会

工作领域：环境保护、社区建设

官方网站：

http://www.rivers.org.cn/

56. 长沙绿色潇湘环保科普中心

工作领域：环境保护

官方网站：

http://www.greenhunan.org.cn/

57. 重庆两江志愿服务发展中心

工作领域：环境保护

官方网站：

http://www.liangjiang.org.cn/

58. 成都市爱有戏社区发展中心

工作领域：社区建设

官方网站：暂无

59. 成都一扇窗公益服务中心

工作领域：农村发展、教育发展

官方网站：暂无

E

60.21 世纪教育研究院

工作领域：教育发展

官方网站：

http://www.21cedu.org/

F

61. 福建省正荣公益基金会

工作领域：社区建设

官方网站：

http://www.zhenrogy.org/

62. 福建省林文镜慈善基金会

工作领域：社区建设

官方网站：

http://linwenjingfoundation.com/

63. 分享收获

工作领域：农村发展

官方网站：

http://www.fxshcsa.com/

G

64. 广东省麦田教育基金会

工作领域：教育发展

官方网站：

https://www.mowo.cn/

65. 广州市天河区小匡艺术促进中心

工作领域：教育发展

官方网站：暂无

66. 广州市恭明社会组织发展中心

工作领域：公益行业支持

官方网站：

http://www.gics2012.lofter.com/

67. 广东省绿芽乡村妇女发展基金会

工作领域：性别平等、农村发展

官方网站：

http://www.ruralwomengd.org/

68. 贵州文化薪火乡村发展基金会

工作领域：文化保护与发展、农村发展

官方网站：

http://www.prdf.org.cn

69. 广州市番禺区沃土可持续农业发展中心

工作领域：农村发展

官方网站：暂无

70. 广东省千禾社区公益基金会

工作领域：社区建设

官方网站：

http://www.gdharmonyfoundation.org/

71. 广东绿耕社会工作发展中心

工作领域：社区建设、农村发展

官方网站：

http://www.lvgeng.org/

72. 甘肃一山一水环境与社会发展中心

工作领域：环境保护、农村发展

官方网站：

http://www.yishanyishui.cn/

73. 广州市越秀区鸟兽虫木自然保育中心

工作领域：环境保护、教育发展

官方网站：

http://www.hinature.org/

74. 广东省与人公益基金会

工作领域：教育发展、公益行业支持

官方网站：

http://www.yufoundation.org.cn/

75. 广东省卓如医疗救助基金会

工作领域：公共卫生

官方网站：

http://www.zryl.org.cn/

76. 公益时报网

工作领域：公益行业支持

官方网站：

http://www.gongyishibao.com/

H

77. 杭州老爸评测科技有限公司

工作领域：公共卫生

官方网站：

https://www.daddylab.com/

78. 杭州市上城区啄木鸟环境与食品服务中心

工作领域：公共卫生

官方网站：暂无

79. 和众泽益志愿服务中心

工作领域：公益行业支持

官方网站：

http://www.hcvcchina.com/

80. 好未来公益基金会

工作领域：教育发展

官方网站：

http://www.talfoundation.org/

J

81. 基金会救灾协调会

工作领域：安全救灾

官方网站：暂无

82. 基金会中心网

工作领域：公益行业支持

官方网站：
http://www1.foundationcenter.org.cn/

K

83. 昆明春雨同心工作室

工作领域：公共卫生、性别平等

官方网站：暂无

L

84. 丽江健康与环境研究中心

工作领域：环境保护、社区建设

官方网站：
http://www.ncvasd.com/

85. 苏州工业园区绿色江南公众环境关注中心

工作领域：环境保护

官方网站：
http://www.pecc.cc/

M

86.MyH2O 水信息平台

工作领域：环境保护

官方网站：
http://www.myh2o.org/

N

87. 南都公益基金会

工作领域：公益领域支持

官方网站：

http://www.naradafoundation.org/

Q

88. 全球健康药物研发中心

工作领域：公共卫生

官方网站：

http://www.ghddi.org/

89. 轻松筹

工作领域：公益行业支持

官方网站：

https://www.qschou.com/

90. 青海省三江源生态环境保护协会

工作领域：环境保护

官方网站：暂无

S

91. 上海真爱梦想公益基金会

工作领域：教育发展

官方网站：

https://www.adream.org/

92. 四川省绿色江河环境保护促进会

工作领域：环境保护

官方网站：

http://www.green-river.org/

93. 深圳市桃花源生态保护基金会

工作领域：环境保护

官方网站：

http://www.pfi.org.cn/

94. 深圳市信息无障碍研究会

工作领域：助残

官方网站：

http://www.siaa.org.cn/

95. 上海艺途无障碍工作室

工作领域：助残、教育发展

官方网站：

http://www.wabcchina.org/

96. 上海颐和苑老年服务中心

工作领域：助残、养老

官方网站：

http://www.shyiheyuan.com.cn/

97. 陕西助老汇社会工作发展中心

工作领域：助残、养老

官方网站：

http://www.ageingchina.org/

98. 深圳壹基金公益基金会

工作领域：安全救灾、教育发展

官方网站：

http://www.onefoundation.cn/

99. 深圳市龙岗区彩虹社会工作服务中心

工作领域：社区建设、公共卫生

官方网站：

http://www.szch.org/

100. 上海恩派公益事业发展中心

工作领域：社区建设、公益行业支持

官方网站：

http://www.npi.org.cn/

101. 深圳市南山区蛇口社区基金会

工作领域：社区建设

官方网站：

http://www.shekoufoundation.org/

102. 陕西妇女儿童发展基金会

工作领域：性别平等、教育发展

官方网站：

http://www.sxwcdf.org.cn/

103. 陕西妇源汇性别发展中心

工作领域：性别平等

官方网站：

http://www.gdschina.org/

104. 上海市静安区爱芬环保科技咨询服务中心

工作领域：环境保护、社区建设

官方网站：

http://www.aifen.org/

105. 上海绿洲公益发展中心

工作领域：环境保护

官方网站：

http://www.oasiseco.org/

106. 深圳市绿源环保志愿者协会

工作领域：环境保护

官方网站：

http://www.szhb.org/

107. 上海仁渡海洋公益发展中心

工作领域：环境保护

官方网站：

http://www.renduocean.org/

108. 上海联劝公益基金会

工作领域：公益行业支持

官方网站：

https://www.lianquan.org.cn/

109. 上海闵行区青悦环保信息技术服务中心

工作领域：环境保护

官方网站：

http://www.epmap.org/

110. 深圳市红树林湿地保护基金会

工作领域：环境保护

官方网站：

http://www.mcf.org.cn/

111. 上海道融自然保护与可持续发展中心

工作领域：环境保护

官方网站：

http://www.daorong.org.cn/

112. 深圳市古村之友古村落保护与发展促进中心

工作领域：农村发展

官方网站：

http://www.gucunzhiyou.org/

113. 上海美丽心灵社区公益基金会

工作领域：教育发展、社区建设

官方网站：

http://www.ccharity.org/

114. 社区伙伴（PCD）

工作领域：社区建设、农村发展

官方网站：

http://www.pcd.org.hk/

115. 深圳市郑卫宁慈善基金会

工作领域：助残

官方网站：

http://www.zwncf.org/

116. 上海有人公益基金会

工作领域：助残

官方网站：

http://www.yrfoundation.org/

117. 上海四叶草罕见病家庭关爱中心

工作领域：公共卫生

官方网站：

http://www.cord.org.cn/#page1

118. 上海静安区方德瑞信社会公益创新发展中心

工作领域：公益行业支持

官方网站：

https://www.cafpnet.cn/

119. 深圳市图鸥公益事业发展中心

工作领域：公益行业支持

官方网站：

http://www.ngo20.org/

T

120. 天津南开区鹤童公益基金会

工作领域：养老、助残

官方网站：

http://www.hetong.org.cn/

121. 同语

工作领域：性别平等

官方网站：

http://www.tongyulala.org/

122. 桃源居公益事业发展基金会

工作领域：社区建设

官方网站：

http://www.mytyj.com/

123. 腾讯公益慈善基金会

工作领域：公益行业支持

官方网站：

https://www.gongyi.qq.com/

124. 天地人禾消费合作社

工作领域：农村发展

官方网站：暂无

125. 天津深蓝公共卫生咨询服务中心

工作领域：公共卫生

官方网站：

http://www.tjtz.org/

W

126. 万科公益基金会

工作领域：社区建设

官方网站：
http://www.vankefoundation.org/

127. 无锡灵山慈善基金会

工作领域：社区建设、公益行业支持

官方网站：
http://www.lingshanfoundation.org/

X

128. 心智障碍者家长组织联盟

工作领域：助残

官方网站：
http://www.inclusion-china.org/

129. 小毛驴市民农园

工作领域：社区建设、农村发展

官方网站：
http://www.littledonkeyfarm.com/

130. 西安市碑林区拉拉手特殊教育中心

工作领域：助残

官方网站：暂无

131. 心创益传播机构

工作领域：公益行业支持

官方网站：
http://www.inspiringnpo.com/

132. 新探健康发展研究中心

工作领域：公共卫生

官方网站：
http://www.healthtt.org.cn/

Y

133. 云南乡村之眼乡土文化研究中心

工作领域：文化保护与发展

官方网站：
http://www.xczy.org/

134. 云南思力生态替代技术中心

工作领域：农村发展

官方网站：
http://www.panchina.org/

135. 云南省大众流域管理研究和推广中心

工作领域：环境保护

官方网站：
http://www.greenwatershed.org/

136. 友成企业家扶贫基金会

工作领域：公益行业支持

官方网站：
http://www.youcheng.org/

Z

137. 中国扶贫基金会

工作领域：安全救灾、农村发展

官方网站：
http://www.cfpa.org.cn/

138. 珍古道尔（北京）环境文化交流中心

工作领域：环境保护

官方网站：
http://www.goodall.cn/

139. 中国滋根乡村教育与发展促进会

工作领域：农村发展

官方网站：
http://www.zigen.org.cn/

140. 中国老龄事业发展基金会

工作领域：养老

官方网站：
http://www.cadf.org.cn/

141. 招商局慈善基金会

工作领域：农村发展、安全救灾

官方网站：
http://www.cmcf.org.cn/

142. 中国慈善联合会

工作领域：公益行业支持

官方网站：
http://www.charityalliance.org.cn/

143. 中国性病艾滋病防治协会

工作领域：公共卫生

官方网站：

http://www.aids.org.cn/

144. 卓明地震援助信息中心

工作领域：安全救灾

官方网站：

http://www.aids.org.cn/

145. 浙江敦和慈善基金会

工作领域：公益行业支持

官方网站：

http://www.dunhefoundation.org/

146. 中国社会福利基金会

工作领域：助残、养老、教育发展

官方网站：

http://www.cswef.org/

147. 中国儿童少年基金会

工作领域：教育发展、性别平等

官方网站：

http://www.cctf.org.cn/

148. 中国生物多样性保护与绿色发展基金会

工作领域：环境保护

官方网站：

http://www.cbcgdf.org/

149. 中华环境保护基金会

工作领域：环境保护

官方网站：

http://www.cepf.org.cn/

150. 中国绿色碳汇基金会

工作领域：环境保护

官方网站：

http://www.thjj.org/

151. 中国青少年发展基金会

工作领域：教育发展

官方网站：

https://www.cydf.org.cn/

152. 中华环保联合会

工作领域：环境保护

官方网站：

http://www.acef.com.cn/

153. 中国政法大学污染受害者法律帮助中心

工作领域：环境保护

官方网站：

http://www.clapv.org/

154. 中国少年儿童慈善救助基金会

工作领域：教育发展、助残、公共卫生

官方网站：

http://www.ccafc.org.cn/

155. 中国社会福利与养老协会

工作领域：养老、助残

官方网站：

http://www.caswss.org.cn/

156. 中华社会救助基金会

工作领域：养老、助残、公共卫生

官方网站：

http://www.csaf.org.cn/

157. 中国红十字基金会

工作领域：养老、公共卫生、安全救灾、社区建设

官方网站：

https://new.crcf.org.cn/

158. 中国人口福利基金会

工作领域：助残、养老、公共卫生

官方网站：

http://www.cpwf.org.cn/

159. 中国疾病预防控制中心

工作领域：公共卫生

官方网站：

http://www.chinacdc.cn/

160. 中华思源工程扶贫基金会

工作领域：公共卫生、农村发展

官方网站：

http://www.sygoc.org.cn/

161. 中国光华科技基金会

工作领域：文化保护与发展、教育发展

官方网站：

https://www.ghstf.org.cn/

162. 中国公益研究院

工作领域：公益行业发展、养老

官方网站：

http://www.bnu1.org/

163. 中华健康快车基金会

工作领域：公共卫生、助残

官方网站：

http://www.lifeline-express.com/

164. 中国残疾人福利基金会

工作领域：助残

官方网站：

https://www.cfdp.org/

165. 中国乡建院

工作领域：农村发展

官方网站：

http://www.cnrpd.com

166. 中国发展简报

工作领域：公益行业支持

官方网站：

http://www.chinadevelopmentbrief.org.cn/

167. 资助者圆桌论坛

工作领域：公益行业支持

官方网站：

http://www.cdr4impact.org.cn/

168. 中国发展研究基金会

工作领域：公益行业支持

官方网站：

https://www.cdrf.org.cn/

参考文献

陈弱水:《公共意识与中国文化》,新星出版社,2006。

《辞源》,商务印书馆,1983。

崔运武:《公共事业管理概论(第三版)》,高等教育出版社,2015。

何辉、徐彤武等主编《中国社会组织报告(2016~2017)》,社会科学文献出版社,2017。

黄晓勇、蔡礼强、何辉等:《中国社会组织发展报告(2019)》,社会科学文献出版社,2019。

劳伦斯·J.弗里德曼、马克·D.麦加维编:《美国历史上的慈善组织、公益事业和公民性》,徐家良、卢永彬等译,上海财经大学出版社,2016。

娄成武、司晓悦、郑文范主编《公共事业管理学》,高等教育出版社,2015。

毛基业、赵萌等:《社会企业家精神》,中国人民大学出版社,2018。

莫文秀、邹平、宋立英等:《中华慈善事业:思想、实践与演进》,人民出版社,2010。

秦晖:《政府与企业以外的现代化:中西公益事业史比较研究》,浙江人民出版社,1999。

王德清、张振改:《公共事业管理》,重庆大学出版社,2005。

王莹霜：《我国现代文化公共服务体系建设问题研究》，黑龙江大学硕士学位论文，2018。

杨东平主编《中国教育发展报告（2010）》，社会科学文献出版社，2010。

杨团主编《中国慈善发展报告（2018）》，社会科学文献出版社，2018。

杨团主编《中国慈善发展报告（2019）》，社会科学文献出版社，2019。

余日昌：《中华传统美德丛书·慈善卷》，南京大学出版社，2013。

郑功成：《当代中国慈善事业》，人民出版社，2010。

郑功成主编《中国残疾人事业发展报告（2018）》，社会科学文献出版社，2018。

"中国教育公益组织发展现状与趋势"课题组，2013，《中国教育社会组织工作领域分析报告》，中国教育公益组织年会，西安。

中国新闻出版研究院：《农家书屋工程建设评估》，2012。

朱勇主编《中国智能养老产业发展报告（2018）》，社会科学文献出版社，2018。

资中筠：《财富的责任与资本主义演变：美国百年公益发展的启示》，上海三联书店，2015。

邹东涛主编《中国经济发展和体制改革报告：中国改革开放30年（1978~2008）》，社会科学文献出版社，2008。

张虎：《企业公益战略》，中国经济出版社，2010。

曹树金等：《我国公共文化服务政策演进（2009~2018）》，《图书馆论坛》2019年第9期。

曾桂林：《从"慈善"到"公益"近代中国公益观念的变迁》，《文化纵横》2018年第1期。

董克用、张栋：《中国养老金融：现实困境、国际经验与应对策略》，《行政管理改革》2017年第8期。

冯显威、陈曼莉：《现代公共卫生的概念特征及发展方向研究》，《医学与哲学》2005年第8期。

黄智宽、郭尧、石晶：《中国公众的公益观调查报告（2017）》，《人民论坛》2017年第6期。

菅宇正、王会贤：《英美日三国慈善立法观察》，《公益时报》2016年第2月23日，第8版。

李昌平:《农村改革发展的主要问题和政策选择》,《中国乡村发现》2015年第1期。

李涛:《"三社联动"运转中的挑战及策略》,《中国社会工作》2017年第31期。

林辉煌、贺雪峰:《中国城乡二元结构:从"剥削型"到"保护型"》,《北京工业大学学报》2016年第6期。

刘维:《何谓公益创投》,《中国社会工作》2017年第7期。

谭晓东、彭婴:《预防医学、公共卫生学科概念探讨》,《中国公共卫生》2005年第1期。

王琳欢、崔亚超、尹玲馨等:《我国公民慈善意识调查分析》,《浙江伦理学论坛》2017年第00期。

王文涛:《"慈善"语源考》,《中国人民大学学报》2014年第01期。

魏后凯、刘长全:《中国农村改革的基本脉络、经验与展望》,《中国农村经济》2019年第2期。

武洹宇:《中国近代"公益"的观念生成:概念谱系与结构过程》,《社会科学文摘》2018年第12期。

张明平:《关于特殊教育师资的现状、问题及对策》,《考试周刊》2012年第28期。

周真真:《Charity概念在英国的历史流变及其社会意蕴》,《世界历史》2018年第1期。

总报告起草组、李志宏:《国家应对人口老龄化战略研究总报告》,《老龄科学研究》2015年第3期。

《2018年财政收支情况》,http://www.gov.cn/xinwen/2019-01/23/content_5361095.htm,2019年1月23日。

《6年持续观察,看中国大额捐赠趋势》,https://mp.weixin.qq.com/s/0mfRgIpNBepxrp3zU-p--w,2017年2月20日。

《QQ全城助力升级2.0版本,新增寻找走失老人与"熊猫血"功能》,https://news.qudong.com/article/414095.shtml,2017年5月25日。

陈莉雅:《发布高校性骚扰报告之后,她成立了广州性别中心,她会遇到多少挑战?》,https://mp.weixin.qq.com/s/hsjHmf7c6VkIqrdGeZw1aw,2018年2月8日。

陈立耀:《刚刚！2019 年中央一号文件发布，但农业还要警惕这些问题》，http://www.sohu.com/a/295962653_379553，2019 年 2 月 20 日。

《从"零钱电影院"到"公益幼儿园"，华谊 6 年公益之路》，https://baijiahao.baidu.com/s?id=1573796831815851&wfr=spider&for=pc，2017 年 7 月 24 日。

《动动手指，做一名敦煌莫高窟"数字供养人"》，http://www.xinhuanet.com/gongyi/2018-06/08/c_129890340.htm，2018 年 6 月 8 日。

《敦煌数字供养人入围行动者联盟 2018 公益盛典"年度公益创意"》，https://gongyi.ifeng.com/c/7hGUtmEKR9P，2018 年 10 月 23 日。

《恩派"小飞象"计划 助飞首批社区规划师》，http://www.chinadevelopmentbrief.org.cn/news-22799.html，2019 年 4 月 30 日。

封积文、肖湘、周瑾:《2018 自然教育行业调查报告》，https://wenku.baidu.com/view/43d855167d1cfad6195f312b3169a4517623e540.html#。

郭虹:《我国很多基金会做的是慈善而不是公益!》，http://www.chinadevelopmentbrief.org.cn/news-21957.html，2018 年 9 月 19 日。

郭婧:《八亿亩湿地红线能否守住?》，http://www.igsnrr.cas.cn/xwzx/kydt/201511/t20151103_4453189.html，2015 年 11 月 3 日。

郭静原:《2018 年〈中国气候变化蓝皮书〉发布气候变暖为何越来越"极端"》，http://m.ce.cn/bwzg/201804/18/t20180418_28858245.shtml，2018 年 4 月 18 日。

郝南:《理性救灾——从"人到主义"到人道主义》，https://mp.weixin.qq.com/s/UNOTG1olbn20wIVY8RiTFQ，2015 年 8 月 19 日。

洪峰:《中国基金会发展的历史、现状与未来》，http://www.chinadevelopmentbrief.org.cn/news-21510.html?from=timeline，2018 年 6 月 28 日。

环境保护部、国土资源部:《全国土壤污染状况调查公报》，http://www.gov.cn/foot/site1/20140417/782bcb88840814ba158d01.pdf，2014 年 4 月 17 日。

江玮:《科学家称人类 42 年后可能没鱼吃 限制捕捞刻不容缓》，http://www.chinadaily.com.cn/hqbl/2006-11/06/content_725587.htm，2006 年 11 月 6 日。

金辉:《〈公共卫生领域的创新研究报告〉提出 推进公共卫生领域四个方面创新》，http://dz.jjckb.cn/www/pages/webpage2009/html/2018-08/17/content_46161.htm，2018

年8月17日。

《救命！遇"晕街"打开百度地图 就近寻找AED可防猝死》，http://www.cena.com.cn/infocom/20170417/86477.html，2017年4月17日。

《看传统渔夫如何用3D海洋农场掀起农业变革巨浪！》，https://mp.weixin.qq.com/s/6AlqDfPsLfqR_RR-PbZ7ZA，2017年11月27日。

《科技向善，QQ全城助力志愿者成功救助"熊猫血"患者》，https://tech.qq.com/a/20190412/006447.htm，2019年4月12日。

乐学：《调查称前25大科技公司女性员工仅占19.6%》，https://tech.qq.com/a/20161109/043653.htm，2016年11月9日。

李长文、张耿瑞：《中国公益组织人才供需发展报告2016》，http://www.chinadevelopmentbrief.org.cn/news-19560.html，2017年5月22日。

李干杰：《关于2018年度环境状况和环境保护目标完成情况的报告》，http://huanbao.bjx.com.cn/news/20190422/976134.shtml，2019年4月22日。

李希如：《人口总量平稳增长 城镇化水平稳步提高》，http://www.stats.gov.cn/tjsj/sjjd/201901/t20190123_1646380.html，2019年1月23日。

李宗克：《比美国晚了近一百年，我国社区基金会将走向何方？》，http://www.chinadevelopmentbrief.org.cn/news-19543.html，2017年5月16日。

励小捷：《励小捷的深度思考：社会力量如何参与文物保护》，https://www.sohu.com/a/118282267_488370，2016年11月7日。

联合国开发计划署、国际公益学院等：《科技与慈善可持续发展行动报告》，https://www.cn.undp.org/content/china/zh/home/library/poverty/technology-for-philanthropy-under-the-sustainable-development-go.html。

联合国开发计划署：《"亚洲同志"项目中国国别报告》，https://www.cn.undp.org/content/china/zh/home/library/democratic_governance/being-lgbt-in-asia-china-country-report/，2014年8月13日。

梁云风：《苏剑程：蚯蚓养殖，将土壤改良从3年缩短到7天》，http://www.pinlue.com/article/2017/08/0802/393923287655.html，2017年8月8日。

刘泽英：《新时代，中国草原保护踏上新征程》，http://www.forestry.gov.cn/

Zhuanti/content_slgxaq/1093908.html，2018 年 4 月 20 日。

陆弃：《中国留守儿童现状：有的被侮辱，有的被性侵，遭遇危险的同时也在制造危险》，http://www.chinadevelopmentbrief.org.cn/news-21201.html，2018 年 4 月 17 日。

罗瑞斌：《VR 带你走进自闭儿的"世界"》，http://cs.zjol.com.cn/zjbd/201904/t20190405_9836953.shtml，2019 年 4 月 5 日。

罗争光：《全国登记认定慈善组织达 4774 个，其中 1293 个具有公募资格》，http://news.xmnn.cn/xmnn/2018/09/05/100420891.shtml，2018 年 9 月 5 日。

《迈入"理性公益"时代 2018 年 99 公益日捐款人次超 2800 万创新高》，https://www.tencent.com/zh-cn/articles/2200005.html，2018 年 9 月 9 日。

民政部：《2017 年社会服务统计公报》，http://www.mca.gov.cn/article/sj/tjgb/201808/20180800010446.shtml。

牛广文：《3.5 亿蚂蚁森林用户种下真树 5552 万棵 卫星可见》，http://gongyi.people.com.cn/n1/2018/0605/c151132-30037043.html，2018 年 6 月 5 日。

潘鸿雁：《养老服务领域的 PPP 模式探索——以上海金山区颐和苑老年服务中心为例》，http://blog.sina.com.cn/s/blog_159d47a230102wewj.html，2016 年 7 月 18 日。

皮磊：《数字供养人：互联网＋文物保护的新尝试》，http://www.gongyishibao.com/html/yaowen/14165.html，2018 年 6 月 12 日。

皮磊：《头条寻人发布"走失人口数据报告"成年人走失比例最高》，http://www.gongyishibao.com/html/gongyizixun/16989.html，2019 年 7 月 24 日。

《上海金山颐和苑，丹麦式养老在中国的实践之路！》，http://www.sohu.com/a/239385963_100110125，2018 年 7 月 5 日。

《他把农民变网红，用 YouTube 传递务农绝招》，http://www.chinadevelopmentbrief.org.cn/news-22200.html，2018 年 11 月 15 日。

谭菲君：《Facebook 发布了便于救援的"灾难地图"，这是一项让灾民安心的创新》，https://36kr.com/p/5078934，2017 年 6 月 8 日。

王祖敏：《2018 年中国捐赠百杰榜发布》，http://www.chinanews.com/cj/2019/01-17/8732180.shtml，2019 年 1 月 17 日。

《微软发力云端 助力边远贫困地区儿童健康成长快乐学习》，http://education.

news.cn/2017-02/28/c_129498080.htm?from=singlemessage，2017 年 2 月 28 日。

微风晴：《来自丹麦的生命吸管》，https://www.sohu.com/a/169449209_786056，2017 年 9 月 4 日。

魏晓阳：《构建中国特色社会主义文化法律体系》，http://www.cssn.cn/xspj/xspj/201703/t20170301_3436344.shtml，2017 年 3 月 1 日。

《希捷：保护传统文化 传承多彩非遗》，http://www.gongyishibao.com/html/qiyeCSR/5756.html，2013 年 12 月 3 日。

筱小丫：《佳格天地：以卫星大数据助力智慧农业》，https://mp.weixin.qq.com/s/zQfuCS7GdWSltgo4mn2rTA，2018 年 2 月 2 日。

辛允星：《男女比例失调，农村"光棍危机"有多严重？》，http://www.chinadevelopmentbrief.org.cn/news-21954.html，2018 年 9 月 19 日。

徐枣枣：《"喜提"十连跌？中国性别平等 2008~2018》，https://mp.weixin.qq.com/s/KDh4z4vLO6sU3Vp60AugOw，2018 年 12 月 19 日。

《养老地产前景光明 养老地产规划需要注意哪些问题？》，http://k.sina.com.cn/article_1245286342_4a398fc6001007zqv.html，2018 年 5 月 14 日。

叶敬忠：《乡村振兴战略应关注几个关键内容》，http://www.farmer.com.cn/zt2017/nylh2017/zjjd/201712/t20171230_1347235.htm，2017 年 12 月 30 日。

《意识薄弱资金短缺 城市污染转移农村的环保困境》，http://www.chinadevelopmentbrief.org.cn/news-4624.html，2012 年 1 月 30 日。

元婕：《Facebook 研发"灾难地图"，欲提高灾后救援效率》，https://www.tmtpost.com/2628849.html，2017 年 6 月 12 日。

曾宇：《全球每年 800 万吨塑料垃圾流入海洋 中国是最大倾倒源？》，https://www.jiemian.com/article/236330.html?_t=t，2015 年 2 月 13 日。

张娟娟：《埃及 99.3% 的女性受到性骚扰 你猜 81% 发生哪里？》，https://www.sohu.com/a/216941749_100033236，2018 年 1 月 16 日。

张淼：《世界自然基金会：海洋种群过去 40 年减半》，http://www.xinhuanet.com/world/2015-09/16/c_1116585007.htm，2015 年 9 月 16 日。

赵婀娜：《努力让十三亿人民享有更好更公平的教育——党的十八大以来中国教

育改革发展取得显著成就》，http://www.cssn.cn/bk/bkpd_qklm/bkpd_bkwz/201710/
t20171017_3669933.shtml，2017 年 10 月。

赵倩、卢鹰、曹江涛:《荒漠化治理的"中国智慧"》，http://www.xinhuanet.com/
politics/2018-06/21/c_1123014899.htm，2018 年 6 月 21 日。

《中国公益组织互联网使用与传播能力第六次调研报告》，http://www.
chinadevelopmentbrief.org.cn/news-21707.html，2018 年 8 月 1 日。

《中国社会企业三大概览：数量、多样性、活跃领域》，http://www.sohu.com/
a/296105771_818314，2019 年 2 月 20 日。

《中国心脏性猝死每年约 54 万人，AED 急救离我们有多远? 》，https://dy.163.
com/article/EBUDMBB70518QNBT.html;NTESwebSI=F418690F3A765D71A4EBEF0667
7257B5.hz-subscribe-web-docker-cm-online-rpqqn-8gfzd-no6gz-957844gkdfq-8081，
2019 年 4 月 4 日。

《中华人民共和国文化部 2016 年文化发展统计公报》，http://www.xinhuanet.
com/culture/2017-05/18/c_1120994698.htm，2017 年 5 月 18 日。

中国残疾人联合会:《2017 年中国残疾人事业发展统计公报》，http://www.gov.
cn/shuju/2018-04/26/content_5286047.htm，2018 年 4 月 26 日。

中国信息技术公益联盟:《2017 中国信息技术公益发展白皮书 V2.0》，https://
max.book118.com/html/2019/0327/5011342200002022.shtm，2017 年 10 月。

周亦川:《"不挣钱"的传染病药物研发，需全社会共同提供支持》，https://www.
sohu.com/a/298012709_128505，2019 年 2 月 27 日。

《走进基金会救灾类项目》，http://www.sohu.com/a/109256356_247771，2016 年
8 月 5 日。

Charities Aid Foundation. *CAF World Giving Index 2018.* https://www.cafonline.org/
docs/default-source/about-us-publications/caf_wgi2018_report_webnopw_2379a_261018.
pdf.

后记
让知识服务走进公益

如果说是内心的良知促使我写此书，这样说有点太假的话，那好吧，让我换一种说法也许更贴近我真实的内心：我承认自己是个弱者——一个骨子里渴望别人帮助的人，离开别人的帮助我也许一天都难以存活，所以很早以前我就立志要做互助的事情——帮助别人是为了获得别人的帮助，所以骨子里我是个自私的人。

当然，我的自私并不局限于渴望帮助，我还担心沙漠化会越过长城南下，威胁到我所处的环境；地下水会被污染、会逐年减少，威胁到我的生活质量；我老了、我生了病不会有人关心我、照顾我，给予我生存下去的勇气；如果我没有足够的关系，我的后代不能享受公平的教育……我是一个整日提心吊胆、忧心忡忡的人。

我曾沿南水北调东线工程，一个泵站一个泵站考察，表面上是给南水北调工程做舆情分析，实际上是想借此研究水资源和水环境问题。我也曾和老伴儿到农村小学助教，想了解在教育领域有无做点什么的机会。我曾呼吁卫生出版单位深入医院的 HIS 系统中做跨界服务的事情，也曾立志要把科技当产业做，把公益当产业做。我有幸主持了国家知识资源服务中心的工作，知识服务给了我机会，使我有可能通过知识服务的垂直应用把科技与公益结合。这使我很开心，也促使了我撰写此书。

此书断断续续写了大半年，可供参考的资料不多，写得很辛苦。近几十年来，中国经济高速发展，震惊世界，与此相伴，私欲膨胀，公益尚未走进人心。我本人作为一个普通公民，深知公益之重要。本书撰写的动机是了解我国公益事业发展的基本情况，为知识服务走进公益做前期准备。通过本书的撰写，我们发现目前我国全面研究公益事业的著作稀缺，本书的撰写从某种意义上填补了这方面的空白。同时，本书第一次认真梳理并辨析了国内外公益和慈善等相关概念的起源、界定及其演变历史，给出了我们自己的定义。本书第一次对我国社会公益事业进行了全景式总结，并进行了分类。本书将我国社会公益事业细分为十大领域，包括教育发展、环境保护、助残、养老、安全救灾、公共卫生、性别平等、文化保护与发展、"三农"服务、社区建设。

本书对我国社会公益事业取得的成绩进行了系统的总结，对其中存在的问题也进行了归纳，并提出了相关建议。我们认为：社会公益事业的法律法规体系逐步完善，但可操作性尚需提高；社会公益事业规模扩大，但社会捐赠尚需合理分配；社会组织是社会公益事业主力军，但发展质量有待提高……

同时，本书全面总结了科技在公益领域的应用。我们认为，科技在公益领域的应用虽取得了一定成绩，但新技术在公益领域的应用尚需拓展。公益领域目前仍存在重人文关怀，轻技术支持的情况。本书之所以专章介绍"科技在公益领域中的应用"，并把后记的标题定为"让知识服务走进公益"，是因为本人的一个基本思想：用科技的力量做公益服务的事情。邓小平同志说科技是第一生产力。科技在社会发展、改善民生方面有巨大能量，在助残、养老、康复、环保、特殊教育等方面有无穷潜力。把科技引入公益，刻不容缓。

在 2019 年出版的《出版业知识服务转型之路》一书中，我就提出知识服务不只是营销概念，知识服务也不只是知识产品的阅读。正是因为有了 AI 技术，知识服务完全可能成为切切实实的应用。

由于知识涵盖领域过宽，本人很早就提出知识服务的垂直应用。我特别希望国家知识服务平台将公益作为知识服务垂直应用的首选。

这样说也是想告诉大家，本书的写作绝不是一次"意外怀孕"。那它跟出版研究有什么关系啊？它跟数字出版有什么关系啊？它跟中国新闻出版研究院的日常工作有什么关系啊？不好意思，确实没有。它是一次早就预谋好的，甚至预谋了那么久的事情——让知识服务走进公益，是一件带有我个人心愿的事情！顺便预告一下，我们的下一本书是对公益事业的认认真真的调查报告，希望通过调查找到知识服务进入公益领域的准确切入点。

　　最后，感谢我的老领导柳斌杰署长为本书撰写寄语，感谢我的好上级好朋友中宣部文改办李建臣副主任，以及我的新朋友中华慈善总会边志伟副会长为本书倾情作序，也感谢全国卫生产业企业管理协会、中文集团对本书出版的大力支持。感谢社会科学文献出版社再次选择了本人的著作。感谢康洁跟我辛苦了大半年，查找资料，深入调研，伏案撰写。特别要感谢中国新闻出版研究院院长魏玉山，自他担任院长以来，任我发挥想象，自由工作。感谢研究院工程研发中心的同事们，特别是栾京晶主管。感谢这个时代，感谢所有的人！谢谢！

张　立

2019 年 11 月 25 日

关于我国老人护理及服务现状调研

尊敬的_____先生 / 女士：

　　您好！

　　现将我们编写的《知识服务走进公益 No.1：中国十大社会公益领域发展报告》一书奉上，请您阅读，并欢迎批评指正。

　　本书是由国家知识资源服务中心（中国新闻出版研究院）、全国卫生产业企业管理协会、中文集团联合出版，并获得中宣部、中华慈善总会等相关领导支持。知识服务是随着近年来人工智能技术的崛起而发展起来的一种新的服务模式，内容非常宽泛，其中也包括科学康复、老人护理、残障服务等智慧医疗的内容。知识服务走进公益本身体现着科技向善的理念。

　　我们开展此次调研的目的，是希望了解更多公益领域的服务现状、存在的问题及实际需求，为科技知识精准服务公益领域提供重要的一手信息。

　　我们诚邀您参与我们的调研，并把贵单位准确的需求通过填写问卷的形式告诉我们，以便我们从国家角度联合相关科技创新单位，一起探索最新的科学技术如何应用于公益领域。

　　您可以通过扫描下方的二维码，在线填写问卷并提交。

　　感谢您的支持与配合！

如有任何疑问，请联系：

康洁，010-83069481，kangjie@bqpmo.com

国家知识资源服务中心

（中国新闻出版研究院）

2020 年 6 月 30 日

关于我国自闭症护理及服务现状调研

尊敬的_____先生／女士：

　　您好！

　　现将我们编写的《知识服务走进公益 No.1：中国十大社会公益领域发展报告》一书奉上，请您阅读，并欢迎批评指正。

　　本书是由国家知识资源服务中心（中国新闻出版研究院）、全国卫生产业企业管理协会、中文集团联合出版，并获得中宣部、中华慈善总会等相关领导支持。知识服务是随着近年来人工智能技术的崛起而发展起来的一种新的服务模式，内容非常宽泛，其中也包括科学康复、老人护理、残障服务等智慧医疗的内容。知识服务走进公益本身体现着科技向善的理念。

　　我们开展此次调研的目的，是希望了解更多公益领域的服务现状、存在的问题及实际需求，为科技知识精准服务公益领域提供重要的一手信息。

　　我们诚邀您参与我们的调研，并把贵单位准确的需求通过填写问卷的形式告诉我们，以便我们从国家角度联合相关科技创新单位，一起探索最新的科学技术如何应用于公益领域。

　　您可以通过扫描下方的二维码，在线填写问卷并提交。

　　感谢您的支持与配合！

如有任何疑问，请联系：

康洁，010-83069481，kangjie@bqpmo.com

国家知识资源服务中心

（中国新闻出版研究院）

2020 年 6 月 30 日

图书在版编目（CIP）数据

知识服务走进公益. No.1, 中国十大社会公益领域发
展报告 / 张立, 康洁编著. -- 北京：社会科学文献出
版社, 2020.7
ISBN 978-7-5201-6522-8

Ⅰ. ①知⋯　Ⅱ. ①张⋯ ②康⋯　Ⅲ. ①慈善事业-研
究报告-中国　Ⅳ. ①D632.1

中国版本图书馆CIP数据核字（2020）第061073号

知识服务走进公益No.1：
中国十大社会公益领域发展报告

编　　著 / 张　立　康　洁

出 版 人 / 谢寿光
组稿编辑 / 刘　姝
责任编辑 / 王　芳　潘琼阁

出　　版 / 社会科学文献出版社 · 数字出版分社（010）59366434
　　　　　　地址：北京市北三环中路甲29号院华龙大厦　邮编：100029
　　　　　　网址：www.ssap.com.cn
发　　行 / 市场营销中心（010）59367081　59367083
印　　装 / 三河市龙林印务有限公司

规　　格 / 开　本：787mm×1092mm　1/16
　　　　　　印　张：16　字　数：269千字
版　　次 / 2020年7月第1版　2020年7月第1次印刷
书　　号 / ISBN 978-7-5201-6522-8
定　　价 / 99.00元

本书如有印装质量问题，请与读者服务中心（010-59367028）联系